Zen

und Buddhismus im Westen

Bei Lotus-Press ist von Klemens Speer außerdem lieferbar:

Wie eine Nahtod-Erfahrung mein Leben veränderte - Vom Tod fürs Leben lernen

Zen und Kontemplation - Sitzen in Stille als geistiger Übungs- und Lebensweg

Taijiquan und Qigong - Meditation in Bewegung als Übungs- und Lebensweg

Taijiquan und Qigong - Jeder Schritt im Dao zeigt den Sinn

Taijiquan und Qigong - Vom Lernen und Lehren eines Übungs- und Lebenswegs

Spiritualität - Die Übungswege als Motor der Entwicklung

Zen und Mystik - Sitzen in Stille im Stil des Zen - Übung und Alltag

Der Atem der Seele - Die spirituelle Dimension der bewegten Meditation im Qigong und Taijiquan

Taiji und gesundheitliches Gleichgewicht - Acht Aufsätze über die gesundheitlichen Aspekte der Qigong- und Taijiquan-Praxis

Taiji für spezielle Gruppen - Acht Aufsätze über Taiji für bestimmte Zielgruppen

T'ai Chi-Weisheit

Taiji-Dao - Erwachen im Eins sein mit dem DAO

T'ai Chi-Prinzipien

Mit Freude leben - Zufriedenheit durch achtsames und ethisches Handeln. Ein Navigations-System für Beruf und Alltag.

Taiji und Daoismus im Westen

Klemens J.P. Speer

Zen
und Buddhismus im Westen

LOTUS PRESS

Das vorliegende Buch ist sorgfältig erarbeitet worden. Dennoch erfolgen alle Angaben ohne Gewähr. Weder Autor noch Verlag können für eventuelle Nachteile oder Schäden, die aus den im Buch gemachten praktischen oder theoretischen Hinweisen resultieren, Haftung übernehmen.

Klemens J.P. Speer: Zen und Buddhismus im Westen

Zerhusener Str. 31a

49393 Lohne

Germany

www.lotus-press.com

 2. leicht korrigierte Fassung

ISBN-13: 978-3-910660-21-2

Übersicht

Inhalt

Einleitung

Der philosophische Einfluss des Zen-Buddhismus im Westen und speziell im deutschsprachigen Raum begann erst mit Martin Heidegger in den 20er Jahren des vorigen Jahrhunderts. Er gehörte zu den ersten deutschen Philosophen, die sich mit Zen und dem Zen-Buddhismus näher auseinandersetzten.

Wer sich sehr allgemein und geschichtlich über Buddhismus und Zen-Buddhismus informieren möchte, sei folgende Wikipedia-Seite empfohlen: https://de.wikipedia.org/wiki/Zen.

Inzwischen gibt es im Westen eine Flut von buddhistischer Literatur. Warum also ein weiteres Buch? Dieses Buch legt den Schwerpunkt *nicht,* wie sehr viele Bücher, auf buddhistische Philosophie, sondern einerseits auf die Praxis des Zen-Buddhismus und Zen und andererseits auf ein für den Westen angemessenes Zen, das innerhalb eines ganzheitlichen Weltbildes verortetet ist. Also darauf, wie Zen in ein westlich Integrales Weltbild eingeordnet, vermittelt und unterrichtet werden kann.

Nun gleich zu Anfang noch eine weitere Frage: Warum ein Buch über „Zen und Buddhismus im Westen“, wenn der Autor schon ein Buch „Taiji und Daoismus im Westen“ verfasst hat? Diese Frage lässt sich relativ einfach beantworten: Beide Übungswege haben mich inzwischen mehr als 40 Jahre durchs Leben begleitet, zunächst als Schüler und später als Taiji-Lehrer und –Ausbilder und als Zen-Lehrer. Zur Praxis des Taiji, gehört sowohl bei meinem eigenen Üben, bei meinen wichtigsten Lehrern und in meinem Unterricht immer auch die Praxis des stillen Sitzen, nach langen Übungen im Stehen und in Bewegung. Das stille Sitzen wurde, obwohl wir Taiji übten, Za-Zen (Sitzen in Versenkung) genannt. Inzwischen ist diese Tradition auch im Daoismus unter dem Namen Zuowang wieder ausgegraben und in der Taiji-Szene bekannt geworden.

Schon bevor ich mit Taiji begann, übte ich in einer Gruppe Vipassana, das auch als eine Form des Stillen Sitzens bezeichnet werden kann und später Zen. So zogen sich also zwei Übungssysteme parallel durch mein Leben, die sich nach meiner Erfahrung gegenseitig ergänzten und verstärkten: Sitzende und bewegte Meditation, Zen und Taiji.

Dennoch gibt es die Erfahrung aus meiner Unterrichtspraxis, dass sich die Menschen entweder zur einen oder zur anderen Richtung hingezogen fühlen. Das wurde mir dadurch deutlich, als zu Beginn meiner Unterrichtstätigkeit, immer wieder Teilnehmer bei mir aus Volkshochschulkursen auftauchten, die zuvor dort Autogenes Training geübt hatten, das meist im Sitzen oder Liegen stattfand. Sie erklärten lieber eine Form von Meditation in Bewegung zu praktizieren, weil sie das stille Sitzen oder Liegen beim Autogenen Training nicht aushalten könnten. Sicherlich befanden sich diese Menschen noch ganz am Anfang mit dem Thema Meditation. Aber meine Erfahrung ist dennoch, entweder bewegt man sich lieber oder sitzt lieber in der Meditation. Beides miteinander zu verbinden, je nachdem, was gerade angemessen erscheint, ist wohl eher bei den fortgeschrittenen Schülern und Schülerinnen empfehlenswert oder findet bei Ihnen einen entsprechenden Anklang.

So ist es auch nicht verwunderlich, dass es in beiden oben genannten Büchern Kapitel gibt, die sich sehr ähnlich sind, weil sie Inhalte thematisieren, die für beide Übungswege von Bedeutung sind: Es sind die Kapitel zu Ethik und Werte, Ökologie, Ganzheitlichkeit und die Gemeinsamkeiten zu anderen spirituellen Praktiken. Dennoch sind selbstverständlich diese Kapitel im ersten Buch ganz auf Taiji-Daoismus und im zweiten auf Zen-Buddhismus bezogen. Insbesondere in diesen Abschnitten wird mein Verständnis der Übungswege deutlich: engagierter Buddhismus und engagierter Daoismus. Ohne dieses Engagement bleibt für mich jeder Übungsweg hohl oder leer bzw. ganz auf das "eigene Wohlbefinden" ausgerichtet

Das buddhistische chinesische Chan (jap. Zen) ist dem daoistischen Zuowang sehr ähnlich. Beide sind in der äußeren Form und in der Praxis fast identisch. Letzteres ist aber im Westen fast unbekannt. Zen dagegen hat inzwischen einen gewissen Bekanntheitsgrad im Westen. Und so gehören beide Bücher für mich persönlich sehr eng zusammen, sprechen aber nach außen dennoch zwei verschiedene Gruppen von Menschen an.

An dieser Stelle soll erwähnt werden, dass das vorliegende Buch nicht im „luftleeren Raum" entstanden ist, sondern das ihm zwei Bücher von mir vorausgingen: „Zen und Kontemplation" und „Zen und Mystik". Im letzteren fungiere ich als Herausgeber von Texten meines Zen-Lehrers Hans Ringrose, dem ich persönlich viel zu verdanken habe. Es befinden sich jedoch auch zwei Texte von mir darin.

Zudem gibt es eine Reihe von fünf Büchern, die ich die „fünf Bücher des Dao" nenne und die aus meiner langjährigen Unterrichtstätigkeit als Taiji-Lehrer und –Ausbilder entstanden sind. Zudem sind vier weitere Bücher zum Teil zusammen mit meinen Schüler*innen über Qigong, Taijiquan, Zen und Spiritualität von mir herausgegeben worden. Siehe hierzu auch im Anhang die Hinweise des Verlages dazu.

Bereits in diesen Büchern habe ich verschiedene Grundlagen meines ganzheitlichen Verständnisses von Spiritualität und Einheitserfahrung für Taiji (Qigong und Taijiquan) herausgearbeitet, so ist es einsichtig, dies auch für den Zen-Buddhismus zu tun.

Das vorliegende Buch bietet jetzt einerseits eine komprimierte Zusammenfassung der zuvor entstandenen Schriften und anderseits eine *klare geistige Ausrichtung der Zen-Praxis auf ein aufgeklärtes, wertebezogenes, spirituelles und praxisbezogenes Zen im Westen.*

Nun ein paar Hinweise zum Inhalt des Buches: Das *erste Kapitel* beginnt damit, auf der Grundlage des alten östlichen Buddhismus, die spirituellen oder geistigen Grundlagen des Zen-Buddhismus herauszuarbeiten. Im *zweiten Kapitel* wird versucht, wesentliche Aspekte des Zen-Buddhismus zu präsentieren, die für Zen im Westen von besonderer Bedeutung sind.

Das *dritte Kapitel* setzt dieses Thema fort und erkundet die Grundlagen eines Integralen Zen, das Schattenarbeit mit einbezieht und über die inneren Zustände im Zen das Thema plötzliches und langsames Erwachen herausarbeitet. Dann geht es im *vierten Kapitel* um Ethik und Werte von Zen die für westliche Menschen verdichtet, nachvollziehbar und praktikabel dargestellt werden. Im *fünften Kapitel* geht es um das globale Thema Ökologie, Klimakrise und welchen Beitrag zur Lösung des Problems Zen, Zen-Buddhistische Gemeinschaften, Organisationen und Zen-Praktizierende leisten können. Erst dann wird im *sechsten Kapitel* ein solider Einblick in die Praxis von Zen gegeben. Im *siebten Kapitel* wird erläutert, dass ähnliche Praktiken der sitzenden und bewegten Meditation auch in den anderen Weltreligionen zu Hause sind. Es werden Gemeinsamkeiten und Unterschiede von Zen zu Yoga, Sufi-Tanz, Kontemplation und anderen geistigen Erfahrungs- und Erkenntniswegen im Überblick dargestellt. Und es wird beleuchtet, wie Zen sich in den Reigen der großen esoterischen Schulen der Weltreligionen eingereiht hat und was seine Besonderheiten sind. Nicht zuletzt im *achten Kapitel* wird ein zeitgemäßer Zen-Buddhismus herausgefordert, sich dem globalen, integralen Orientierungsrahmen Ken Wilbers zu stellen, der allen Übungswegen postmoderne Richtschnur sein kann und die eigene Position im Leben klar verorten kann. Und im letzten *Kapitel neun* beschreibe ich meinen eigenen Zen-Weg, meinen persönlichen Hintergrund, meine Ausrichtung der Zen-Praxis, wie ich Zen unterrichte und gehe allgemein auf die Situation von Zen im Westen ein.

Erwachen als Ziel des Zen, ist rational nicht fassbar. Daher kann die Wirkung des Zen am Besten in einer Metapher beschrieben werden: Der Erwachte wird durch seine Verankerung im Non-dualen Bewusstsein zum „Hausherrn" seiner selbst und seine Rationalität, sein Ich, sein Ego wird zum „Hausmeister". Der Hausherr in mir, erfährt den tiefen Sinn des Lebens und mein innerer Hausmeister setzt ihn um, so beschreibt Willigis Jäger, die Verbindung bzw. Einheit einer aufgeklärten Spiritualität mit Rationalität und einer lebendigen Handlungsfähigkeit, da Rationalität im Gewande von Egohaftigkeit im Zen oft abgewertet wird.

Und noch ein Hinweis: Man muss kein Buddhist werden oder sein, um vom Zen-Buddhismus lernen zu können, auch wenn man Zen praktizieren möchte. Zen zu praktizieren ist auf vielfältige Weise möglich und sollte jeder unter der Anleitung eines authentischen Lehrers so gestalten, wie es für ihn oder sie passend ist.

Und zuletzt sei noch darauf hingewiesen, dass im Buch der Lesbarkeit wegen auf männlich, weiblich oder diverse Ansprache der Leser*innen weitestgehend verzichtet wird und keine Doppelpunkte oder Sternchen gesetzt werden. Dagegen wird jedoch oft von Leserinnen und Lesern, von Übenden und Praktizierenden oder einfach die alte männliche Form der Ansprache verwendet. Selbst das ist im Buch nicht einheitlich, da die verschiedenen Kapitel zu unterschiedlichen Zeiten und zum Teil für unterschiedliche Leser geschrieben wurden und der Stil einfach so beibehalten wurde. Dennoch wünsche ich mir, dass sich Alle angesprochen fühlen, zumal ich damit niemanden kränken möchte.

Wenn wir uns vergegenwärtigen, dass jeder von uns im psychologisch unterschiedlichen Maße, männlich, weiblich, androgyne und/oder diverse Aspekte in sich trägt, dürfte das Thema eigentlich kein Problem sein. Aus der Perspektive von Satori ist Sprache jedenfalls nicht der Hauptgrund für Konflikte, sondern es geht um Achtsamkeit und Bewusstheit und ein respektvolles und liebevolles Handeln im Alltag!

1. Buddhismus und Zen im Osten

1.1 Buddha

Siddhartha Gautama, der historische *Buddha (der Erwachte)* und Begründer des *Buddhismus* wurde der Legende zufolge 566 oder 563 v. Chr. in Nordindien im heutigen Nepal als Königssohn geboren. Heute würde man wohl eher vom Fürstensohn oder dem Sohn aus einem Adelsgeschlecht sprechen. Nachdem ihn das Leiden der Menschen außerhalb des Palastes erschüttert hatte, so berichten die Schriften weiter, begab er sich mit 29 Jahren nach der Geburt seines Sohnes in die Hauslosigkeit und schloss sich verschiedenen asketischen Lehren an, ohne sein Ziel Befreiung zu erlangen zu erreichen. Er gab die asketische Lebensweise auf und wandte sich der Meditation zu und verwirklichte mit 35 Jahren nach sechs Jahren intensiver Meditations-Praxis und nach einer 49-tägigen Meditation das *vollkommene Erwachen (Bodhi). Siddhartha Shakyamuni* (der Weise aus dem Geschlecht der Shakyas) zog für den Rest seines Lebens (45 Jahre lang) lehrend von Ort zu Ort und sammelte eine wachsende Schar von Schülern und Schülerinnen um sich. Er starb, so wird berichtet (siehe Litverz. Hartmann), im Alter von 80 Jahren an verdorbener Nahrung.

1.2 Buddhas Lehre

Bhikkhu Bodhi ein Mönch des *Theravada*, der ältesten buddhistischen Tradition, die sich direkt auf Buddha bezieht, beschreibt Buddhas Lehre als eine Lehre der Mitte, jenseits aller Extreme. Sie beruht auf der persönlichen Erkenntnis des *Siddhartha Shakyamuni* im erwachten Zustand. Grundlage seiner *Lehre (Dharma)* sind die *Vier Edlen Wahrheiten* - die er nach sechs Jahren intensiver Meditation erkannte – „das **Leiden**, seine **Ursache**, seine **Aufhebung** und der **Weg**, der zu seiner Aufhebung führt.“ (Bercholz, S. 86)

Die vier Wahrheiten beschäftigen sich mit dem *Leiden (Duhkha)* als Hauptproblem des menschlichen Daseins.

„Was aber ist die Wahrheit von **Leiden**? Geburt ist Leiden; Verfall ist Leiden; Tod ist Leiden; Kummer, Jammer, Trübsal und Verzweiflung sind Leiden; nicht zu bekommen, was man begehrt, ist Leiden; kurz gesagt, die fünf mit Anhaftungen verbundenen Gruppen sind Leiden.“ (Bercholz, S. 87)

Dieses tiefe Verständnis von Leiden weist auf den Kreislauf des Leidens zwischen Geburt, Tod und Wiedergeburt *(Samsara)* hin und ist mehr als das, was wir gewöhnlicher Weise unter Schmerzen, Sorgen oder Niedergeschlagenheit verstehen. Daraus wird deutlich, dass alles Bedingte unbefriedigend und grundsätzlich unzulänglich und letztlich der Gefahr und dem Verfall unterworfen ist. Dies betrifft nicht nur alle Lebewesen, sondern auch die ganze Natur. Es geht darum, den ganzen Kreislauf des Leidens, des Werdens und Vergehens von Geburt, Krankheit, Alter, Sterben und Tod zu erfassen.

„Was aber nun ist die Edle Wahrheit von der **Ursache** des Leidens? Es ist das stets zu neuem Dasein führende, von Vergnügen und Lust begleitete Begehren, das ständig im hier und da nach neuen Freuden sucht, nämlich das Sinnliche Begehren, das Daseinsbegehren und das Begehren nach Nichtexistenz.“ (Bercholz, S. 88)

Das Begehren entsteht durch *Unwissenheit*, das Nicht-Gewahrsein der wahren Natur der Dinge. Wenn Vergnügungen und Freuden winken, entstehen *geistige Befleckungen*, die menschliches Leiden verursachen: *Gier und Hass*, Ruhmsucht und Wut, Selbstsucht und Neid, Einbildung, Eitelkeit und Stolz. Begehren schafft ein Gefühl von Mangel und erzeugt ein Anhaften an diese Welt, daher führt es zur Wiedergeburt. Mit Wiedergeburt ist nicht gemeint, dass ein individuelles Ich oder eine Seele wiedergeboren wird, sondern dass alles Leben im Kreislauf fließt.

Die *Karma-Lehre* besagt, dass gute Handlungen zu höheren Formen führen und schlechte Handlungen zu niederen Formen der Wiedergeburt führen. In der dritten Wahrheit offenbart uns Buddha, wie der Kreislauf des Samsara unterbrochen werden kann.

„Was aber ist nun die Edle Wahrheit von der **Aufhebung** des Leidens?“ Es ist das restlose Erlöschen und die Aufhebung des Begehrens, das Aufgeben und Loslassen, die Befreiung und die Loslösung davon.“ (Bercholz, S. 89.)

Leiden, so Buddha, entsteht durch Begehren. Die Auslöschung des Begehrens beendet dann logischerweise das Leiden. „Der Zustand, der dann eintritt … ist Nirwana, das Unbedingte, das Todlose, der unzerstörbare Friede jenseits des Rades von Geburt und Tod.“ (Bercholz, S. 89.) Das *Nirwana* (Erlöschen) „mit Rest“ kann schon im Leben erlangt werden. Schon Mitten im Leben ist ein Ruhen im Absoluten möglich. Das auch als tiefe Zufriedenheit, als Freisein von Haften an Affekten, Begierden und Illusionen, beschrieben werden kann. Das Nirwana „ohne Rest“ erst mit dem physischen Tod. Es befreit vom Kreislauf von Leben und Tod (Entstehen, Bestehen, Wandeln und Vergehen).

Wie kann der **Weg** zur Aufhebung des Leidens führen? Es ist der *Edle Achtfache Pfad*, dessen Glieder in drei Gruppen eingeteilt sind.

III. Weisheit (Prajna) – tiefes Wissen
Rechtes Verstehen
Rechtes Denken

I. Moral (Shila) - Disziplin
Rechte Rede
Rechtes Handeln
Rechter Lebenserwerb

II. Sammlung (Samadhi) - Meditation
Rechtes Bemühen
Rechte Achtsamkeit
Rechte Sammlung

Der Achtfache Pfad ist wie ein Rad zu verstehen, das alle “acht Speichen” auf seinem Weg immer wieder vertieft. Er betont das rechte Verständnis in allen Aspekten, damit ist das rechte Maß, die individuelle stimmige Mitte gemeint, die jegliche Extreme vermeidet. Um den Weg oder Pfad zum Erwachen zu gehen, sind die *Drei Juwelen* eine große Hilfe und Unterstützung: *Buddha, Dharma, Sangha*. Buddha, der Lehrer oder Meister, der das Buddha-Bewusstsein repräsentiert, das schriftlich niedergelegte Dharma, die Lehre, die ins Leben zu integrieren ist und die Sangha, die Gemeinschaft der Übenden oder der Orden dem man angehört. Um den eigenen Bewusstseinsstrom lebendig werden zu lassen, muss der Schüler Shila, Samadhi und Prajna üben.

Der Weg beginnt mit einem einfachen Verstehen und Denken der Lehre des Buddha. Er führt weiter über die Moral oder die Disziplin, um alle *Befleckungen (Klesha),* die Leiden schaffen, zu beseitigen. Sammlung erlöst zerstreute Gedanken und führt schließlich zur tiefen Weisheit (Prajna) und Einsicht. Sie erkennt die grundlegenden Daseinsfaktoren, die Buddha die *Drei Merkmale* genannt hat: Unbeständigkeit, *Anitya* (Alles verändert sich ständig, ist im Wandel; nichts bleibt wie es ist), Ichlosigkeit, *Anatman* (Alles ist Substanzlos, kein Selbst, kein Ich, nicht wesenhaft) und Leiden, *Duhkha* (Alles Leben ist Unzulänglich), ausgelöst durch die *Drei Gifte:* Unwissenheit, Gier und Hass.

Wenn der Schüler alle Vier Wahrheiten gemeistert hat, wird er ein *Arhat*, ein Befreiter, der in der Erfahrung der Freiheit (der Allverbundenheit) des Nirwana lebt. Das ist das Ideal des Theravada-Buddhismus.

Dies ist die grundlegende *Theravada-Lehre* (Lehre der Ältesten), die sich direkt auf die Lehre des Buddha bezieht, dass *Buddha-Dharma*, auf der alle späteren Richtungen, Schulen und Traditionen aufbauen. Nachfolgend werden die wichtigsten auch im Westen bekannten Schulen vorgestellt.

1.3 Die Schulen des Buddhismus

Alle späteren Lehren des *Mahayana* und *Vajrayana,* das *Hinayana* (Kleine Fahrzeug) bauen auf der *Theravada*-Lehre auf. Das *Große Fahrzeug* (Mahayana) entstand etwa 500 bis 600 Jahre nach Buddhas Tod. Das *Diamant-Fahrzeug* (Vajrayana), eine Richtung des Mahayana betont das Ritualwesen, das als psychologische Schulung verstanden wird. Diese Richtung breitete sich von Nordindien nach China, Tibet und Japan aus.

1.3.1 Theravada

Die damals schon vorhandenen 18 Schulen des *Theravada* lehnten die neue Richtung ab, dadurch entstand die anfangs abfällige Bezeichnung *Kleines Fahrzeug (Hinayana)* für die Theravada-Richtung, die inzwischen aber ganz neutral gebraucht wird. Heute ist nur noch eine der ursprünglichen Schulen aktiv. Ihr Kernbereich liegt im heutigen Sri Lanka und in Südostasien. Sie bewahren die ältesten Hinayana-Texte, die in Pali verfasst sind. Theravada lehrt, dass nur Mönche durch *plötzliches Erwachen* das *Nirvana* erreichen können, darin stimmen sie mit dem Rinsai-Zen, einer der bekanntesten Mahayana-Schulen überein.

1.3.2 Mahayana

Mahayana wendet sich jedoch sowohl an Mönche und Nonnen als auch an männliche und weibliche Laien, so wie es der Buddha tat. Diese Richtung breitete sich von Zentralasien, China, Tibet, der Mongolei, über Japan bis nach Vietnam aus. Mahayana betont die Leere *(Sunyata)* und die Haltung von Erbarmen oder Barmherzigkeit, ein offenes und mitfühlendes Herz *(Karuna)* gegenüber der allen Lebewesen innewohnenden Buddha-Natur, getragen von höchster Einsicht und Weisheit (Prajna). Sein Weg ist das Vervollkommnen der transzendenten Tugenden *(Paramita).* Das Ideal des Mahayana ist der *Bodhisattva,* der weder im Nirvana noch im Samsara verweilt und sich das Eingehen ins vollständige Nirvana versagt, bis alle Wesen erlöst sind. Dagegen ist das Ideal von Hinayana der *Ahrat*, der sein ganzes Bemühen auf die eigene Befreiung richtet. Mahayana kritisiert diese Haltung als zu selbstbezogen.

1.3.3 Vipashyna

Vipashyna (Pali: Vipassana) hat seinen Ursprung im *Theravada.* Hat aber auch eine Verbindung zum *Mahayana*, weil es nicht nur um die eigenen Befreiung geht. Es beton das analytische Erforschen der Natur der Dinge durch das Verweilen des Geistes bei den Empfindungen des Körpers auf einen Punkt *(Samatha - Ruhiges Verweilen)* und führt zu Einsicht oder Hellblick, zum intuitiven Erkennen der Drei Merkmale: Insbesondere der Vergänglichkeit aller Dinge, aber auch der Nicht-Ichhaftigkeit und Leidhaftigkeit. Und diese führen zur Erfahrung der Leere *(Shunyata),* die alle Leidenschaften erlöschen lässt.

1.3.4 Tantra Yana

Tantra (Tantra = Gewebe, Zusammenhang, Yana = Fahrzeug oder Weg) wird im tibetischen Buddhismus oft gleichgesetzt mit *Vajrayana (Diamant-Fahrzeug)* und den dort beschriebenen Meditationssystemen. Es handelt sich u.a. auch um Texte von logischen, mathematischen, astrologischen und medizinischen Abhandlungen. *Tantra* hat auch die Bedeutung von *Sutra* (Leitfaden oder Lehrsätze, Lehrtexte). Zwischen dem hinduistischen (sexuellen) Tantra und dem buddhistischen Tantra besteht keine unmittelbare Beziehung.

Der höchste Lehrer des *Vajrayana* (Diamantfahrzeug) *Tantra* ist der *Sidda*, ein Meister tiefer spiritueller Verwirklichung. Der Sidda geht über die konventionelle Moral hinaus und sprengt mitunter alle Konventionen. Im achten bis zwölften Jahrhundert gab es nach der Überlieferung in Indien *84 Große Siddas*. Der Tantra-Weg setzt eine tiefe Auseinandersetzung und Schulung in den Meditationsformen des *Hinayana* und *Mahayana* voraus. Diese Richtung des Tantra geht davon aus, dass die Ausrichtung auf die Leere (Sunyata) eine zu vordergründige Haltung ist, um die *Welt zu überwinden*. Für den Sidda ist die absolute Wahrheit mit der relativen Wahrheit der Welt, phänomenal und sinnlich im vollen Umfang verbunden. Während die anderen Richtungen die Transzendenz betonen, gehören für den Sidda *Transzendenz* und *Immanenz* zusammen (sowie Hinaufsteigen vom Festen zum Nichts der Leere und wieder Herabsteigen zum Diamant, der unzerstörbar ist). Der Sidda betrachtet alle Erfahrungen als rein. Es geht darum sich mit der tiefsten (göttlichen) Wirklichkeit zu identifizieren, die alle Polaritäten umfasst.

Der Buddhismus entstand in Nordindien und umfasst noch heute viele Länder Asiens: China, Korea, Japan, Tibet, Mongolei, Vietnam,

Burma, Kambodscha, Sri Lanka und Thailand und kam erst ab dem 18. Jahrhundert in den Westen.

1.4 Der grundlegende Schulungsweg im Buddhismus

1.4.1 Der Achtfache Pfad

Der Achtfache Pfad ist ein Schulungsweg der über eine ethische und moralische Lebensführung (Shila), Sammlung (Samadhi) durch Meditation zu einer intuitiven Weisheit (Prajna) und damit zu tiefer Erkenntnis, zum Erwachen (bzw. zur „Erleuchtung“) führt. Der Weg beginnt mit der Auseinandersetzung mit der eigenen ethischen Lebenshaltung: mit

Rechter Rede, Rechtem Handeln und Rechter Lebensführung.

Schädliches oder abträgliches Reden, Handeln und Lebenserwerb soll erkannt und vermieden werden. Schädliches Handeln ist immer mit Begierde, Aversion und Unwissenheit verbunden. Hilfreiches und förderliches Handeln muss eingeübt werden. Es geht darum, eigene biographische Prägungen abzulegen, die zu eigenem oder fremdem Leiden führt.

Rechtes Reden: Beim Sprechen und Reden geht es zum Beispiel darum, darauf zu achten, Lügen auszumerzen, Übertreibungen und Untertreibungen zu vermeiden. Unter Freunden soll keine Zwietracht gesät werden. Es gilt, üble Nachrede oder Verunglimpfung, harte Worte und sinnloses Geschwätz und leeren Tratsch zu vermeiden. Zur rechten Zeit, entsprechend den Tatsachen und Erfordernissen zu sprechen, die die eigene Lebensführung widerspiegeln, ist ein hohes buddhistisches Gut.

Rechtes Handeln: Aus der Rechten Sprache leitet sich Rechtes Handeln ab: *keine Lebewesen töten* (keine körperliche Gewalt*), keine unwahre Rede*, *nicht stehlen, nicht ehebrechen*, *sich nicht berauschen* sind wichtige fünf ethisch-moralische Mindestanforderungen bzw.

Verhaltensweisen auf dem Weg. Der Buddha ist von *grenzenloser Freundlichkeit und Heiterkeit* und sorgsam darum bedacht niemandem zu schaden und zum Wohl aller Lebewesen zu wirken. Er ist ohne Arglist und führt ein reines Leben. Das setzt aber auch voraus, seine eigenen Schwächen freundlich zu begegnen.

Rechter Lebenserwerb: Aus dem Rechten Handeln erwächst der Rechte Lebenserwerb. Zum rechten Lebenserwerb gehört, die Gebote des Rechten Handelns einzuhalten. Keine Mitarbeit an der Herstellung und am Verkauf von Waffen, Munition, Bomben und Raketen die den Frieden gefährden. Keine Ausbeutung von Menschen und Lebewesen durch Täuschung, falsche Angaben, irreführende Werbung und über den Stand der eigenen spirituellen Verwirklichung. Und für den buddhistischen Vegetarier, kein Töten oder Handel mit toten Tieren, Fleisch, Knochen oder Häuten zum Lebenserwerb.

Ebenso vertieft der Buddhist seinen *Weg der Meditation* durch Rechtes Bemühen, Rechte Achtsamkeit und Rechte Sammlung.

Rechtes Bemühen meint das passende Maß an Bemühung einzusetzen, nicht zu viel und nicht zu wenig, anstrengungslos aber mit ganzer Aufmerksamkeit, ein müheloses Bemühen. Dieses Bemühen richtet sich auf den Atem. Zum Beispiel den Atem zu beobachten, wie er aus der Nase ein- und austritt.

Dabei wird schnell deutlich, dass der Geist uns nicht mühelos gehorcht und wie einfach es ist, von der Übung abzuweichen, anstatt sich zu konzentrieren. Der Geist springt von Gedanken zu Objekten und zum nächsten Gedanken, usw. und läuft weg, von dem was gerade ist. Diese Grundverfassung der meisten Anfänger ist nicht leicht zu ändern, da sich der Übende oft über Jahre, Jahrzehnte oder ein halbes Leben an diese Verfassung gewöhnt hat. Zum Rechten Bemühen gehören Geduld und Beständigkeit. So entwickelt sich mit der Zeit das Gewahrsein der Wirklichkeit.

Vier Schritte gilt es dabei zu beachten:

- dunkle und abträgliche Gedanken vermeiden
- falls sie sich einstellen von ihnen loslassen
- helle und zuträgliche Verfassung ermöglichen oder herbeiführen
- diesen Zustand halten und sich in die Tiefe ausweiten lassen.

So wird der Geist trainiert bei einem Gegenstand, zum Beispiel der Beobachtung des Atems, zu bleiben.

Rechte Achtsamkeit vertieft das Rechte Bemühen. „Der Geist ergeht sich die meiste Zeit in Phantasien und Illusionen, lebt angenehme und unangenehme Erfahrungen wieder durch und denkt voller Vorfreude oder Bangen an die Zukunft.“ (Bercholz. S. 131) Wirklich Leben können wir nur in der Gegenwart, weder in der Vergangenheit noch in der Zukunft ist das möglich, sondern nur im Jetzt. In dem wir auf den Atem achtgeben, werden wir des gegenwärtigen Augenblicks gewahr, so können wir Unbekanntes bemerken. Anfangs kann etwas kräftiger geatmet werden um sich den Atem bewusst zu machen. Dann wird er wieder losgelassen und so gelassen, wie er gerade ist: schnell oder langsam, flach oder tief, lang oder kurz, rau oder sanft. Wir dringen Schritt für Schritt von der Wahrnehmung einer oberflächlichen Wirklichkeit in eine subtilere, tiefere Wirklichkeit vor.

Der eigene Atem spiegelt unsere Gemütsverfassung. Der Atem kann schlecht Objekt der Begierde, der Ablehnung oder Unwissenheit sein, daher eignet er sich so gut für die Übung. So können Augenblicke der reinen und tiefen Wahrnehmung entstehen, die tief an der eigenen *Konditionierung* rütteln.

Sobald wir fieberhaft nach Fortschritt suchen, sind wir in einer Form der Begierde gefangen. Oder es stellt sich Ärger oder Entmutigung ein, weil wir keinen Fortschritt wahrnehmen können, dann sind wir in einer Form von Abneigung gefangen. Oder wir versinken in eine Lethargie und fangen an zu dösen oder schlafen gar ein. Auch das Gegenteil kann der Fall sein, dass wir innerlich unsere ganze Anspannung spüren und es kommt Skepsis oder Zweifel an uns selbst oder am Lehrer auf, ob der Übungsweg oder der Lehrer für mich richtig und passend sind. Diese Hindernisse nehmen wir nur wahr, wenn uns die ersten Schritte der Übung bereits gelingen und es ist bereits ein Zeichen von Fortschritt. Wenn wir uns jedoch dazu entschließen weiter zu üben, wird das Üben mit der Zeit immer leichter, offener und klarer.

Rechte Sammlung vertieft Rechte Achtsamkeit und Rechtes Bemühen. Mit der Vertiefung der Übung verstärkt sich das Gewahrsein des gegenwärtigen Augenblicks. *Samadhi* („Sammlung auf einen Punkt") braucht also eine Übung, die frei von Anhaften, Wegschieben oder Einbildung ist. Samadhi ist ein nicht dualistischer Bewusstseinszustand, der weder subjektiv noch objektiv ist. Die oft gebrauchte Bezeichnung „Einspitzigkeit des Geistes" ist jedoch irreführend, als müsste der Geist auf einen Punkt fixiert werden. Mit Sammlung des Geistes auf einen Punkt ist ein paradoxes *müheloses Bemühen* gemeint, das den Geist zur Ruhe bringt. Es geht immer wieder um ein geduldiges, beharrliches und beständiges Üben. So bekommt unsere Sammlung immer mehr Kraft und das Umherschweifen des Geistes beruhigt sich, wir fühlen uns entspannter, wohler und energiegeladener.

Dann tauchen neue Hindernisse als ungewöhnliche Erfahrungen auf: Lichtwahrnehmung mit geschlossenen Augen, Wahrnehmung des Umfeldes obwohl die Augenlider zu sind, bildliche oder akustische Visionen, außersinnliche Wahrnehmungen. Sie weisen darauf hin, dass der Übende Fortschritte macht, *sind aber nicht das Ziel der Übung*. Im Gegenteil, wenn sich die Aufmerksamkeit auf das Erreichen solcher Erfahrungen richtet, kommt der Übende nicht weiter. Es geht darum, weiter die Aufmerksamkeit auf den Atem zu richten.

Je besser es gelingt den Geist zu sammeln, desto subtiler wird der Atem und es wird schwieriger mit der Aufmerksamkeit beim Atem zu verweilen.

Daher werden Worte (Mantren, Koans), Bilder (Mandalas) oder Bewegungen (Rhythmen) mit dem Atem verbunden. Das erzeugt jedoch oft neue Hindernisse. Es entstehen Trance-Zustände oder eine Art Verzückung, die erneut vom eigentlichen Ziel ablenken. Samadhi ist kein spiritueller Rausch, sondern führt weiter zu *Dhyana* (Chan, Zen) zu einer tiefen inneren Versunken- und Verbundenheit. Buddha lehrte verschiedene Stadien von Dhyana, die dazu führen, alle leidverursachenden Prägungen aufzugeben.

Die **Schulung der Weisheit** *(Prajna)* vertieft die moralische Lebenshaltung und die meditative Sammlung des Geistes. Buddha erkannte schon vor zweieinhalbtausend Jahren die Existenz des Unbewussten, die er *Anushaya* (Neigung oder latente Leidenschaften) nannte.

Auch das Unbewusste muss gereinigt werden, sonst gelangt der Übende nicht an sein Ziel.

Es gilt sich die drei Möglichkeiten bewusst zu machen, wie der Übende in seine Mitte gelangt:

1. Den Pfad des lustvollen Frönens aufgeben, der alle Begierden versucht zu befriedigen. Er führt zu Enttäuschung und Unzufriedenheit.
2. Den Pfad der asketischen Selbstbeherrschung aufgeben, der sich alle Annehmlichkeiten versagt. Durch die Misshandlung des Körpers wird der Geist nicht geläutert. Um die beiden Pfade ins Geleichgewicht zu bringen, bedarf es einer dritten Methode.
3. Der Pfad der *Weisheit* bringt Frönen und Selbstbeherrschung in die Mitte. Es ist wie surfen auf einer Welle. Von Weisheit getragen wird der Geist frei werden von allen Beschmutzungen, Selbstverwöhnung und Selbstunterdrückung. Sind diese Schattenaspekte überwunden, schwenkt der Schüler auf den wahren Mittelweg ein. Der beruhigte Geist wird zum brauchbaren Werkzeug der Selbsterforschung. Zu Prajna gehören Rechtes Denken und Rechte Erkenntnis.

Rechtes Denken: Der Geist ist auf das Dharma (die Lehre) ausgerichtet, das Denken hat sich beruhigt, der Geist ist still geworden. Begehren und Abneigungen sind beruhigt worden und Unwissenheit führt zu tiefem Wissen. Der Übende ist bereit für den nächsten Schritt.

Rechte Erkenntnis: Es geht darum, die tiefe Wahrheit selbst zu erkennen, indem man die Wirklichkeit so sieht, wie sie tatsächlich ist.

Daher werden drei Arten von Prajna unterschieden: empfangene Weisheit, verstandesmäßige Weisheit und erfahrene Weisheit.

Empfangene Weisheit ist nicht unsere eigene Weisheit, sie ist geborgt. Wir haben sie von anderen bewusst oder unbewusst übernommen bzw. sie aus Begehren, Furcht oder Unwissenheit verinnerlicht.

Intellektuelle Weisheit ist Weisheit die man gelesen oder studiert hat, z.B. indem man einen wissenschaftlichen Abschluss erworben hat oder einer Lehre oder einer Denkrichtung nacheifert oder angehört, die man für rational, praktikabel oder nutzbringend hält. *Erfahrene Weisheit* ist eine Weisheit die aus persönlichem Erleben erwächst. Sie ändert den Geist von Grund auf, weil man ihrer innegeworden ist und sie lebt. In praktischen Dingen kann Erfahrungswissen jedoch töricht sein. Sich ins Feuer zu stürzen, um zu erfahren wie heiß es ist, macht keinen Sinn. Es reicht zu wissen, dass es mich verbrennt. Erfahrung der Weisheit bezieht sich immer auf ein tiefes geistiges Wissen. Im Dharma zählt nur die geistig erfahrene Weisheit, denn nur durch sie werden wir fähig, unsere Prägungen abzuschütteln. Gehörte und verstandesmäßige Weisheit sind jedoch sehr hilfreich, wenn sie uns zur erfahrenen Weisheit führt. Auch ein Buddha, Lehrer oder Meister kann seine Erfahrung nicht weitergeben, sondern er kann uns nur den Weg zeigen. Den Weg zur tiefen erfahrenen Weisheit, zum tiefen Wissen, zur tiefen Erkenntnis, zum Erwachen (Bodhi) müssen wir selber gehen, bis zur eigenen Buddha-Natur bis zum Tathagata (zum Vollendeten).

Bevor der Zen-Weg und die wichtigsten Schulen von Chan (Zen) vorgestellt werden, folgen hier noch Erläuterungen zum Verständnis von Karma und Achtsamkeit und die Vorstellung von drei grundlegenden Sutren: das Metta-Sutra, das Sutra von Glaubensgeist und das Herz-Sutra. Sutren sind Lehr- bzw. Weisheitstexte. Diese Sutren haben u.a. später Eingang in die Zen-Rezitationstexte gefunden.

1.4.2 Die Karma-Lehre

Die Gesetzmäßigkeiten von *Karma* (Karma = wörtlich Tat, von Ursache und Wirkung) folgen keinen starren Regeln, sonst wäre keine Befreiung aus den samsarischen Verwicklungen des Leidenskreislaufes möglich. (Siehe hierzu auch unter Buddhas Lehre, zum Stichwort Wiedergeburt). Das lehrt uns auch die moderne Psychologie, dass es uns möglich ist, uns immer mehr von unbewussten Verhaltensweisen zu bcfreien, in dem wir sie uns bewusst machen und sehr viele Schattenaspekte aufgelöst werden können. Die eigenen Schwächen zu erkennen, ermöglicht es uns angemessen mit unserem Karma umzugehen. Dazu ist es hilfreich sich mit der eigenen Lebensgeschichte auseinanderzusetzen, die eigenen Prägungen zu erkunden, die von Generation zu Generation, oft unbewusst, weitergegeben werden.

„Karma wird verstanden als: 1. Eine geistige oder körperliche Handlung; 2. Die Konsequenz einer geistigen oder körperlichen Handlung; 3. Die Summe aller Konsequenzen des Handelns eines Individuums in diesem oder einem vorangegangenen Leben; 4. Die Kette von Ursache und Wirkung in der moralischen Welt." (Lexikon, S. 183-184.) Buddhas Karma-Lehre weist uns auf unsere moralische und spirituelle Verantwortung hin, für uns selbst und andere. Da wir im Gegensatz zu Tieren durch ein bewusstes und achtsames Leben viele Wahlmöglichkeiten haben. Alle Gedanken, Worte und Taten, wirken zunächst auf uns selbst, bevor sie auf andere Einfluss nehmen, das gilt es bei allem Denken, Sprechen und Handeln im Blick zu behalten. Aber auch scheinbar gute Taten, wenn sie unter dem Einfluss von Unwissenheit oder Begehren stehen, können dazu beitragen weiteres Leid zu verursachen. Alles nutzlose Bemühen sollte daher aufgegeben werden. Karma-Verkettungen können nur aufgelöst werden, wenn es gelingt Gier (jegliches Suchtverhalten), Hass (jegliche Abneigung) und Unwissenheit (jegliche Verblendung) aufzugeben, bzw. hinter sich zu lassen und das Ich (oder Ego) zu transzendieren. Je weniger dies gelingt, desto größer ist nach der Buddhistischen Lehre die Gefahr, in einer niederen Form, als menschliches oder tierisches Wesen wiedergeboren zu werden. Und so den Kreislauf des Lebens erneut zu durchlaufen, um nicht abgelegtes Karma auflösen zu können. Diese Lehre fordert den gläubigen Buddhisten dazu auf, für sein Denken und Handeln, für sich und andere moralische und spirituelle Verantwortung zu übernehmen.

1.4.3 Achtsamkeit

Achtsamkeit (smriti) auf den Atem, auf unser *Denken, Sprechen und Handeln* ist ein wichtiges Werkzeug, um alle karmischen Verkettungen Schritt für Schritt zu lösen. Das eigene rastlose Denken im Zaum zu halten, ist ein erster Schritt. Dies kann uns gelingen, je besser wir uns auf den eigenen *Atem* konzentrieren können und damit das Denken anhalten bzw. unterbrechen. Die Gedanken sind wie Affen, die sich von Baum zu Baum schwingen. Gelingt es die Affen zu bändigen, entsteht ein leerer Raum von Stille, Ruhe und Bewusstheit, der es ermöglicht, klarer zu denken und entsprechend zu handeln. Der Atem ist das pulsierende Leben selbst, wir nehmen die Wirklichkeit wahr wie sie ist. Wir sind ganz in der Gegenwart im Hier und Jetzt angekommen. Wir erkennen, wie Gedanken, Gefühle und Empfindungen aufsteigen, bleiben und wieder vergehen. Der Geist muss dabei lernen sich von alten Mustern zu befreien. Wenn es zudem gelingt sein *Ich* (Ego) zu vergessen, wenn auf den Atem geachtet wird, verschwinden die meisten Probleme von selbst. Dabei müssen wir lernen sich anstrengungslos zu bemühen, auf den Wellen des Atems zu surfen, also den Weg der Mitte zu gehen. Vertrauen in den Weg und die Kraft zum regelmäßigen Üben müssen sich im Gleichgewicht halten, um Lustlosigkeit und zu viel an Biss zu vermeiden. Die Übung der Achtsamkeit ist ein erster wichtiger Schritt hin zum Za-Zen (Sitzen in Verbundenheit).

1.4.4 Drei Sutras

Das Metta-Sutra: Das Metta-Sutra gilt als Buddha-Wort. *Metta (maitri)* wird oft mit „liebender Güte“ oder „unendliche bzw. unermessliche Güte“ übersetzt. Diese Übersetzung klingt für deutsche Ohren oft sentimental. Daher ist es angebracht eher *grenzenlose Freundlichkeit* dafür zu verwenden. (Siehe John Peacock: http://www.saekularerbuddhismus.org/?page_id=231).

Mit seiner Botschaft der vorbehaltlosen Freundlichkeit gegenüber allen Lebewesen, ist es zugleich das perfekte Bindeglied zwischen *Theravada (Hinayana*) und *Mahayana.* Dieses Sutra wird von Mönchen des Theravada täglich rezitiert und hat später auch Eingang ins

Chan (Zen) gefunden. Das Sutra ist eine grundlegende Übung der meditativen Praxis im Buddhismus (Lexikon, S. 171-173).

Die beiden nachfolgenden Sutren sind bereits der Übergang zur Praxis des *Großen Fahrzeugs* (Mahayana), weil sie auch dort rezitiert werden.

Das Sutra vom Glaubens-Geist *(jap. Shinjinmai):* Es geht auf den 3. chinesischen Patriarchen (und 30. Patriarchen nach Buddha - verstorben 606) von *Chan* zurück. Es steht unter daoistischem Einfluss, der „Große Weg“ = Dao, heißt es im Text, gemeint ist hier die letzte Wahrheit des Dharma. Geist wird im Chinesischen auch mit Herz übersetzt oder mit Herz-Geist, daher auch die Bezeichnung „Übertragung von Herz-Geist zu Herz-Geist“. Das ist jedoch missverständlich, daher die Anführungszeichen. In Wirklichkeit kann nichts übertragen werden. Es kann nur von Herz-Geist zu Herz-Geist dieselbe Tiefe von Erwachen erkannt werden.

„Solange der Herz-Geist in der Nichtdualität verweilt, ohne sich auf eine Unterscheidung von Objekt und Subjekt einzulassen, herrscht ein echter aus sich selbst existierender Glaube, ein natürliches Vertrauen, das keiner Bestätigung von außen bedarf. Die Erfahrung ist in vollkommender Übereinstimmung mit der Soheit, der Natur der Dinge, wie sie sind.“ (Bercholz, S. 180-181). Das Sutra ist ein längerer Text von mehr als 8 Seiten (Bercholz, S. 181-189).

Das Herz-Sutra: Das Sutra ist das kürzeste von ca. 40 überlieferten Sutren und wird oft überschrieben mit *„Sutra der transzendenten Weisheit“* oder es wird *„Sutra von der vollkommenen Weisheit des Herzens“* genannt. Es ist ein *Bodhisattva-Text,* der alle Lebewesen befreien will. Das Sutra handelt auf prägnante Weise von der Erfahrung der *Leere.* Das Herz-Sutra wird ebenso wie das Metta-Sutra direkt auf Buddha zurückgeführt: *„Form ist Leere; Leere ist Form“* heißt es u.a. im Sutra. Dieses tiefe paradoxe Verständnis, diese Erfahrung und Erkenntnis der tiefen Weisheit führt direkt zum Erwachen (Satori). „Der Leere entgeht nichts. Dies ist die große Befreiung, denn was uns eigentlich gefangen hält, ist die Welt der zugeschriebenen Bedeutungen, in der wir leben. Wenn diese Bedeutungen abgezogen werden, können wir in der reinen Dimension der Leere leben, vollkommen frei und aller Beschränkungen enthoben." (Bercholz, S. 191). Der kurze Text endet mit dem Ausruf:

GATE GATE PARAGATE PARASAMGATE BODHI SAVHA

Gegangen, gegangen, hinübergegangen, ganz und gar hinübergegangen ans andere Ufer – erleuchteter Geist, so ist es. (Siehe hierzu den ganzen Text der drei Sutren in: Willigis Jäger, Beatrice Grimm S. 67 bis 73.)

Bis zu diesem Abschnitt reichen die grundlegenden Lehren des *Siddhartha Gautama* (Buddha), die allen Schulen des Buddhismus gemeinsam sind und auf die später entstandenen Traditionen, des *Chan (Zen) im Mahayana* und die japanischen *Zen-Schulen* aufbauen.

1.5 Der Chan- (Zen-)Weg im Buddhismus

1.5.1 Der Zen-Meister

Wie wir schon erfahren haben, ist das Ideal des *Mahayana* der *Bodhisattva.* Ein menschliches Wesen auf dem konsequenten Weg des Erwachens oder ein bereits erleuchtetes oder erwachtes menschliches Wesen. Der Erwachte Bodhisattva ist ein *Chan- oder Zen-Meister*. Chan lehrt den Pfad des plötzlichen Erwachens und der Bodhisattva entwickelt dabei die *sechs transzendenten Tugenden (Paramitas)*: *Freigiebigkeit, Disziplin, Geduld, Energie, Meditation und Wissen*. Paramita bedeutet am anderen Ufer angekommen zu sein. Der Erwachte Bodhisattva muss sein Ich (oder Ego) transzendiert haben.

Mit *Freigiebigkeit* ist eine kraftvolle Kommunikation gemeint. Sie muss Energie ausstrahlen und ein Akt des Gebens sein, ohne zu urteilen bzw. zu werten. Das Handeln muss völlig offen sein, völlig entblößt. Jede Kampfmentalität wird sofort erkannt. Es gibt keinen Raum für Heuchelei. Er gibt sich völlig der Sache und der Aufgabe hin.

Disziplin hat nichts damit zu tun, sich auf starre Gebote oder Verhaltensmuster festzulegen. Er handelt in Übereinstimmung mit dem was ist. Seine Handlungen sind nicht starr, sondern fließend und offen, der jeweiligen Situation angemessen.

Geduld: Da er kein Ziel verfolgt, hat er Geduld. Wenn wir nichts erwarten, werden wir auch nicht ungeduldig. Die geduldigen Handlungen des Bodhisattva rufen keine Gegenreaktionen hervor, da er nichts erreichen will und ganz im Augenblick lebt. Da er Abstand zu sich und der Situation hat, steht er in einer fließenden Verbindung zu sich und der Welt, ist einem offenen Raum den Möglichkeiten zugewandt.

Energie: Dazu braucht es Kraft oder Energie, so dass keine Chance oder Gelegenheit versäumt wird. Die energetische Tatkraft hat eher mit Freude zu tun. „Unser ganzes Leben wird durch Freigiebigkeit offener, durch Disziplin aktiviert, durch Geduld gestärkt und gelangt nun in ein Stadium der Freude" (Bercholz, S. 211). Der Bodhisattva sieht das Leben, wie von oben, in einer Gesamtschau. Er nimmt so großen Anteil am Leben, so wie es wirklich ist, er sucht nicht mehr, er lebt! Dann brechen Mitgefühl und Weisheit aus ihm hervor und verstärken seine Energie und Überzeugungskraft.

Meditation: Der Bodhisattva ist bewusst, wach und präsent in jeder Lebenssituation. Alle Handlungen des Alltags sind Meditation, daher braucht er keinen fixen Gegenstand der Meditation.

Weisheit: Die fünf genannten transzendenten Tugenden strömen wie von selbst in den Ozean von Prajna (Weisheit) ein. Weisheit ist Intelligenz, das alles sehende Auge. Prajna transzendiert alle vorgefassten Meinungen und sieht daher die Welt wie sie ist. Prajna durchschneidet jede Wahrnehmung, die in Dies und Das, in Jenes und das Andere unterteilt. Bodhisattvas können sich selbst ganz vergessen, weil sie nichts erreichen wollen.

Der *Bodhisattva* oder *Zen-Meister* lebt, lehrt und handelt vom „anderen Ufer" her. Er ist in der *Leere* verwurzelt bzw. zu Hause und hat sein Ich (Ego) transzendiert. Er erkennt in jedem Wesen die eigene Buddha-Natur und weiß sie zu stärken. Sein Herz-Geist, kann den Herz-Geist im Schüler und der Schülerin fördern und sein Ankommen am „anderen Ufer" sehen. Das Buddha-Wesen ist weder gut noch schlecht, es verkörpert „Nicht-Zweiheit“. Da der Geist der Menschen verblendet ist, können sie das Buddha-Wesen nicht sehen, weder ihr eigenes, noch das von anderen Menschen.

1.5.2 Die Zehn Ochsenbilder

Die zehn Ochsenbilder beschreiben auf klassische buddhistische Weise den Weg des Schülers bis zum Erwachen. Es gibt ältere Versionen mit fünf oder acht Bildern. Die ursprüngliche Form mit zehn Bilder wird *Kuo-an Shih-yuan,* einem chinesischen Chan-Meister zugeordnet. Das letzte Bild der alten Variante, mit acht Bildern, stellte einen offenen leeren Kreis dar. Er symbolisiert das Angekommen sein in der Leere. Kuo-an fand das unvollständig und fügte zwei Bilder hinzu. Sie verdeutlichen, dass der wahre Meister unerkannt in der Welt lebt und sich unters Volk mischt oder mit seiner Strahlkraft andere inspiriert den Weg des Buddha zu gehen. Der Stier oder der Ochse stehen für das tiefste innere, wahre Wesen, die wahre Buddha-Natur.

Die zehn Schritte des Weges haben jeweils eine Thema, bzw. eine Überschrift:

1. Die Suche nach dem Ochsen
2. Das Erblicken der Spuren
3. Das Erblicken des Ochsen
4. Das Einfangen des Ochsen
5. Das Zähmen des Ochsen
6. Auf dem Rücken des Ochsen nach Hause reiten
7. Der Ochs ist vergessen, der Mensch bleibt
8. Der Ochs und der Mensch sind vergessen
9. Zum Ursprung zurückgekehrt
10. Das Betreten des Marktes mit offenen Händen

Die einzelnen Schritte des Weges verdeutlichen, wo der Schüler steht, bzw. was ihm noch bevorsteht. Sie verdeutlichen auch, wann er ein Bodhisattva oder ein Chan-Meister geworden ist (Bercholz, S. 251-261 – Bilder und Erläuterungen). Die Schritte beschreiben selbstverständlich nicht einen linearen Stufenweg, sondern eher einen spiralförmigen Prozess, der immer mal wieder zurückdreht, auf die davorliegenden Schritte, um sich dann wieder weiter vorwärts zu entfalten, wenn der Übende seine Erfahrungen vertieft.

1.5.3 Anfängergeist

Um den dargestellten Prozess, der Suche nach dem eigenen inneren Wesen (siehe die 10 Ochsenbilder), bis zur letzten Erkenntnis zu gehen, bzw. um am „anderen Ufer“ anzukommen und die Buddha-Natur zu erfahren, gilt es den Anfängergeist zu bewahren. Der Anfänger hat viele Möglichkeiten sich zu entfalten, der Experte ist dagegen deutlich in seiner Wahrnehmung eingeschränkt. Es ist nicht erforderlich ein tiefes rationales Verständnis von Buddhismus oder Chan zu haben, dann wird man schnell zum Experten. Den Anfängergeist bewahren heißt, dass auch jeder schon langjährig Übende in jeder neuen Übungseinheit ein Anfänger ist. Jede Chan-Sitzung ist anders und immer wieder neu. Der Anfänger, der sich für einen Weg entschieden hat, bringt *großes Interesse, Offenheit, Einsatz und Neugierde* mit. Diesen Geist gilt es zu bewahren, bzw. immer wieder zu erneuern. Wir sind mit jeder Übungseinheit ein anderer. Das ist auch biologisch so. Jeder Atemzug verändert nicht nur unser biologisches, sondern unser ganzes Menschsein, auch wenn die Buddha-Natur, die es zu erfahren und zu verwirklichen gilt, immer gleich bleibt.

Für Übende, die schon länger den Weg gehen und praktizieren ist es besonders wichtig, immer wieder im ursprünglichen, selbstgenügsamen Geist zu verweilen. Damit ist ein „leeres und aufnahmefähiges Herz“ gemeint. Wenn das „Herz“ (der Herz-Geist) leer ist, ist es offen, wach und weilt in einer bereiten Präsenz.

1.5.4 Engagierter Buddhismus

Thich Nhat Hanh ist der klassische Vertreter eines engagierten Buddhismus in der westlichen Welt. Im Vietnam-Krieg leitete er die Friedensdelegation der Buddhisten. Er bezieht seine Lehre direkt auf Buddha und beruft sich dabei auf seine Erkenntnisse des „bedingten

Entstehen“ aller Dinge bzw. vom „Entstehen in gegenseitiger Abhängigkeit“. Alles in diesem Kosmos ist miteinander verbunden, wie das „Perlennetzt der Indra“, dass über die ganze Welt und das Weltall ausgebreitet ist. Wenn wir uns also zum Sitzen, scheinbar aus der Welt zurückziehen, bleiben wir dennoch immer mit der Gesellschaft und allem verbunden. Alles hängt mit allem zusammen!

Thich Nhat Hanh gibt dafür ein sehr schönes *Beispiel zum Blatt Papier* (Bercholz, S. 287 -290): Ein *Blatt Papier* ist viel mehr als es scheint. Es setzt sich zusammen nach innen und außen aus vielen *Nicht-Papier-Elementen*. Ein Blatt Papier, nach außen: Ohne Wolke, kein Wasser; ohne Wasser kein Baum; ohne Baum kein Holz; ohne Holz, kein Blatt Papier. *Die Wolke ist also im Blatt Papier*, ebenso die Sonne: ohne Sonne, kein Wald; ohne Wald, keine Bäume; ohne Bäume, kein Blatt Papier; also *ohne Sonne kein Papier*, usw. Dieses Spiel der Allverbundenheit, lässt sich bis in den entferntesten Kosmos fortsetzen. So ist auch der einzelne Mensch nach innen aus vielen nichteinzelnen Elementen zusammengesetzt: aus Gliedern, Muskeln, Sehnen, Organen und Knochen usw.; aus Körper, Energie, Seele, Verstand, Geist usw.

Und was bleibt letztendlich übrig? Nach innen wird alles immer „kleiner“, bis „nichts“ mehr übrigbleibt, was wir erfassen können, dies gilt ebenso nach außen, wo alles „größer“ wird und wo wir „das Letzte“ ebenfalls nicht mehr erfassen können. Wir landen also direkt in der „Leere“, in der die „Fülle“ (also alles) enthalten ist: „Leere ist Fülle, und Fülle ist Leere“, ist ein wichtiger Lehrsatz im Buddhismus. Was folgt daraus? Wenn wir uns verändern, verändern wir alles. Zwar mag der Einfluss des Einzelnen winzig sein, (im nächsten Umfeld wird er am schnellsten wahrnehmbar), aber je mehr Menschen diesen Weg der Erkenntnis und des Handels gehen, je mehr wird sich die Welt in eine lebenswerte Richtung verändern. Wir suchen also in der Meditation nicht nur nach Lösungen für uns, sondern auch für die Gesellschaft als Ganzes, für den ganzen Globus und für alles. Wir bringen das Leid dieser Welt mit auf das eigene Kissen beim Sitzen. Indem wir uns von unserem Leid lösen, lösen wir auch das Leid anderer. *„Meditation ist nicht die Flucht aus der Gesellschaft.“* so Thich Nhat Hanh, sondern: *„Meditieren heißt, sich selbst zur Reintegration in die Gesellschaft zu befähigen, damit das Blatt den Baum* *nähren kann."* Weil auch das Blatt (der Einzelne) wieder zerfällt (sich erneuert) und seine Mineralien zum Nährstoff des Baumes (der Gesellschaft) werden.

1.6 Die östlichen Zen-Schulen

1.6.1 Die Rinsai-Schule

Die einflussreichste meditative Rinsai-Richtung des *Mahayana-Buddhismus* brachte in China das *Chan (Zen)*, das „Sitzen in Versunkenheit" (jap. Za-Zen) hervor. Die Rinsai-Schule ist nach einem ihrer großen Meister benannt. Sie betont dabei das „Zen der Betrachtung der Worte", die *Koan-Schulung,* als den schnellsten Weg zum Erwachen. Dieses *Kanna-Zen* (Zen der Koan-Betrachtung) ist heute noch in Japan lebendig.

Lin-chi (jap. Rinsai) gestorben 866/7, war ein Schüler des berühmten Meisters *Huang Po.* Er war der Begründer dieser einflussreichsten, lebendigsten und nach ihm benannten chinesischen Rinsai-Schule. Der 6. chinesische Patriarch von Chan, *Huni-neng*, gab ebenfalls dazu entscheidende Anstöße. Der orthodoxe chinesische *Dhyana-Buddhismus* (sanskr. *Dhyana* = Meditation) unterschied sich deutlich von der neueren japanischen Richtung. Sie geht sanfter und einfühlsamer mit dem Körper um.

Koans sind Worte oder kurze Texte, die immer auf die letzte Wahrheit hindeuten, sie stammen aus Sutren oder Darlegungen von Chan-Erfahrungen der Meister. Das Wesentliche am *Koan* ist sein Paradox, das mit dem Verstand nicht zu lösen ist. Es geht darum, das begriffliche, logische Denken zu transzendieren, um einen Sprung auf eine andere Ebene des Begreifens zu ermöglichen. Jede Lösung eines Koans, ist eine ganz persönliche Lösung im Kontakt mit dem Chan-Meister, die sich seit dem 10. Jahrhundert in China etabliert hat. Im 12. Jahrhundert brachte *Eisai Zenji* die Rinsei-Schule nach Japan. Es soll etwa 1700 Koans geben, davon sind noch heute 500 bis 600 in Koan-Sammlungen *(Mumonkan)* in der japanischen Richtung des Rinsai gebräuchlich. Koans sollen verhindern, dass ein Schüler nach einem ersten Erwachen wieder *in sein Alltags-Bewusstsein zurück-*

fällt, bzw. sie sollen sein Erwachen vertiefen. Es werden fünf Arten von Koans unterschieden: Koans, die zum Erwachen führen; Koans, die zur Nichtunterschiedenheit führen; Koans zum Erkennen des tiefen Sinns von Sutren; besonders schwere Koans und Koans zu den fünf Graden des Erwachens. In manchen Schulen Japans muss ein Schüler alle 500 bis 600 Koans lösen, damit ein *Inka-Shomei*, eine Zen-Meister-Bestätigung in der Rinsai-Schule erteilt werden kann.

Die Rinsai-Tradition kam 1979 mit Zen-Meister *Kyozan Joshu Sasaki* nach Österreich und damit in den deutschsprachigen Raum. Zur selben Zeit auch durch die Österreicherin *Irmgard Schlögel (1921-2007)*, die als Zen-Nonne geweiht wurde und in London ein Zen-Center leitete. Der deutschen *Gerta Ital* (1904-1988) wurde 1963 als erster Frau aus dem Westen erlaubt sieben Monate in einem Japanischen Zen-Kloster zu verbringen. Ihre Erfahrungen schilderte sie in einem viel beachteten Buch (siehe Litverz.). Einen Ableger der Rinsai-Schule brachte der Zen-Meister *Hozumi Genscho Roschi* in Dinkelscherben nach Deutschland, das durch den Deutschen Zen-Meister *Dorin Genpo Zenji* bis 2017 weiter betreut wurde.

Dorin Genpo trat 2017 von allen Ämtern zurück, da ihm sexueller Missbrauch an Kindern zwischen 4 und 13 Jahren nachgewiesen wurde. 2018 wurde er zu fast 8 Jahren Haft verurteilt. Diese Tatsache macht deutlich, dass es auch für Zen-Meister oder Zen-Priester (wie für Psychotherapeuten schon lange festgeschrieben) klare ethische Verhaltensegeln erforderlich sind (siehe Wikipedia unter Dorin Genpo Zenji). Durch diese Tatsache wird sehr deutlich, dass Zen keine Psychotherapie ist und auch Zen-Meister sich ihren Schattenaspekten stellen sollten, bevor es z.B. zu Missbrauch kommt.

1.6.2 Die Soto-Schule

Die Soto-Schule ist die zweitwichtigste Schule im chinesischen Chan. Auch sie ist aus der *Mahayana-Tradition* entstanden. Sie geht auf den Zen-Meister *Tung-shan Liang-chieh (jap. Tozan Ryokai)* und dessen Schüler *Ts'ao-shan Pen-chi (jap. Sozan Honjaku)* zurück. Aus den zwei Anfangsbuchstaben der beiden Meister entstand der Name der Schule: Soto. In der ersten Hälfte des 13. Jahrhunderts gelangte diese Tradition durch den japanischen Zen-Meister *Dogen Zenji* (1200 bis 1253) von China nach Japan. Auch die Soto-Schule ist heute in Japan noch sehr lebendig. Das Ziel von Rinsai und Soto, das Erwachen, ist in beiden Schulen dasselbe. Soto betont im Gegensatz zu Rinsai die Praxis des *Shikantaza* (Sitzen und sonst nichts). Die Koan-Schulung ist keine klare Abgrenzung zwischen den beiden Richtungen, da auch *Dogen Zenji* eine kommentierte Koan-Sammlung mit 300 Koans herausgab und sie auch verwendete. Jedoch lehnte er die starke Betonung auf das Lösen von Koans der Rinsai-Schule ab. Im japanischen Soto ist die alte gemeinsame Praxis der beiden großen Chan-Traditionen, das *Dokusan* (Einzelgespräch zwischen Lehrer und Schüler) inzwischen ausgestorben.

Brigitte D'Ortschy war die erste Deutsche Zen-Meisterin in der Soto-Tradition. Sie hielt 1973 zusammen mit *Yamada Koun Roschi* ihr erstes Zen-Sesshin in Deutschland. 1975 gründete sie ein eigenes Zendo in München-Schwabing. Auch der sehr geachtete und bekannte amerikanische Zen-Meister *Bernhard Glassmann* (1939-2018) ist oft nach Deutschland gekommen. Er engagierte sich u.a. für soziale Projekte und gründete in den USA die sozial engagierte buddhistische Gruppe *Peacemaker.* Auch Richard Baker (geb.1936) ist ein amerikanischer Soto-Zen-Meister, der ins Buddhistische Studienzentrum Johanneshof in den Schwarzwald kommt. Ein weiterer Amerikaner *Claude AnShin Thomas* engagiert sie ebenfalls u.a. in Deutschland. Er hat ein Gelübde als Bettelmönch abgelegt und setzt sich für Versöhnungsarbeit und für traumatisierte Kriegs- und Gewaltopfer ein. Darüber hinaus hat der hochgeachtete in Frankreich lebende Vietnamese *Thich Nhat Hanh* in Waldbröhl in NRW ein großes Zen-Zentrum in Deutschland gegründet. Er ist interreligiös ausgerichtet und propagiert den Weg der Achtsamkeit, gewaltfreies Leben, ökologisches und soziales Engagement. Seit seinem 94. Lebensjahr lebt Nhat Hanh wieder in Vietnam. Seitdem es wieder möglich ist, hat er dort seinen Lebensabend verbracht. Seine Schülerinnen und Schüler führen sein Werk fort. Er ist am 22.1.2022 in Vietnam verstorben und wurde 96 Jahre alt.

Zudem wird die Soto-Schule durch *Fumon Shoju Nakagawa Roshi* und den Zen-Meister *Ludger Tenryu Tenbeul* in Deutschland vertreten. Er ist Präsident der 1984 gegründeten Zen-Vereinigung Deutschland e.V. mit Sitz in Berlin. Er lehrt im Zen-Tempel in Schönböken und in Berlin.

Auch von einer Reihe japanischer Zen-Meistern ist bekannt, dass Sie den Krieg der Japaner gegen China (1937 bis 1945) rechtfertigten oder sogar geistig aktiv unterstützen (siehe Litverz. Brian Victoria).

Die Deutsche Buddhistische Union (DBU) umfasst 64 traditionsübergreifende Gemeinschaften als Mitglieder. Auch in der DBU wird wegen Missbrauchsvorwürfen gegen bekannte Lehrer das Thema Missbrauch aktuell inzwischen aktiv angegangen und öffentlich diskutiert.

1.6.3 Sanbo-Kyodan-Schule

Die japanische Sanbo-Kyodan-Schule wurde 1954 von Zen-Meister *Yasutani Haku'un* (1885-1973) gegründet. Er gehörte der Soto-Tradition an. Die japanische Soto-Tradition seiner Zeit empfand er als zu oberflächlich, deshalb verließ er sie und gründete eine eigene Sanbo-Zen-Richtung. *Sanbo* bezeichnet die „drei Schätze“: Buddha, Dharma, Sangha. *Kyodan* bezeichnet die spirituelle Gemeinschaft. Yasutani wurde später der Dharma-Nachfolger von *Harada Sogaku Roshi* (1871-1961), der aus der Rinsai-Tradition stammt. Daher verband Yasutani in seiner Zen-Ausrichtung Rinsai (Koan-Schulung) und Soto (Shikantaza = Sitzen in Versenkung) miteinander und suchte die Vorteile beider Traditionen in seiner Zen-Schulung zu nutzen. Yasutani unterrichtete nicht nur in Japan, sondern auch in Europa und den USA. Sein Dharma-Nachfolger wurde 1970 *Yamada Koun Roshi* (1907-1989). Dieser gab den Dharma-Stab an *Kubota Ji'un Roshi* (geb. 1932) weiter. Sein Nachfolger ist heute *Yamada Ryoun Roshi* (geb. 1940) als Leiter der Sanbo-Kyodan-Schule.

Die *Sanbo-Kyodan-Schule* unterrichtet in erster Linie Laien, sowohl Männer als auch Frauen. Nach dem zweiten Weltkrieg zog sie viele asiatische aber auch westliche christliche Ordensleute und Priester an, die nach langer Schulung im *Sanbozen* eine Zen-Lehrer- oder Zen-Meister-Bestätigung *(Inka Shomei)* erhielten. Zu ihnen gehörten u.a. viele bekannte Deutschsprachige und Amerikaner, die Zen lehrten und zum Teil ihre eigenen Schulen gründeten, aber schon verstorben sind: *Philip Kapleau,* USA, Zen-Meister (1912- 2004); *Robert Aitken*, USA, Zen Meister (1917-2010); *Pater Hugo Makibi Enomiya-Lassalle,* Jesuit und kath. Priester, Zen-Lehrer, Sanbo-Kyodan (1989 – 1990); *Johannes Kopp SAC,* Pallottiner-Pater und kath. Priester, Sanbo-Kyodan (1927 - 2016); *Bernhard Glassmann*, USA (1935 – 2018); *Charlotte Joko Beck,* USA (1917-2011) und *Willigis Jäger,* Benediktiner, kath. Priester (1925 – 2020).

Zu den lebenden und aktiv unterrichtenden Meistern gehören: *Ama Samy,* indischer Jesuit (geb. 1936); *Nikolaus Brantschen*, Jesuit und Priester (geb. 1937); *Othmar Franthal*, Franziskaner, Sambo-Kyodan (geb. 1954); *Gundula Meyer, Sanbo-Kyodan* (geb. 1937) und *Doris Zölls* (geb. 1954). Die beiden Frauen waren zuvor evangelische Pfarrerinnen, die beide vor Ihrer Pensionierung im Schuldienst gearbeitet haben.

Anna Gamma, Psychologin, Zen-Meisterin in der Schweiz, stammt auch aus der Sambo-Kyodan-Tradition und erhielt ihre Bestätigung u.a. von *Nikolaus Brantschen* (siehe oben). Ebenso *Cornelius von Collande*, Psychotherapeut und Zen-Meister. Er erhielt seine Bestätigung von *Bernhard Glassmann* (siehe oben). *Gamma* wie *Collande* gehören beide zur „White Plum Asanga“ von Bernhard Glassmann.

Die *Sanbo-Kyodan-Schule* hat auf Ihrer Web-Seite (http://www.sanbo-zen.org/histry_d.html) aktuell acht Zen-Meister und ca. 70 Zen-Lehrer verzeichnet, die in Japan, Asien und in Nord- und Südamerika unterrichten. Auch Lehrer ohne theologische Ausbildung unterrichten in Deutschland, Österreich und der Schweiz. Sie ist jedoch die einzige Schule, die auch viele christliche Ordensleute oder Priester ausgebildet hat, die im Westen unterrichten.

Neben der Sanbo-Kyodan-Schule haben sich noch eine Reihe anderer buddhistischer Zen-Schulen im Westen, vornehmlich in Europa und den USA, etabliert. Da jeder Zen-Meister berechtigt ist seine eigene Tradition zu gründen, haben sich inzwischen aus dem Sanbozen und aus anderen buddhistischen Richtungen des Soto- und Rinsai-Zen eigenständige kleinere und größere Zen-Richtungen im Westen und auch im deutschsprachigen Raum (siehe oben) herausgebildet (Siehe: www.zen-guide.de).

1.6.4 Chan im täglichen Leben

Meister *Jing Hui* (geb. 1933) begründete 1993 in China die neue geistige Bewegung „Chan im täglichen Leben". Er ist Vize-Präsident der Buddhistischen Union in China und Präsident der Buddhistischen Union in der Provinz Hebei. Seit 1988 hat Jing Hui mehrere Tempel wieder aufgebaut und belebt, darunter der *Bailin*-Tempel von *Zhaozhou/Joshu* und den *Linji/Rinsai*-Tempel. 1989 gründete er das einflussreiche monatliche Magazin Chan. Seit 1992 leitet Jing Hui Zen-Sesshins und hält Dharma-Vorträge in Asien, Afrika, Europa und Amerika.

Jing Hui hat in sechs Vorträgen seine geistige Bewegung „Chan im täglichen Leben" tief aus dem Buddhismus heraus begründet und dargelegt, warum sie mit den Lehren des Buddha und des 1. Chinesischen Patriarchen *Bodhidharma* (470-543) im Einklang steht. Er bezieht sich dabei sowohl auf den 4. Patriarchen *Dao Xin* (etwa 580-651) und seine „Schule den Geist auf ein Objekt zu konzentrieren" und den 6. Patriarchen *Hui Neng (628-713)* und seine „Plötzliche Schule" des Erwachens, die entscheidende Anstöße zur Erneuerung und Weiterentwicklung von Chan gaben.

Im fünften und sechsten Vortrag „Die Grenze ohne Durchgang" (Wumenguan, jap. Mumonkan) und „Chan im täglichen Leben" entwickelte er die Grundlagen für die neue geistige Bewegung in China (Jing Hui, siehe Litverz.).

In seinem fünften Vortrag *Wumenguan* beschreibt Jing Hui, den Sinn der Konzentration auf Worte (auf Koans) um das verstandesmäßige Denken zu durchbrechen, um für die „Grenze ohne Durchgang" ein Tor, einen Weg zu finden, der sich im Gespräch zwischen Meister und Schüler auftut. Er bezieht sich dabei sowohl auf den Daoismus als auch auf den Konfuzianismus, in denen *Wu* eine besondere Rolle spielt. Wu wird mit Nichts übersetzt. Es ist aber nicht als „Nichts" und auch nicht als „Nichts" aus „Sein und Nicht-Sein" zu verstehen, sondern direkt mit der Lehre des Buddha vom „Entstehen in Abhängigkeit" verbunden. Alle Dinge haben weder einen Anfang noch ein Ende, weil alles miteinander verbunden ist. Wie wir schon oben gesehen haben, führt dieses Verständnis unmittelbar in die Leere, ins *Wu*.

Im Gespräch zwischen Meister und Schüler soll das „Lösen von Koans“ das Denken transzendieren, um auf eine neue Ebene des Verständnisses zu gelangen, zur höchsten Weisheit *(Prajna)*, die das *Wu* „verkörpert“. „Seine Hände von der Klippe lösen“ und sich in die Befrciung fallen zu lassen, ist der Ausdruck im Chan dafür. Es ist, wie ohne Werkzeug, „mit dem Geist ein Loch in eine Betonmauer bohren“. Die Situation ist hoffnungslos. Das *Gongan (jap. Koan)* hat also die Funktion dem Geist keinen gedanklichen Spielraum zu lassen, um zum Durchbruch zu gelangen. Das Ergebnis dieses Durchbruchs ist, *„die Dinge sind, wie sie sind“* und sonst nichts. Oder „es ist, wie es ist“ und sonst nichts. Das „die Welt ist, wie sie ist“ ist nicht in die Zusammenstellung der Buddha-Lehre aufgenommen worden, sagt der japanische Meister *Baiyin* (16.-17. Jh.), weil die Tatsache, dass *„die Welt ist, wie sie ist“,* nicht mit Worten erklärt werden könne. Wir können nichts hinzufügen und nichts wegnehmen, wir können nur in Einklang mit ihr sein. Koans sind wie der Finger, der auf den Mond zeigt. Der Finger ist nicht der Mond. Der Finger kann trotzdem Wirkung zeigen, wenn er bewirkt, dass wir den Mond sehen können. Wenn wir wissen wollen, wie Wasser schmeckt, müssen wir es trinken, um den Geschmack zu erfahren, da führt kein Weg dran vorbei. Diesen Grundgedanken überträgt Jing Hui auf das tägliche Leben.

In seinem sechsten Vortrag beschreibt Jing Hui das „Chan im täglichem Leben“. Chan muss gelebt werden, alles Reden und Sprechen darüber führt uns nicht weiter, wir müssen das Leben kosten, wie wir Wein kosten müssen, um ihn „schmecken zu können“. So wird Zen zu einer Lebenshaltung. Daher „hielt Buddha wortlos eine Blume hoch“, als er nach der letzten Wahrheit gefragt wurde. Später wurde „einen Finger hochhalten“ oder „einen Schrei ausstoßen“ oder „mit dem Stock schlagen“ eine Methode oder die Frage „Wer ist es der Buddha rezitiert?“ Die Zahl der Methoden oder Tore von Chan sind unbegrenzt.

Das Chan der Mönche findet immer noch in den Meditationshallen statt, wo es zu verdorren droht, so Jing Hui. „Chan im täglichen Leben“ ist offen für männliche und weibliche Laien, aber auch für Ordensleute. Es wirkt mitten in die Gesellschaft hinein. „Der Buddhismus soll auf die Gegenwart abgestimmt werden, um die Gegenwart zu verändern“, sagt Professor *Wang Leiquan (Jing Hui, S. 153).* Die

Bedeutung von Chan im täglichen Leben wird von Jahr zu Jahr in China größer.

Die Praxis von „Chan im täglichen Leben“ beschreibt Jing Hui zusammengefasst wie folgt:

Fünf Phänomene gehören zum zentralen Inhalt des *Bodhidharma.* Dies sind *Form, Name, Unterscheidung, rechte Weisheit und Soheit (siehe oben),* die es zu unterscheiden gilt. Darauf bauen die *vier Fundamente* von „Chan im täglichen Leben“ auf:

1. den Bodhi-Geist verwirklichen
2. Prajna-Einsicht verwirklichen, die Beine sind die Gebote, der Körper die Meditation und die Augen die Weisheit
3. den Atem betrachten, und immer wieder zur Betrachtung des Atems zurückfinden (Den Atem betrachten hat keinerlei religiöse Färbung. Die Betrachtung des Atems ist sehr wichtig. Jing Hui beschreibt die Betrachtung in seinem Buch (Jing Hui, S. 161-167) sehr ausführlich.)
4. Chan im täglichen Leben
   (a) wenn jemand seinen Weg konsequent geht, praktiziert er 24 Stunden täglich, mit jedem Atemzug, Übung und Leben werden eins
   (b) diese Kultivierung jetzt im Augenblick verwirklichen
   (c) das Buddha-Dharma und die Welt eins werden lassen
   (d) der Einzelne ist mit allen Wesen verbunden

Es gibt weitere vier Lehrsätze, die es im Chan des täglichen Lebens zu verwirklichen gilt:

1. die drei Schätze (Buddha, Dharma, Sangha) sind die Hauptgrundlage
2. das karmische Gesetz von Ursache und Wirkung durchdringen
3. nach Prajna-Weisheit streben
4. die Befreiung oder das Erwachen als letztes Ziel im Blick behalten

Zudem geht es Jing Hui darum *Gewissen und Moral zu pflegen,* da es die minimalste Anforderung an Menschlichkeit darstellt. Ohne Ethik und Moral brechen Unordnung und Konflikte in der Gesellschaft aus, wie wir immer wieder weltweit beobachten können. Aus diesen Ausführungen wird deutlich, dass die Chan-Bewegung von Jing Hui sehr im Buddhismus verankert ist (siehe Jing Hui im Lit-Verz.).

2. Zen im Westen

2.1 Zen und Buddhistische Philosophie

Abb. 1: Buddha – Aus Holz geschnitzt

Was sind die schlüssigen Grundlagen von Zen? In welchen Begriffen spiegelt sich das Weltbild von Zen wieder? Wie kann es kurz und präzise zusammengefasst werde? Hält eine Zusammenfassung dem aktuellen Stand der wissenschaftlichen Forschung stand? Hier soll ein ähnlicher Versuch unternommen werden, wie ich ihn schon in meinem Buch „Taiji und Daoismus im Westen“ unternommen habe. Dort habe ich Daoismus und Taiji (Taijiquan und Qigong) in fünf zentralen Begriffen beschrieben. Wenn in der tiefsten meditativen Erfahrung alles Eins ist, so müssen auch im Buddhismus Begriffe zu finden sein, die Parallelen zum Daoismus aufweisen, zu Wu (Wuji), Taiji, Wuxing, Wanwu und Dao.

Der achtfache Pfad des Buddhismus führt, ebenso wie im Daoismus, über die Übung und die Präsenz im Zen in die Tiefe der meditativen Erfahrung. Lässt sich die buddhistische Philosophie und diese Erfahrung des Eins-Seins ebenfalls in fünf Begriffen schlüssig und nachvollziehbar beschreiben?

Es geht hier nicht um eine rational ausdifferenzierte (oft auch in sich, oder zwischen den verschiedenen buddhistischen Richtungen, sich widersprechende) buddhistische Philosophie und Religion, so wie sie in der westlich-wissenschaftlichen Fachliteratur über den Buddhismus zu finden ist, sondern um eine in sich konsistente (stimmige, geschlossene) westlich-spirituelle Sicht auf die buddhistische Welt- und Zen-Erfahrung, die auch den neuesten Erkenntnissen der westlichen Wissenschaft standhält.

Um die wichtigsten Inhalte des philosophisch-religiösen Buddhismus vorzustellen, werden die weiter unten *kursiv* gesetzten, zentralen Begriffe erläutert. Sprachlich ist es ein nicht einfaches Unterfangen, Zen auf wenige begriffliche Beschreibungen zu reduzieren. Die hier vorgenommene Deutung des buddhistischen Weltbildes ist eine meditative- spirituelle Deutung.

2.2 Gemeinsamkeiten und Unterschiede zum Daoismus

Um einen Vergleich zu ermöglichen, nenne ich hier die fünf zentralen „Bilder“ (da die Schriftzeichen im chinesischen vieldeutige Bilder sind) des spirituellen Daoismus, die ich in meinem Buch „Taiji und Daoismus im Westen“ herausgearbeitet und ausführlicher beschrieben habe: Dazu gehört *Wu* (Das Nichts) und/oder *Wuji* (Die Nicht-Energie), *Taiji* (Das Höchste Letzte) und das *Taijitu* (Das Yin- und Yang-Symbol), zudem *Wuxing* (Die fünf Wandlungsphasen) und *Wanwu* (Die Zehntausend Dinge). Und zuletzt das Verständnis vom *Dao* (das nicht mit Namen genannt werden kann) und die Erfahrung des Dao, als Tiefenerfahrung und Ziel der sitzenden Meditation im Zen.

Buddhismus und Zen haben sich erst in China voll entfalten können, weil sie auf einen offenen Daoismus trafen und sich von ihm inspirieren ließen. Bei der Suche nach Gemeinsamkeiten zwischen Daoismus *(Taijiquan und Zuowang)* und Buddhismus *(Zen)* wird schnell klar, dass es sowohl tiefe Gemeinsamkeiten gibt, als auch deutliche, kulturbedingte Unterschiede zu finden sind. Dies ist dadurch bedingt, dass beide Religionen und Übungswege zwar etwa um die gleiche Zeit, ca. 500 v. Chr. entstanden sind, aber in sehr unterschiedlichen Regionen und Kulturkreisen der Welt: in China und Indien. Der Buddhismus kam erst 500 nach Christus durch Bodhidarma nach China und traf dort auf einen gefestigten, aber offenen Daoismus.

Aus dem frühen Wuismus der Schamanen hatte sich der transzendente Daoismus entwickelt, mit einer energetisch, kosmischen Weltsicht *(vom Wu, zu Taiji, über Wuxing und Wuwan, zum Dao).* Aus ihm entstand über die Jahrhunderte die Traditionelle Chinesische Medizin (TCM) und es entwickelte sich der Übungsweg der bewegten (*Taijiquan und Qigong)* und der sitzenden Meditation (*Zuowang)* als Praxis zum *Eins-Sein mit dem Dao*. Auf der individuellen Ebene entfaltete sich (transzendierte) mit dem Üben Schritt für Schritt, vom Körper, über das *Qi* (feinstoffliche Energie), zum *Shen* (Geist), zum *Wu* (Nichts) und zur Einheit mit dem *Dao*. Im Dao ist alles immanent.

Der Buddhismus ging durch die Erkenntnis der vier Wahrheiten Buddhas, die drei Schätze und den achtfachen Pfad (siehe oben) dagegen sehr viel direkter von einem transzendenten menschlichen Entwicklungsweg aus, der jedoch ebenfalls durch die Praxis der sitzenden Meditation und des Zen in der Immanenz-Erfahrung des Satori, des Eins-Seins mündete. Um die Unterschiede und Gemeinsamkeiten der beiden Religionen und ihre esoterischen spirituellen Wege zu verstehen, kann diese sehr grobe Vereinfachung sehr hilfreich sein. Sie soll hier jedoch nicht weiter vertieft werden.

Die größten Gemeinsamkeiten mit dem Buddhismus finden wir in der esoterischen (nach innen gerichteten) Praxis der Meditation im *Dao*, im *Wanwu* und im *Wu*. Die deutlichsten Unterschiede werden im *Taiji (Taijitu)* und im *Wuxing* (der fünf Wandlungsphasen) klar.

Das *Eins-Sein im Dao* als letzte Erkenntnis im Daoismus finden wir im Buddhismus im tiefen Erwachen des *Satori* wieder: Der Übende erkennt in der tiefsten Erfahrung, dass er ein untrennbarer Teil des Ganzen ist: Alles ist Eins! Das daoistische Bild des *Wanwu,* der zehntausend Dinge, weist eine große Ähnlichkeit mit dem buddhistischen *Samsara,* der Welt der Erscheinungen auf. Ebenso finden wir neben dem daoistischen *Wu,* dem Nichts und dem *Wuji,* der feinstofflichen „Nichtenergie" Entsprechungen im buddhistische *Mu,* das ebenfalls Nichts bedeutet, bzw. im Begriff des *Nirwana* und im *Prana,* der feinstofflichen Lebensenergie.

Die größten Unterschiede werden gegenüber den Schriftzeichen *Taiji* und *Wuxing* deutlich, weil hierzu keine direkten Entsprechungen zu finden sind. Die höchste und letzte Einheit im Taiji, auch als Dachfirst übersetzt, spaltet sich im polaren Bild des Taijitu, auch als Yin- und Yang-Zeichen bekannt. Dies ist noch am ehesten zu vergleichen mit der letzten Erkenntnis, dass auch Samsara und Nirwana, also alle Polaritäten Eins sind, so auch Werden und Vergehen oder Sein und Nicht-Sein.

Noch schwieriger wird es beim *Wuxing,* den fünf Wandlungsphasen, dem chinesisch-systemischen Denken in harmonischen Prozessen, die auf disharmonische, ungesunde Weise aus dem Gleichgewicht geraten können. Diese Errungenschaft des Daoismus findet im Buddhismus keine wirkliche Entsprechung. Es sei denn, Wuxing (die fünf Wandlungsphasen) werden als ein transzendierender individueller Prozesse gedeutet, dann könnte eine Ähnlichkeit bzw. ein Bezug zum „achtfachen Pfad" im Buddhismus gezogen werden, wenn auch er als individueller Stufenprozess der Transzendenz interpretiert wird.

Ein kurzer Hinweis, wie hier Transzendenz und Immanenz verstanden wird. Transzendieren bedeutet das Ich zu überschreiten und sich in die Ganzheit, in die Immanenz fallen zu lassen. Immanenz bedeutet, das Ich tritt in den Hintergrund und es erfährt sich in allen Erscheinungsformen als Teil des großen Ganzen.

2.3 Zen-Buddhismus in drei zentralen Aspekten

Die wichtigsten Gemeinsamkeiten finden wir in drei sprachlich schwer zu fassenden Begriffen bzw. „Bildern" der esoterischen, nach innen gerichteten Zen-Meditation. Hier soll versucht werden, Zen auf das Verständnis der folgenden drei Aspekte zu reduzieren: Nachfolgend werden sie als *Samsara, Mu und Satori* näher beschrieben:

2.3.1 Samsara

Samsara ist die Welt der Illusionen so wie wir sie im Alltag wahrnehmen. Das Sanskrit-Wort Samsara bedeutet wörtlich Wanderung und meint den Kreislauf der Existenz von Geburt und Wiedergeburt (hier gibt es eine Parallele zum Wuxing) und die Identifikation damit. Gier, Hass und Unwissenheit verhindern das Eintreten ins Nirwana. Im Mahayana-Buddhismus, der aus dem Zen hervorgegangen ist, herrscht ein allgemeineres Samsara-Verständnis. Unter Samsara wird die ganze Welt der Phänomene einschließlich aller phänomenalen Dinge verstanden, die in der letzten Erkenntnis im Satori eins sind mit Nirvana und nicht unterschieden werden können.

Die Welt der Phänomene, wie wir sie im Alltag erfahren, besteht aus allen denkbaren Gegensatzpaaren (hier finden wir eine Parallele zum Taiji), wie Licht und Schatten, Geist und Materie, Transzendenz und Immanenz, männlich und weiblich, Himmel und Erde, Westen und Osten usw. Diese gedanklichen und sprachlichen Polaritäten werden leider oft als Dualitäten, die gegeneinander gerichtet sind missverstanden und sind dann die Grundlage vieler Konflikte. Dies müsste nicht sein, wenn erkannt würde, dass beide Seiten sich ergänzen und in ihrer sprachlichen und realen Existenz aufeinander angewiesen sind.

2.3.2 Mu

Mu ist japanisch und spielt im japanischen Zen-Buddhismus eine zentrale Rolle, Wu bedeutet dasselbe und ist chinesisch und ist daher im chinesischen Chan- (Zen) Buddhismus von zentraler Bedeutung.

Mu bedeutet nicht, nichts, das Nichts, die Silbe un- (als Verneinung), ist nicht, hat nicht, kein; aber was kann damit gemeint sein?

Im Laufe der Zen-Schulung geht es darum, dieses Nichts auf immer tieferer Ebene zu erfahren, da es nicht in Worte gefasst werden kann. Nichts gilt als wichtigstes paradoxes Koan, dass sprachlich nicht erfasst und ausgedrückt, sondern nur erfahren und demonstriert werden kann.

Alles, die gesamte Welt der Erscheinungen, ist aus dem Mu, aus dem Nichts, (aus dem Nicht-Sein) entstanden und kehrt mit dem Vergehen zum Nichts zurück. Das sogenannte Nichts ist also kein absolutes Nichts, sondern eine nicht greifbare oder fassbare Ebene (eine Leere), die in sich eine große lebendige Potentialität enthält, ein großes feinstoffliches nicht greifbares Potential.

Mu wird oft mit einem großen runden leeren, aber offenen Kreis dargestellt, der das Nichts, die Leere symbolisiert. Der offene Kreisbogen, meist als breiter kreisförmiger Pinselstrich dargestellt, lässt eine Verbindung oder eine Durchlässigkeit zwischen Innen und Außen entstehen, der Kreis ist also nicht geschlossen. Der offene, leere Kreis, kann auch als Symbol für den Ursprung des Universums (noch vor dem Urknall!) verstanden werden. Aus dem Nichts heraus entsteht Etwas, der ganze Kosmos, und in das Nichts (in den offenen Leeren Kreis hinein) vergeht er wieder.

Ähnliches gilt für das Sanskrit-Wort Nirwana, das wörtlich mit Verlöschen wiedergegeben wird und als Aufgehen ins Nichts verstanden werden kann. Die Erfahrung des Nirvana ist das Ziel aller Buddhistischer Richtungen. Nirwana kann auch als Erlösung vom Samsara, als Loslassen von den Anhaftungen und der Identifikation mit der körperlichen, dinglichen Welt, verstanden werden, als ein sich fallen lassen in das Nichts, in den geistigen Hintergrund der vordergründigen materiellen Welt, des Samsara.

2.3.3 Satori

Satori ist japanisch und wird im Zen-Buddhismus als Erwachen, bzw. als Erleuchtung verstanden. Vordergrund (Samsara) und Hintergrund (Nirwana), Nichts (die Welt des nichtgreifbaren Geistes) und Etwas (die Welt der materiellen Dinge) fallen in Eins zusammen. Es gibt keine Unterscheidung mehr von Erkennendem, Erkennungsprozess und Erkanntem. Das ebenfalls japanische Wort Kensho, es bedeutet Wesensschau, wird oft als Synonym für Satori verwendet.

Satori ist eine „transzendente Ebene“ des Nichts, der „Leere“, zu der es durch Übung der Bewusstwerdung und Wahrnehmungsvertiefung aufzusteigen gilt, die aber immer gleichzeitig schon vorhanden ist, aber in der Regel nicht wahrgenommen wird. Im Satori fallen Transzendenz und Immanenz zu einer Einheit zusammen. „Hintergrund“ (Nirvana) und „Vordergrund“ (Samsara) sind Eins. Man kann es auch so ausdrücken: das gesamte materielle und energetische Universum wird vom Mu, vom Nichts, das kein Nichts ist, durchzogen. Satori ist der höchste Seins-Zustand der Einheit, der erfahren werden kann. Mu und Nirvana können symbolisch als das leere Blatt Papier bezeichnet werden auf dem der ganze sichtbare Kosmos „gemalt“, abgebildet ist, in die Existenz tritt. Ohne Leinwand ist kein Bild möglich! Auch der Film, der Film des Lebens, braucht eine Leinwand, auf die er projiziert werden kann. Im Ganzheitserleben des Satori fallen so Transzendenz (aufsteigen zum Mu) und Immanenz (die materielle Welt wird von Mu durchzogen) zusammen.

Abb. 2: Enso – Leerheit – Erwachen

Dies sagt uns mit anderen Worten auch der Quantenphysiker *Hans-Peter Dürr,* der uns seine physikalische Sicht der Welt erläutert: Es gibt keine feste Materie, so wie wir sie im Alltag erleben und trotzdem, und das ist paradox, haben die physischen Naturgesetze auf der Erde weiterhin ihre Gültigkeit. Die letzte physikalische Wirklichkeit ist nur, einerseits als Licht oder Welle und andererseits gleichzeitig als kleinster nicht greifbarer und nicht sichtbarer Partikel, als Quant oder Teil zu beschreiben. Dieser nicht greifbare und nicht sichtbare, aber „hoch lebendige Hintergrund" ermöglicht und kreiert das für uns Menschen sichtbare und greifbare Universum.

Satori (die Erfahrung der letzten Einheit) ist mit Worten nicht zu beschreiben. Das sagen uns alle Weisheitslehrer, aus allen authentischen spirituellen Traditionen. Es kann in seiner ganzen Tiefe und Verbundenheit nur erfahren werden. Wir können nichts darüber wissen. Das Ziel aller authentischen Übungswege ist, die Einheit allen Lebens zu erleben und die Illusion aufzugeben, dass wir alle unabhängig als Einzelwesen existieren und dass es Dinge gibt, die unabhängig voneinander sein können. Alles was wir sehen, hören, riechen, schmecken, fühlen und gedanklich erfassen, erfahren und ergreifen können, ist Ausdruck dieser einen Wirklichkeit, der letzten Wirklichkeit, die der Abendländer Gott oder Meister Eckhart Gottheit nennt und der Daoist das Dao nennt. Aus dieser letzten Wirklichkeit können wir nicht herausfallen, das ist die „frohe Botschaft", egal was uns passiert, auch im Sterben können wir nicht aus dem allumfassenden Bewusstsein Satori fallen. Wir können uns letztendlich nur in die absolute Wirklichkeit fallen lassen, indem wir sie erkennen, obwohl sie auch ohne unser Erkennen immer schon da ist.

In der Zen-Praxis spielen zwei daoistische Prinzipien eine wichtige Rolle: *Wuwei* und *De.* Hier wird deutlich, dass Zen in China vom Daoismus beeinflusst wurde und gelernt hat. *Wuwei,* ist ein zentrales daoistisches Lebensprinzip. Es wird oft übersetzt mit Nichthandeln (handeln ohne zu handeln), ein „müheloses Bemühen", ein spielerisches Surfen auf dem Kamm der Welle, verstanden als das individuelle „Ich" oder das „Ego" zurückstellen, um eins-zu-sein mit der Welle. Wuwei ist das Prinzip um die Ratio zu überschreiten und um die Einheit mit dem Dao, durch „Selbstvergessenheit im Tun", zu erlangen. *De* ist dagegen die „Wirkkraft" des Dao (der flow der tiefen

Verbundenheit), so wie sich das Dao spontan im Üben und mitten im Leben und im Alltag zeigt.

2.4 Zen-Buddhismus und westliche Wissenschaft

Die Frage ist hier: Gibt es parallele Erkenntnisse in den westlichen Wissenschaften, die tiefe Erfahrung von Mu und Satori bestätigen oder verwerfen? Können mit den Methoden der Wissenschaft die genannten Begriffe, Methoden bzw. Erfahrungen erfasst und erforscht werden? Hier stößt scheinbar die objektive Naturwissenschaft an die Grenzen ihrer Erkenntnismöglichkeiten. Die subjektive Geisteswissenschaft hat jedoch einen erweiterten Erkenntnismodus. Durch Intersubjektive Vergleiche von Begriffen, Methoden und Erfahrungen können ebenso wie in der Naturwissenschaft allgemeingültige Erkenntnisse gewonnen werden. Erfahrungen von Zen weisen einerseits auf parallele Erkenntnisse in den Naturwissenschaften hin. Andererseits gibt es inzwischen viele intersubjektive Studien, die die Zen-Erfahrungen zu bestätigen scheinen. Beginnen wir mit der Astronomie:

2.4.1 Astronomie

Sehr erstaunlich ist, nur etwa 4 bis 6 Prozent des Universums sind feste Materie im Sinne der westlichen Wissenschaft: Dazu zählen feste Körper, Gase und physische Energie. Das heißt, 94 bis 96 Prozent des Universums sind unbekannt: Schwarze Löcher und sogenannte Schwarze Materie (dunkler und leerer, nicht näher definierbarer Raum).

Hieraus kann im spirituellen Sinne von Zen geschlossen werden, dass auch physikalisch gesehen, das Universum im Wesentlichen leer, nicht, oder noch nicht fassbar ist. Fraglich ist zudem, ob es in seiner ganzen Tiefe physikalisch je erklärt und verstanden werden kann?

2.4.2 Quantenphysik

Die Quantenphysik stellt zudem fest, dass feste Materie, so wie wir sie im Alltag erleben, nicht existiert. Die 4 bis 6 Prozent „fester Stoff" im Universum bestehen zu über 99 Prozent aus leerem Raum und zu weit weniger als 1 Prozent entweder aus Licht (Wellen) und/oder aus Partikeln (Teilchen). Das wiederum erhärtet die Schlussfolgerungen die bereits zuvor genannt wurden.

Die Quantenphysik hat schon vor rund 80 Jahren entdeckt, dass auf der kleinsten Ebene (Welle und Teilchen oder Quantum) feste Materie nicht existiert. Materie ist also auf der kleinsten Ebene nicht aus Materie zusammengesetzt, sondern besteht, wie es der Atomphysiker Hans-Peter Dürr formuliert, aus Beziehungen, Formen und Gestalten, die sich nicht greifen lassen, aus Informationsfeldern, Führungsfeldern und Erwartungsfeldern, aus reiner Potentialität und Verbundenheit.

Es scheint also im Großen (Makrokosmos) ähnlich zu sein wie im Kleinsten (Mikrokosmos): Mehr als 99 Prozent sind „leerer Raum". Nur etwa 1 Prozent besteht aus Wellen und Teilchen. Und ob etwas als Teilchen oder Welle in unserer Beobachtung erscheint, hängt vom Beobachter und seiner Versuchsanordnung ab. Objekt und beobachtendes Subjekt (der Wissenschaftler) sind also untrennbar miteinander verbunden. Das von Quantenphysikern beschriebene Phänomen der „Verschränkung" (Nichtlokalität der Teilchen, die durch Strings, „mehrdimensionale Fäden", verbunden sind) macht deutlich, dass in der Welt der kleinsten Quanten die alt bekannten physikalischen Gesetze nicht mehr gültig sind und wir auf rational nicht erklärbare (paradoxe) Phänomene stoßen.

2.4.3 Neurowissenschaft

Die Neurowissenschaft sagt uns zudem, dass ein persönliches Ich im menschlichen Gehirn nicht gefunden werden kann, dass es ein Ich in neurobiologischen Sinne nicht gibt. Sondern dass es lediglich kulturelle Vereinbarungen sind, wie wir die Welt sehen und erleben (die im Gehirn gespeichert werden) und dass wir unsere Sicht auf die

Welt eigenständig und gemeinsam konstruieren, also auch unser Ich oder Ego.

Ganzheitserfahrungen des Menschen (Satori, Erwachen, Erleuchtung, usw.) können objektiv neurobiologisch nicht erklärt werden. In diesen individuellen subjektiven Erfahrungen, oft während der Meditation, scheinen möglicherweise die Neuronen und Synapsen an Welle und Teilchen, die das ganze Universum durchwirken anzudocken. So kann man sich vorstellen, dass subjektive und objektive Wahrnehmung in Eins in der Erfahrung des „ganzen Universums" zusammenfallen.

Die Neurowissenschaft (Gehirnforschung) bestätigt, so Heinz Hilbrecht, die Erfahrungen der alten Qigong- und Taiji-Meister: Meditation hat einen enormen Einfluss auf die Gehirnleistung und somit auf die individuelle Entwicklung, da sie u.a. Stress und Ängste abbaut. Die neurophysiologische Forschung deckt zudem Zusammenhänge zwischen Meditation, dem Gehirn und den Spiegelneuronen auf (durch die sogenannte "Vorbildfunktion" fortgeschrittener Schüler*innen und von Unterrichtenden, werden die Neuronen der Schüler*innen aktiviert, gespiegelt) und stellt unter anderem fest: In Gehirnzuständen, in dem die Atmung sehr verlangsamt ist und die dem Tiefschlaf ähneln, entstehen Erfahrungen von Licht, Glanz, Leere und tiefer „Einheit mit Allem".

2.4.4 Psychologie

Auch die transpersonale Psychologie *(Masslow, Grof)* und die Integrale Psychologie *(Wilber)* – psychologische Richtungen, die über eine individuelle Psychologie hinaus gehen - gehen davon aus, dass Ganzheitserfahrungen, Satori, Erfahrungen von Eins sein mit dem Dao, als Gipfelerfahrungen des menschlichen Bewusstseins, möglich sind und intersubjektiv nachgewiesen werden können. Diese Erfahrungen bringen, wenn es gelingt sie ins Leben zu integriert, eine tiefe innere Verwandlung, Authentizität und Sinnorientierung des Menschen mit sich.

2.4.5 Ganzheitsforschung

Die westliche Ganzheitsforschung nach *Ken Wilber* bestätigt ebenfalls wie oben schon beschrieben, Erfahrungen von Satori, Erwachen (oder Aufwachen), Erleuchtung oder Eins sein mit dem Dao. Erleuchtung oder Erwachen ist nach Wilber ein non-dualer Bewusstseinszustand, das höchste derzeit vorstellbare und erfahrbare Bewusstsein, neben Wachbewusstsein, Traumbewusstsein und Tiefschlafbewusstsein:

In der Ganzheitsforschung spielen des Weiteren menschliche Entwicklungsebenen, Entwicklungslinien, Quadranten der Entwicklung und die Kenntnis der Typen der Entwicklung eine ebenso wichtige Rolle um sich zu einer authentischen reifen Persönlichkeit zu entfalten. Erwachen oder Aufwachen muss durch gesundes Aufwachsen (Quadranten, Ebenen, Linien und Typen) und Aufräumen (Schattenarbeit, psychologische Arbeiten an sich selbst) ergänzt werden. Wir werden später noch auf die Integrale Philosophie und Spiritualität Ken Wilbers ausführlicher zurückkommen.

Nach Wilber gibt es drei Zugänge zur letzten Wirklichkeit (zum Erwachen): a) durch *Transzendenz* (das *Ich* transzendiert), b) durch das *Verschmelzen* mit dem Gegenüber (mit dem *Du* bzw. dem *Wir* der Gemeinschaft) als Verbindung mit der absoluten Wirklichkeit und c) durch *Immanenz* (durch das rationale, wissenschaftlich innewerden des *Es*, das als eine geistig-energetische Kraft auf der individuellen und der kollektiven Ebene alle Natur durchwirkt). Die tiefste Erfahrung ist jedoch eine *Nicht-Erfahrung,* die sprachlich nicht gefasst, wiedergegeben werden kann. Sie mündet in der Integration aller drei Aspekte mit dem Alltag, mitten auf dem Marktplatz des Lebens.

2.4.6 Salutogenese

Und nicht zuletzt, folgt ein ganz praktischer und pragmatischer Hinweis für die eigene geistig-seelische und körperliche Gesundheit: Die Erforschung einer gesunden Lebensweise durch die Solutogenese, durch den israelischen Soziologen *Aaron Antonovsky* begründet, (sie steht im Gegensatz zur Pathogenese der westlichen Schulmedizin), hat große Ähnlichkeit mit dem Präventionsgedanken, der auch fest in der *Traditionellen tibetischen Medizin* gepflegt wird. Auch bekannt als *Sowa-Rigpa-Medizin*. Das tibetische medizinische System basiert auf indisch-buddhistischer Literatur und dem *Ayurveda.* Prävention bedeutet, lebe geistig, energetisch, seelisch und körperlich so, dass Du (leichte und schwere) Krankheiten so gut es geht vorbeugst und dadurch vermeidest.

Sowohl die Salutogenese als auch die Neurologie sagen uns, dass Menschen mit einer klaren religiösen bzw. spirituellen Sinnorientierung im Leben, statistisch gesünder und länger leben. Gesundheit und Krankheit gehören jedoch zu fast jedem Leben, auch das ist eine Wahrheit. Wenn also eine ganze Gesellschaft krank ist, kann das einen sehr großen Einfluss auf jeden einzelnen Menschen ausüben, daher braucht auch eine Gemeinschaft oder eine Gesellschaft eine klare Sinnorientierung für ihr Lebensglück.

Es scheint also parallele Erfahrungen von „Leerheit" zu geben: Leerheit hinter allen äußeren Erscheinungen (Quantenphysik), die Erfahrung von „Licht und Leere" (Gehirnforschung) und inneren Erfahrungen, wie die „Einheitserfahrung", „Leere-" oder „Nichts-Erfahrung" der alten Meister. *Hans Peter Dürr (*Quantenphysiker) bezeichnet Materie als „geronnenen Geist", der in der Leere oder dem Nichts - auf geheimnisvolle Weise – enthalten ist. Auch für den Zen-Buddhismus ist in der Leere die Fülle des Etwas, des biologischen Lebens und der Materie in potentieller Weise enthalten. Das mündet im Sinne des Zen in der Aussage: *Leere und Fülle sind Eins.*

2.5 Sinnorientierung durch Zen für den westlichen Menschen

Was gilt es also zu beachten, wenn Zen die Sinnorientierung und geistige Gesundheit, die innere Verbundenheit mit der Welt als Ganzes, die der westlichen Konsumgesellschaft in vielerlei Hinsicht abhandengekommen ist, fördern möchte? Nachfolgend der Versuch, kurze Antworten auf neun komplexe Fragen zu geben:

1. Wohin kann die Reise mit Zen gehen? Ist es Zeit für eine neue Version Zen 4.0? (Zen 1.0 in China, Zen 2.0 in Japan, Zen 3.0 wie

bisher in Europa und in Nordamerika und das neue Zen 4.0 im postmodernen Westen?)

Ja, es ist Zeit Zen auf neue Art zu vermitteln: Es gilt jedoch weiterhin die Grundlage, Zen als einen Übungsweg als einen „Sport des Geistes" hin zum Satori, zum Einsein mit dem Dao zu verstehen. Satori zu erfahren, heißt die Ego-Perspektive hinter sich zu lassen und sich als Teil des großen Ganzen zu sehen und zu begreifen und aus einer globalen Wir-Perspektive zu handeln, in der alle Menschen gleiche Rechte und Pflichten haben.

2. Ist Zen fit für die aktuellen Anforderungen?

Nein, weil der Großteil der Übenden zu sehr im traditionellen buddhistischen Glauben und Denken verhaftet ist und zu wenig die globale Perspektive im Blick hat. Auch religiöse Orientierungen sind nur ein Teil des Ganzen.

3. Wie passen buddhistische Tradition und „authentisches Zen" in unsere Zeit?

Die Tradition und der Geist des Buddhismus ist einerseits die Grundlage, aus der sich Zen entwickelt hat. Andererseits muss Zen im Westen, wenn es eine weite Verbreitung finden will, unabhängig von jeder religiösen Orientierung unterrichtet werden. Ähnlich dem wertfrei ausgerichteten Achtsamkeits-Training (MBSR), das Jon Kabat Zinn in seiner Wirksamkeit erforscht hat. Das Ziel von Zen, das Erwachen im Satori, muss allgemeinverständlich, auch unabhängig von buddhistischen Begriffen und leicht verständlich vermittelt werden.

4. Wie können wir in einer schnelllebigen, durch vielfältige Krisen erschütterte Zeit, Menschen dafür begeistern, Zen als lebenslangen Weg, als lebenslanges Üben und Lernen zu verstehen?

Das geht nur, wenn es gelingt, den tiefen Sinn von Erwachen, Satori, und das dazu erforderliche Üben, hin zum „Eins sein mit dem Dao" zu vermitteln, in dem es alle, die es erfahren haben, verkörpern bzw. im Alltag vorleben.

5. Gibt es neue Arbeitsfelder oder neue Zielgruppen für die Zen-Praxis?

Zen muss sicherlich Kindern und jungen Menschen anders und altersgerecht vermittelt werden, als erwachsenen Menschen. Jedoch sollten sich alle Menschen angesprochen fühlen, die dafür offen sind.

6. Wie gut ist Zen aufgestellt für neue Aufgaben, welche Kompetenzen werden mitgebracht? Brauchen wir noch neue, andere, bzw. bessere Qualifikationen?

Wenn der Übende das Erwachen, Satori, das „Eins sein mit dem Dao“ anstrebt, braucht er einen authentischen Lehrer, der die Einheit mit dem Dao erfahren hat. Wo sind diese Lehrer zu finden? Nicht alle Lehrer bzw. Meister sind in der buddhistischen Union organisiert, zudem leistet sie keine wirkliche Qualitätssicherung im Sinne von Zen. Jeder suchende Schüler bzw. Schülerin ist nach wie vor auf seinen eigenen gesunden Menschenverstand angewiesen, den er nicht an den Lehrer oder Meister delegieren sollte.

Es sollte auf die Dauer gelingen eine Qualitätssicherung für Unterrichtende einzuführen. Jedoch sind wir aktuell noch weit davon entfernt.

7. Brauchen wir mehr Marketing? (Hier verstanden als Ausrichtung allen Kräfte von Zen-Organisationen und -Unterrichtenden auf die Erfordernisse der nach Lebenssinn und Orientierung suchenden Schülerinnen und Schüler.)

Einerseits Ja, und andererseits Nein! Ja, meint die Menschen dort abzuholen wo sie zurzeit stehen, das kann auch heißen von Zen abzuraten. Und Nein, wir brauchen mehr authentische und gut ausgebildete Lehrer und eine informierende Öffentlichkeitsarbeit über Zen.

8. Welche Möglichkeit bietet die philosophische Grundlage des Zen-Buddhismus für Lösungen zum krisenhaften Geschehen in der globalen Welt?

Die buddhistische Philosophie der vier Wahrheiten, die drei Schätze und der achtfache Pfad, bilden eine hervorragende, wertneutrale Grundlage für das Verständnis der Zen-Praxis und vermitteln eine ethische Grundhaltung und Sinnorientierung. Die Erfahrung des Satori, die jedem Menschen möglich ist, hat zudem bereits selbst eine heilsame und heilende Wirkung.

9. Sollten Zen-Schülerinnen und Schüler zusammen mit ihren Lehrern politisch „aktiv“ sein, zum Beispiel im Sinne einer soliden Schulbildung für alle, in Richtung Grundeinkommen, Artenvielfalt, Klimaschutz, Toleranz und Frieden, usw.?

Wir sind immer politisch aktiv, auch wenn wir scheinbar inaktiv sind, denn dann überlassen wir den Aktiven die gesellschaftspolitischen Entscheidungen über uns. Satori erfahren heißt, die „Einheit mit dem Dao“ erfahren. Zu erkennen, alles ist mit allem verbunden. Authentisch die eigene Erfahrung leben, bedeutet dann entsprechend den eigenen Möglichkeiten und dem Stand der eigenen inneren Entwicklung und Erfahrung, politisch zu handeln. Also so zu leben, dass die innere Natur (meine inneren Erkenntnisse) mit der äußeren Natur in Einklang ist. Ein ethisches Leben zu führen (Im Sinne des Dalai Lama: Ethik ist wichtiger als Religion) bedeutet, so zu leben und sich so politisch einzubringen, dass es für die jeweilige Lebenssituation angemessen erscheint. Das kann daher nicht für alle gleich sein und wird für jeden etwas Anderes bedeuten. Generell geht es darum, sich für eine gesunde innere Natur und eine gesunde Lebensweise einzumischen und einzusetzen, in welcher Form auch immer.

2.6 Magisch-mythische und mystische Aspekte im Zen-Buddhismus

Zen-Buddhismus stößt mit der Krise des westlichen Christentums auf immer mehr Interesse. Dies umso mehr, je deutlicher wird, dass Zen sich nicht als Religion im üblichen Sinne versteht, sondern als eine Lebensphilosophie, eine innere Werthaltung dem Leben gegenüber. Diese Form von Zen findet im Westen immer mehr Anklang, da der Westen in seinem eigenen Aktivismus (immer „höher, schneller, weiter") immer weitere Krisen heraufbeschwört und darin zu ersticken droht. Die Zen-Kultur der Stille spricht die nachdenklicher werdenden Menschen an. Sie symbolisiert Ruhe, Bedächtigkeit, Langsamkeit und Achtsamkeit als Gegenpol zur lautstarken Konsumgesellschaft. Zen vermittelt Zeit zu haben, nichts erzwingen zu wollen, alles wachsen und reifen zu lassen. Nur daraus kann die Tragfähigkeit für wirklich Neues entstehen, auch wenn es vielleicht schnell umgesetzt werden sollte, woran uns die Klimakrise täglich erinnert.

Der Buddhismus und später der Zen-Buddhismus, wie er in Kapitel eins und zwei dargestellt wurde, hat sich ursprünglich wie alle großen Religionen und spirituelle Traditionen über verschiedene Bewusstseinsebenen entwickelt. In groben Zügen vom archaischen zum magischen zum mythischen zum rationalen zum spirituellen (mystischen) Zen-Buddhismus. Alte buddhistische Texte können heute noch auf diesen fünf Ebenen interpretiert und verstanden werden (siehe hierzu auch Kapitel 7).

Jedoch finden wir in der daoistischen Literatur eine Vielzahl magisch-mythischer Geschichten, die einer rationalen Überprüfung nicht standhalten. Dies ist auch teilweise im Buddhismus der Fall, insbesondere in den Zen-Kampfkünsten. Hier werden oft außergewöhnliche Fähigkeiten demonstriert, die physikalische Gesetze außer Kraft zu setzen scheinen. Mystik übersteigt einerseits ein rationales Verständnis und ist andererseits in der Lage ein archaisches, magisches oder mythisches Weltbild angemessen zu interpretieren, zu verstehen und zu integrieren.

Ein magisch-mythisches Textverständnis nimmt Texte wörtlich, so als würde es zum Beispiel buchstäblich darum gehen in einen 100 Meter tiefen Wasserfall oder in einen reißenden Flussstrudel zu springen und dadurch das Überleben zu trainieren und die eigene „Unsterblichkeit" zu dokumentieren. Rational verstanden preist ein solcher Mythos lediglich die „heldenhaften Fähigkeiten" des Zen-Kämpfers und seine außerordentlichen „geschmeidigen Kräfte" in der tosenden Kraft des Wasserfalls oder des Strudels zu überleben und solche „Wunder" zu vollbringen. Solche oder ähnliche Geschichten dürfen auf keinen Fall wörtlich genommen werden. Ein solches Verständnis ist nicht nur sehr gefährlich, sondern kann aus rationaler Sicht tödlich sein.

Auch im chinesischen Chan-Buddhismus, der vom Daoismus beeinflusst ist und sich mit ihm vermischt hat, sind solche magischen Geschichten, Praktiken und Vorführungen bekannt.

Aus rationaler Sicht kann dieses Beispiel nur als gefährlich bzw. tödlich betrachtet werden, jedoch wird die mystische Symbolik, die auch in ihr steckt, leider nicht verstanden.

Eine mystisch-spirituelle Interpretation geht über die rationale hinaus. Sie versteht die rationale Interpretation, erkennt aber, dass es in der Geschichte um mehr geht. Es soll das daoistische Lebensprinzip Wuwei, das auch im chinesischen Chan- (Zen) Buddhismus bekannt ist, verdeutlicht werden. „Mit dem Wasser untergehen und mit dem Wasser wieder hochkommen", bedeutet, mit dem Fluss des Lebens mitzugehen. Wuwei meint ein feinfühliges, einfühlsames und intuitives Lebensverständnis von „Handeln ohne zu handeln", nicht gegen einen Widerstand anzugehen, es meint feinfühliges „auf den Wellen reiten" und erfordert „müheloses Bemühen", das ohne zu üben kaum erreicht werden kann. Auch der Zen-Buddhismus kennt ebenso wie der Daoismus das selbstvergessene Tun, es geht darum, *ein Üben in Selbstvergessenheit zu praktizieren.* Die Geschichte kann als eine Metapher verstanden werden, in der ohne viele Worte, dieses „Geheimnis" vermittelt werden soll.

Allgemein kann festgehalten werden: Menschen auf einer magisch-mythischen Entwicklungsebene verstehen nach Wilber eine rationale Sprache nicht. Ebenso wird eine mystisch-spirituelle Sprache von wissenschaftlich-rational denkenden Menschen nicht verstanden. Nur Menschen, die rational ausgerichtet sind und mystische Erfahrungen gemacht haben, und sich auf einer integralen Entwicklungsebene befinden, können Mythos und Mystik klar unterscheiden. Sonst passiert es, dass rationale Menschen, Mythos und Mystik verwechseln und miteinander vermischen, weil beide Ebenen nicht rational sind. Menschen, die mystische Erfahrungen gemacht haben, können jedoch rationale und mythische und magische Sichtweisen verstehen und sehen, dass jede Entwicklungsebene helle und dunkle Seiten hat. Dies gilt es auch beim Lesen von buddhistischen Texten zu beachten. Im Kapitel sieben wird dieses Thema vertiefend wieder aufgegriffen.

3. Integrales Zen

3.1 Was ist Zen

Befragt man die alten Meister des Zen, so lautet die Antwort oft: Über Zen kann nichts ausgesagt werden. Paradox ist jedoch, dass auch die alten Meister über Zen gesprochen und geschrieben haben. Sie haben dies jedoch oft in poetischen Texten, in scheinbar unlösbaren Bildern und Metaphern (Koans) getan oder die Erfahrung von Zen in einer wortlosen Handlung demonstriert. Fragt zum Beispiel der Schüler den Meister: „Was ist die letzte Wesensnatur", so antwortet der Meister: „Zeig mir das Klatschen der einen Hand", oder: „Zeig mir Dein Angesicht vor Deiner Geburt". Oder die klassische „Antwort" Buddhas auf diese Frage: Er hält wortlos eine Blume hoch.

Der rationale Verstand, der nach einer Antwort sucht, wird durch diese Art der Antwort oder durch dieses Verhalten brüskiert! Der fragende Mensch wird auf sich selbst zurückgestoßen.

Die Antwort lautet also: Die letzte Existenz ist nicht vom rationalen Verstand fassbar. Sie geht über das rationale Ich hinaus. Diese Erkenntnis ist ein erster Schritt auf dem Weg zum Zen. Wir können die Welt und den Sinn des Lebens nicht mit unserer rationalen Struktur, mit unserem Denken erfassen. Auch Wissenschaft und Forschung können uns die letzten Fragen nach dem Sinn des Lebens (Woher komme ich? Wohin gehe ich? Was ist der Sinn des Lebens? Was ist meine Lebensaufgabe) nicht beantworten.

Leider halten auch die Kirchen (die exoterischen Zweige der großen Weltreligionen) an dieser rationalen Ich-Struktur des Menschen fest und versuchen die letzte Wirklichkeit (Gott) mit theologisch-philosophischen Spekulationen zu erklären. Da sie den Schritt darüber hinaus in die nüchterne Mystik nicht wagen, fallen sie sogar oft zurück, erklären die Welt mit mythischen Gottesbildern und verweisen auf den Glauben an Gott, anstatt sich auf den Erfahrungsweg der Mystik einzulassen, der zur transrationale Einsicht der „Einheit allen Lebens" führt. Die mystischen Wege (oder esoterischen Zweige) gibt es in allen großen Weltreligionen. Ihre Übungswege beruhen auf der allen Menschen zugänglichen Erkenntnis, dass die letzte Wirklichkeit nicht in unserer Alltagssprache wiedergegeben werden kann, sondern dass die letzte Wirklichkeit nur individuell (subjektiv) erfahren und erlebt werden kann. Diese Erfahrung kann jedoch (intersubjektiv) durch den Meister bestätigt werden.

Im Christentum kennen wir den Weg der Kontemplation, im Judentum den Weg der Kabbala, im Islam den Weg der tanzenden Sufis und der sitzenden Atemmeditation, Sikr genannt, im Hinduismus den Weg des Yoga, im Schamanismus den Weg der Ekstase des Heilers, im Daoismus den Weg des Taijiquan und Qigong und im Buddhismus den Weg des Zen. Womit nur die großen Wege genannt sind.

Der Weg von Zen ist also keine Theorie, sondern eine Praxis des Übens, die uns durch stilles möglichst unbewegtes Sitzen und die Konzentration auf den Atem, auf ein Koan oder durch das „nur Sitzen“ (Shikantaza) zur tiefsten Erkenntnis unseres Seins führen will. Diese Übung (wie jede Übung der mystischen Traditionen) kann unabhängig von jeglicher religiösen Orientierung (Glauben oder Philosophie) oder auch parallel zu jeder religiösen Ausrichtung praktiziert werden. Gelingt es die letzte „Einheit allen Lebens“ zu erfahren, so wird sie dazu führen, dass die eigene religiöse Orientierung (oder die eigene atheistische Ausrichtung) auf einer transrationalen Ebene tiefer verstanden und neu interpretiert wird. Gelingt es darüber hinaus, die Erfahrung in den Alltag zu integrieren, so führt das zu einer liebevollen Haltung gegenüber allem Leben, aller Menschen, der inneren und äußeren Natur und zu einer klaren Erkenntnis der Evolution und dem Sinn des Lebens.

Für die Beschreibung der letzten Wirklichkeit, in der alle Gegensätze zu einer Ganzheit verschmelzen, werden in den mystischen Traditionen viele sehr unterschiedliche Begriffe verwendet: Yin und Yang sind Eins, Diesseits und Jenseits sind Eins, Nichts und Etwas sind Eins, Transzendenz und Immanenz sind Eins, Subjekt und Objekt sind Eins, Oben und Unten sind Eins, Gott und Göttin sind Eins usw. Oder es werden folgende Begriffe für die letzte Wirklichkeit verwendet: die letzte Einheit, das Absolute, die Ganzheit, das Dao, die Gottheit, das höchste Selbst, das Namenlose, das Unfassbare, Jenseits von Raum und Zeit usw.

Im Zen spricht man vom Nirvana, vom Nichts (in dem das Etwas auf subtile Weise enthalten ist) oder von der großen Leere, die eine lebendige Leere ist, in der also die Fülle des Lebens, als Potential verborgen, enthalten ist. Im Christentum spricht man von Erleuchtung, ein inneres Licht der Erkenntnis, das Licht und Schatten, bzw. die Dunkelheit miteinschließt. Im Buddhismus wird es Satori genannt oder schlicht von Erwachen gesprochen. Buddha heißt der Erwachte, und Buddhaschaft zu erlangen heißt: erwacht zu sein.

3.2 Lehrer - Schüler – Lehre

Aus der „großen Erfahrung" des Buddha ist das Zen, der Übungsweg zum Erwachen gewachsen und von Indien über China und Japan in den Westen gewandert. Dabei hat sich das Zen jeweils gewandelt und sich den Erfordernissen der jeweiligen Kultur angepasst. Aus dem chinesischen Chan wurde das japanische Zen, und bei uns muss ein europäisches oder deutsches Zen daraus werden, das den Erfordernissen einer aufgeklärten und rationalen Weltsicht gerecht wird. Jedoch ist es die Aufgabe von Zen, über das Rationale hinaus zu führen ohne das Werkzeug der Rationalität zu missachten oder sogar ablegen zu müssen. Für viele Alltagsaufgaben und für alles wissenschaftliche Forschen bleibt die rationale Struktur nach wie vor unerlässlich.

Der Übungsweg von Zen kann im Westen ohne die Religion und die Philosophie des Buddhismus, ohne seine äußere Form, weitergegeben werden. Für den Übungsweg ist es ausreichend, wenn wir die Übung erlernen, uns einen Lehrer als Begleiter suchen und uns einer Gruppe anschließen. Zum Übungsweg des Zen gehören neben dem Za-Zen (Sitzen in Versenkung), Kin Hin (meditatives Gehen), Teishos (Vorträge und Lehrtexte), Dokusan (Einzelgespräche zwischen Schüler und Lehrer) und das Mondo (das Gespräch der Gruppe mit dem Lehrer). Traditionell gehört auch das gemeinsame Rezitieren von spirituellen Texten dazu. Zu einem ergänzenden modernen westlichen Ansatz gehören oft einführende und vorbereitende Körperübungen, um entspannt längere Zeit (ca. 15 bis 30 Minuten) ruhig sitzen zu können.

In der Tradition des Buddhismus wird von den „drei Schätzen" *Buddha, Dharma und Sangha* gesprochen: Buddha (der erleuchtete Lehrer oder Meister), Sangha (die Gemeinschaft der Schüler oder Anhänger), Dharma (die Lehre der Tradition).

1. *Der Lehrer oder Meister (Ich):* Er ist der verkörperte Ausdruck der höchsten Wahrheit und steht für *verwirklichte Authentizität durch spirituelle Erfahrung.*
2. *Die Gruppe der Schüler (Wir):* Dazu gehört auch der Lehrer und alle fühlenden Wesen. *Die Übung wird als Weg gesehen und die Gemeinschaft und die Gruppe als Unterstützung.*
3. *Die Lehre (ES):* Von der Nicht-Zweiheit. *Die Legitimität bezieht sich auf die Tradition.*

(Ken Wilber nennt diese Aufteilung die „spirituellen großen Drei" und überträgt sie auf sein Modell der *vier Quadranten Ich, Wir* und *Es (Einzahl und Mehrzahl),* und auf die *vier Wahrheiten oder Geltungsansprüche* in den vier Quadranten und fordert damit: *Wahrhaftigkeit* für das Ich; *Gerechtigkeit* für das Wir und *Wahrheit* für die Lehre, das Es. (Siehe weiter unten.)

Im Buddhismus wird das Dharma (die Lehre von der Leere) vom Meister geprüft. Die sogenannte "Herz zu Herz-Übertragung" vom Meister auf den Schüler ist ein Mythos. Der Meister oder die Meisterin kann nicht wirklich etwas geistiges weitergeben oder übertragen, so wie man zum Beispiel einen Stab weitergibt. Der verwirklichte Meister kann aber prüfen, ob der Schüler zur selben Erfahrung und Erkenntnis gelangt ist wie der Meister. Nur so kann die Authentizität der Linie und die Weitergabe der Buddhaschaft gewährleistet werden. Die Meisterin kann also nur die Schüler oder Schülerinnen in ihrem Bemühen unterstützen und ihnen ihre Bestätigung aussprechen, wenn sie erkannt hat, dass sie ebenso wie sie selbst, Buddhaschaft erlangt haben. Diese Tradition von Zen macht auch im Westen Sinn, da so die Authentizität der Übungslinie auch für nachfolgende Generationen gesichert dokumentiert werden kann.

Was muss ich also tun, wenn ich den Übungsweg von Zen gehen will? Wichtig ist, dass der Schüler oder die Schülerin sich einen Lehrer oder Lehrerin sucht, zu dem/der die „Chemie“ stimmt, so dass ein Vertrauensverhältnis entstehen kann. In einer Lehrer-Schüler-Beziehung können alle Muster, die auch in anderen Beziehungen wirksam sind, auftauchen, dessen müssen sich sowohl Lehrer als auch Schüler immer wieder bewusst sein. Schüler wird man, indem man Za-Zen möglichst regelmäßig übt (eigenes Üben, üben in der wöchentlichen Gruppe und üben an Wochenenden oder in Sesshins) und sich einem Lehrer und seiner Gruppe anschließt. Der Lehrer oder die Lehrerin ist der Begleiter auf dem Übungsweg. Begleiter auf dem Weg kann nur jemand sein, der den Weg und das Ziel kennt, es selbst erfahren hat. Nur so kann der Lehrer (oder „Bergführer“) wirklich zum Ziel (dem Gipfel) führen. Seine Aufgabe ist, den Schüler oder die Schülerin so zu begleiten, dass dieser auf dem Weg bleibt und sein Ziel erreichen kann. Das Üben von Za-Zen bietet jedoch keine Garantie zur Erreichung des Ziels, aber das Üben öffnet und bereitet den Weg zum Erwachen, zur Erfahrung der Einheit. Schüler können diese Erfahrung nicht machen, sondern sich „nur“ darauf vorbereiten, und sich dem inneren Sein, der „Stille“ anvertrauen und „es geschehen lassen“.

3.3 Bewusstseinszustände und Erwachen im Zen

In den Texten über Zen-Buddhismus werden immer wieder zentrale Begriffe genannt: Satori, Einheits-Erfahrung, Eins-Sein, Erleuchtungserfahrung, kleine und große Durchbruchserfahrung, kleine und große Wesensschau, usw.

Die westliche moderne Bewusstseinsforschung nach Ken Wilber greift heute wieder zurück auf die sehr alten Erkenntnisse des Vedanta, der hinduistischen Wissenschaft vom Bewusstsein. Schon etwa 400 nach Christus wurde dort unterschieden zwischen vier dem Menschen generell möglichen Bewusstseinszuständen: dem Wachbewusstsein, dem Traumbewusstsein, dem Tiefschlafbewusstsein und dem non-dualen Bewusstsein. Da diese Einteilung des Bewusstseins etwas Fundamentales, Existenzielles des Menschseins beschreibt und dem Tagesverlauf jedes Menschen folgt, wurden diese Bewusstseinszustände inzwischen von verschiedenen wissenschaftlichen Disziplinen erforscht. Jeder Mensch durchläuft jeden Tag drei der vier Phasen dieses Bewusstseins, meist unbewusst bzw. schlafend. Daher spricht eine moderne Spiritualität auch davon, dass es in der Meditation darum geht „aufzuwachen“, zu erwachen, um alle drei unbewussten - oder schlafend erfahrenden Bewusstseinszustände - im wachen Zustand zu erleben. „Aufwachen“ in diesem Sinne bedeutet dann, sich frei zu machen von allen Konditionierungen, Ich-Prägungen und unbewussten Inhalten und sich seiner Impulse bewusst zu werden. Wenn Aufwachen ernst genommen wird, ist es ein lebenslanger Prozess.

Es wird immer wieder von Menschen berichtet, die tiefe spirituelle Erfahrungen (Nahtod-Erfahrungen, Gipfelerfahrungen, usw.) hatten, ohne einen Übungsweg zu gehen. Es ist durchaus möglich, dass tiefe Erfahrungen, spontan oder in Krisensituationen, mitten im Leben auftauchen. Auch solchen Menschen wird der Weg des Zen eine große Hilfe sein, ihre Erfahrung in den Alltag zu integrieren und einen Lehrer oder Meister als Wegbegleiter zu haben. Soll mit Zen eine wirklich tiefgreifende Transformation erreicht werden, so ist in der Regel ein langjähriges regelmäßiges Üben erforderlich, da sich das rationale Ich an seine Weltsicht klammert und es oft schwerfällt, diese Sichtweise zu transformieren, hinter sich zu lassen bzw. los zu lassen, aber dennoch seinen Verstand zu behalten.

Für Menschen, die den Übungsweg von Zen gehen wollen, kann es jedoch hilfreich sein, die Stufen und Hürden des Weges zu kennen, damit sie sich besser orientieren können. Der sich entfaltende Weg des Bewusstseins durch die transpersonalen Zustände des Zen ist ein fließender, mit individuellen Höhen und Tiefen verbundener Prozess, der ein konsequentes Üben voraussetzt.

Er verläuft jedoch nicht gradlinig in den vier unten dargestellten Schritten, sondern er ist hochgradig individuell. Dennoch kann die Darstellung in vier Schritten, parallel zu den vier Bewusstseinszuständen hilfreich für die eigene Orientierung sein. Manche Zen-Richtungen preisen den direkten Durchbruch zum Satori und setzen ganz darauf. (Siehe oben den Dreischritt: Samsara, Mu, Satori.) In der Regel ist es dann dennoch erforderlich Zen regelmäßig zu praktizieren um das Erreichte zu festigen und zu vertiefen. Andererseits gibt es auch ein langsames, sich in vielen kleinen und größeren Schritten entfaltendes Durchbrechen zum Satori, dass dann bereits mehr Stabi-

lität aufweist. Generelle Aussagen sind hierbei jedoch schwierig. Die nachfolgenden Ausführungen sind eine Art Landkarte.

Nachfolgend ein Versuch, die Entwicklungsstufen, Levels oder Grade der Entwicklung im Zen auf eine zeitgemäße Weise zu beschreiben und zu interpretieren. Sie sind als vier „Schritte" des Erwachens zu verstehen und werden hier in Anlehnung an die vier Bewusstseinszustände nach Wilber vorgestellt: Kensho, Amida, Satori und Zanmai.

3.3.1 Wachbewusstsein - Kensho

Das Alltagsbewusstsein ist unser normales Bewusstsein im Wachzustand, es wird daher *Wachbewusstsein* genannt. Dieses Wachbewusstsein kann sowohl nach außen als auch nach innen gerichtet sein. Es kann die objektive, grobstoffliche äußere Welt ebenso wahrnehmen wie zum Beispiel die innere, subjektive Welt der Körperempfindungen, der Gefühle und Gedanken. Jedes Üben beginnt in diesem Zustand, in dem erste Erfahrungen auftauchen können, die jedoch bereits über diesen Zustand hinausweisen.

Kensho (kleine Wesensschau): Erste kleine Erfahrungen tauchen auf. Sie werden *Kensho, kleine Wesensschau* oder *kleine Durchbruchserfahrung* genannt. Durch die Konzentration auf den Atem, durch Zählen des Atems oder mit Hilfe des Koans *Mu* werden die Gedanken reduziert und der Geist geleert. Der *innere Zeuge*, der Beobachter bekommt die Erfahrung des Ichs oder Egos präsentiert. Es findet eine Begegnung mit dem Schatten statt, mit unbewältigten und verdrängten Lebenserfahrungen, Leiden, Disharmonien und den Konzepten des Geistes. Es müssen also bewusst oder unbewusst seelische und geistige Inhalte verarbeitet werden. Therapeutische Hilfe kann sinnvoll und notwendig sein, um komplexe Traumata oder Ängste zu lösen. Der Übende muss sich von Glaubenssystemen, Wertungen, Hoffnungen, Denkmustern und Widerständen befreien. Anhaftungen und Fixierungen, etwa an Geld und Macht, Verlangen und Gier, Neid und Ehrgeiz und Suchtverhalten jeglicher Art müssen aufgelöst werden. Das Ich oder Ego muss von den Konzepten der personalen Stufe befreit werden.

Im Zen spricht man vom *Sterben auf dem Kissen,* dem *Grad der Orientierung (ko-i)* und dem *Grad des Dienens (bu-i). Makyos (diabolische Erscheinungen) können* ins Bewusstsein treten und Phänomene wie visuelle und andere Sinne betreffende Halluzinationen, Laute, Düfte, prophetische Visionen usw. können auftreten. All die Erfahrungen erschreckender oder verlockender Art dürfen nicht weiter beachtet und müssen immer wieder losgelassen werden. Dann erfährt der Übende den ersten Einblick in die Wesensnatur *(Kensho).* Dies entspricht dem *ersten bis dritten Ochsenbild* im Zen (den Ochsen suchen, die Spuren des Ochsen erblicken, den Ochsen erblicken).

3.3.2 Traumbewusstsein - Amida

Das sogenannte *Traumbewusstsein* ist ebenfalls ein wacher Zustand. Die Gehirnschwingungen und -aktivitäten sind in diesem wachen Zustand so, als würde der Mensch träumen. Wir können im Traum von der objektiven Außenwelt träumen, sie wird sich jedoch im Traum anders darstellen als sie tatsächlich im Wachzustand ist und aussieht. Wenn das Träumen auf eine innere Wahrnehmung gerichtet ist, so wird ein Traum immer ein eindeutiges subjektives Erleben widerspiegeln. Dies wird zum Beispiel dadurch deutlich, dass wir im Traum durch Wände gehen oder sogar fliegen können. Das Traumbewusstsein ist also ein subjektives Bewusstsein, in dem wir energetische, feinstoffliche und bildhafte oder symbolische Erfahrungen machen können und Durchbruchserfahrungen zum eigenen Wesen, zu einer tiefen feinstofflich energetischen Wirklichkeit haben können. Diese Erfahrungen können in Anlehnung an die japanischen Tradition als großes Kensho bzw. große Wesensschau oder Durchbruchserfahrungen bezeichnet werden.

Amida (tiefe Wesensschau): Hier wird das *große bzw. tiefe Kensho Amida* genannt. Um diese Erfahrung von der vorhergehenden auch sprachlich zu unterscheiden. *Amida* (japanisch - grenzenloses Licht) ist ein Begriff aus der *Schule des „reinen Landes"* und schlägt mit seiner Bedeutung die Brücke zur sogenannten Erleuchtungserfahrung. Ken Wilber bezeichnet diese Ebene mit dem buddhistischen Begriff *Nirmanakaya.*

Beim Üben müssen weiterhin alle Kräfte darauf gerichtet sein, die Konzentration auf das mentale Schweigen zu vertiefen. Das *Shikantaza* (das nur Sitzen oder absichtslose Schauen in die Leere), die Konzentration auf den Atem, das Koan Mu und andere Koans können dabei behilflich sein. Die Erfahrung von *Amida*, der inneren Schau, ist mit der Ratio nicht zu fassen. Es kann ein raum- und zeitloser extatischer Zustand von großer Weite *Sunyata (*bedeutet etwa leer sein) auftauchen, voller Energie und hellem strahlenden lebendigem Licht erfahren werden, der auch mit universeller Liebe beschrieben wird. Die kleine Durchbruchserfahrung wird damit vertieft zur *großen Durchbruchserfahrung:* eine Erfahrung der *Erleuchtung,* die aber noch ein dualer Zustand von *Licht und Schatten* ist.

Im Zen spricht man davon, dass die *Schranke, das Tor, das ein Nicht-Tor ist,* überwunden ist. Es ist der *Grad des Erfolges (ko-i),* der sich mit weiterem Üben und Leeren des Geistes vertieft und festigt. Es ist ein Zustand von äußerster Offenheit, Freiheit und Ganzheitlichkeit. Er wird auch *„den großen Tod Sterben (daigo tetti)" genannt:* eine *tiefe Wesenschau.* Er entspricht dem *vierten bis sechsten Ochsenbild* (den Ochsen fangen, den Ochsen zähmen, Heimkehr auf dem Rücken des Ochsen).

3.3.3 Tiefschlafbewusstsein – Satori

Das sogenannte *Tiefschlafbewusstsein* ist ein traumloser Wachschlaf. Die Gehirnschwingungen und Gehirnaktivitäten sind hier auf ein Minimum heruntergefahren, so dass in diesem Zustand von einem leeren Bewusstsein gesprochen wird bzw. von einem Bewusstsein ohne Inhalte: wache leere Präsenz und sonst nichts. Diesen Zustand erreichen wir jede Nacht während der sogenannten Tiefschlafphase. Diese Schlafphase ist dafür verantwortlich, dass wir uns am anderen Morgen erholt und ausgeschlafen fühlen. Alle inneren biologischen und geistigen Aktivitäten werden in dieser Phase „fast-auf-Null" runtergefahren. Die Meditationsforschung sagt uns, dass, wenn das Bewusstsein eines Meditierenden durch einen tiefen inneren Prozess von Loslassen geht und diesen Gehirnzustand des Tiefschlafs erreicht, er das Nichts erfahren kann, eine große innere Leere und Stille, in dem er nichts erfährt, in der sich alles Körpererleben auflöst, keine Gedanken und kein Ich vorhanden ist. Dieser Bewusstseinszustand wird auch als großes Kensho (Zen), große Durchbruchserfahrung (Dürckheim) oder spanisch als Nada (Johannes von Kreuz) bzw. Nichts-Erfahrung bezeichnet. In der christlichen Mystik wird vom Christusbewusstsein gesprochen.

Satori (großes Erwachen): Der dritte Bewusstseinszustand wird *Satori, großes Erwachen* oder *große Erleuchtung* genannt. In Japan auch *Daigo tettei,* „große Erleuchtung, die bis zum Boden reicht" genannt. Dazu gehört die Erkenntnis, dass *Atman* und *Brahman* (Sanskrit), d.h. individuelle und absolute Seele, eins sind: „Er bin ich. Ich bin Er". Oder: Die Welle ist das Meer, und das Meer ist die Welle. Der entsprechende Begriff aus dem Sanskrit ist *Nirvikalpa-Samadhi:* der höchste kausale Bewusstseinszustand. Ken Wilber bezeichnet diese Ebene mit dem buddhistischen Begriff *Sambhogakaya.*

Die Zustände können nicht willentlich gemacht werden. Die mystische Schau ist ein raum- und zeitloser Zustand ohne Form, Bilder oder Konzepte. Es ist die *Erfahrung* der Einheit, jenseits von Dualität; Subjekt und Objekt sind eins, eine Identifikation mit Allem. Weisheit und Mitgefühl werden im *Eins-Sein* mit dem All-Seienden erfahren: ein *Buddhazustand.*

Im Zen spricht man vom *glasklaren Spiegel*, der alles reflektiert aber nichts festhält. Alle Schranken wurden überwunden, durch die Einsicht, dass es nie Schranken gegeben hat. Der Übende hat das *große Schwert des General Kahn* an sich gerissen: Triffst Du Buddha, töte ihn! Das heißt: Töte alle Vorstellungen und Konzepte; In dieser *Erfahrung* sind Leere und Fülle eins. Dies ist der *Grad des Mehrerfolges (gu-ko-i),* die *Offenbarung der reinen Wahrheit*, ein Freisein von allem. Es entspricht dem *siebten und achten Ochsenbild* (der Ochs ist vergessen, der Hirte bleibt; vollkommene Vergessenheit von Ochs und Hirte).

3.3.4 Non-duales Bewusstsein – Zanmai

Das sogenannte *non-duale Bewusstsein* ist ein sehr hoch trainiertes Bewusstsein, das mühelos zwischen den anderen drei Bewusstseinszuständen wechseln kann, je nachdem, worauf der Fokus der Wahrnehmung gerichtet wird. Im non-dualen Bewusstsein gibt es keine

Unterscheidung zwischen Innen und Außen, objektiver und subjektiver Welt, zwischen Leere und Form. Es ist ein schlafloser Schlafzustand. Der non-duale Bewusstseinszustand ist raum- und zeitlos. Durch langes intensives Üben von Meditation oder auch spontan nach plötzlichen sehr tiefen Durchbruchserfahrungen kann sich ein non-dualer Bewusstseinszustand einstellen. Bei entsprechendem Training von innerer Offenheit und Weite kann die Aufmerksamkeit wechseln und auf die anderen Bewusstseinszustände wie Tiefschlafbewusstsein, Traumbewusstsein oder Wachbewusstsein gerichtet werden. Dieser Bewusstseinszustand wird auch als Satori (Zen), Samadhi (Yoga), Uno-Mystika (christliche Mystik) oder allumfassende Liebe bezeichnet.

Im non-dualen Bewusstseinszustand, der anfangs oft nur kurze Zeit gehalten werden kann, ist, und das ist sehr wichtig, jegliche Erfahrung von Trennung aufgehoben. Dieser Zustand wird auch als eine Nicht-Erfahrung bezeichnet. Es kann also auch nicht mehr unterschieden werden zwischen einem unbewussten oder unterbewussten Zustand oder einem überbewussten oder transzendenten Bewusstseinszustand. Wird die non-duale Einheitserfahrung integriert, verhält sich der Mensch ganz natürlich, entsprechend seiner hellen und dunklen Seiten, ob sie ihm bewusst sind oder nicht. Es gibt ja nur noch Bewusstsein an sich, ohne Wertung. Er ist bis zu seinem tiefsten, zuvor meist verschütteten Wesen durchgebrochen. Da jedoch sowohl helle als auch dunkle menschliche Eigenschaften psychologisch verdrängt werden können, wird hier sehr deutlich, wie wichtig sogenannte *Schattenarbeit* wird. Sie ist darauf ausgerichtet, meist dunkle menschliche Eigenschaften bewusst zu machen und zu integrieren, damit sie keinen Schaden anrichten und nicht spontan falsch verstanden und interpretiert werden. (Es besteht die Gefahr von Verwechslung von Mythos und Mystik, weil beide nicht rational sind: Mythos ist vorrational und Mystik ist jedoch transrational und integriert Rationalität). Es gibt also auch eine Schattenseite der Erleuchtung bzw. des non-dualen Bewusstseins, die aufgedeckt werden sollte.

Zanmai (Verwirklichung): Zanmai oder Sanmai (japanisch) ist ein alltäglicher nicht-dualistischer Bewusstseinszustand. Er wird hier zur Beschreibung des höchsten Grads der Verwirklichung verwendet. Im

Zen spricht man von der Verwirklichung in der Welt, dem *Grad des zweifachen Erfolges (ko-ko-i).* Es ist das *Ende der großen Suche:* ein *absoluter integraler Bewusstseinszustand.* Ken Wilber bezeichnet diese Ebene mit dem buddhistischen Begriff *Dharmakaya* (non-dual, absolut). Das große Erwachen, die Erfahrung des *nicht-dualen Bewusstseins*, tritt oft dann auf, wenn jegliches Suchen durch das Sitzen im absichtslosen Sein *(Shikantaza)* aufgegeben wurde.

Es geht auf dieser Ebene - die keine Ebene mehr ist - um die *Einübung der reinen Geistesgegenwart (des großen Erwachens - Zustand 3) mitten im Alltag.* Der ganze Alltag wird dann zu einer einzigen Übung. Der reine Geisteszustand der Leere und Offenheit wird in alle körperlichen und geistigen Aktivitäten integriert: in die Arbeit, in die Familie, in Freundschaften und in die Freizeit - in den gesamten Lebensprozess. Jegliche Trennung zwischen reinem Gewahrsein und Alltag wird überwunden: ein lebenslanger Prozess des Lernens und Übens. Es geht darum, die Erfahrung in den Alltag, auf den Marktplatz des Lebens zu tragen.

Das dualistische Denken in Subjekt und Objekt oder innen und außen ist verschwunden. Alles ist vollkommen und vollendet. Wir erleben aber die Verstrickungen der Menschen, und der (erbarmende) *Bodhisattva* gelobt, sie alle zu retten - durch sein Verständnis, seine Liebe, sein Licht und sein Wohlwollen, durch *Weisheit (Prajna) und Mitgefühl (Karuna).* Er begegnet sich im Anderen immer wieder selbst und durchschaut die Dinge mit Weitsicht und Gelassenheit. Dies entspricht dem *neunten und zehnten Ochsenbild* (zurückgekehrt in den Grund und Ursprung, das Betreten des Marktplatzes mit offenen Händen). *Das wahre Zen-Leben ist dieses geschäftiges Leben im Hier und Jetzt.* Das Absolute wird im Tun erfahren.

Fazit: Meditation kann menschliches Bewusstsein und menschliche Entwicklung sehr unterstützen, wenn durch intensive Schattenarbeit seine verdrängten inneren Motive weitestgehend aufgelöst werden. Dies ist oft ebenso ein lebenslanger Prozess wie das Üben der Meditation selbst, in der es darum geht, non-duales Bewusstsein mehr und mehr, möglichst dauerhaft im Bewusstsein zu verankern. Denn wer erwacht oder aufwacht, kann auch wieder einschlafen, wenn Wachsein und Präsenz nicht gepflegt werden. Dies macht deutlich, wie wichtig die Verbindung von Meditation (Ich-Transzendierung) mit Psychotherapie (Schattenauflösung) bzw. von Schattenarbeit ist und wie sehr es erforderlich ist, eine neue spirituelle Psychotherapie oder eine *psychologisch-spirituelle Form von Meditationspraxis* zu entwickeln.

Erste Schritte auf diesem Weg sind Pioniere bereits gegangen: Bhagwan Shree Rajneesh, kurz Bhagwan, der sich auch Osho nannte, hat diesen Weg empfohlen, ebenso der Psychologe Karlfried Graf Dürckheim, der Zen-Lehrer und -Meister meines Zen-Lehrers Hans Ringrose war. Hans Ringrose hat auf diesen Grundlagen aufbauend den Zen-Weg praktiziert, weitergegeben und gelehrt. Auf diesen sehr wertvollen Erfahrungen gilt es diesen Weg weiter zu vertiefen.

Vor seinem yogischen Erfahrungshintergrund verbindet der spirituelle Lehrer und Psychotherapeut Christian Meyer ebenfalls, wie Anna Gamma (Psychologin und Zen-Meisterin) psychologische und spirituelle Arbeit. Auch Ken Wilber schlägt in seinen Büchern „Intergrale Lebenspraxis“ und „Integrale Meditation“ (siehe Literaturverzeichnis) einen ähnlichen Weg vor.

3.4 Zen im Alltag

Auch im chinesischen Ursprungsland, im Land der ersten Patriarchen des Chan (japanisch: Zen) – bevor es nach Japan und in den Westen kam -, ist Zen über die Jahrhunderte weiter entwickelt worden und hat sich den jeweiligen Bedürfnissen und Möglichkeiten der Menschen angepasst. So wird heute auch in China ein *„Zen im Alltag“* gelehrt, so dass es auch für Laien zugänglich ist und nicht nur an Mönche, die in Klöstern leben, weitergegeben wird. Menschen die nicht im Kloster leben, Familie haben und für ihre Existenz selbst aufkommen müssen, haben in der Regel nicht die Zeit, einen großen Teil ihres Lebens dem stillen Üben von Zen zu widmen. Zen im Alltag bedeutet, Zen mitten in der Welt zu verwirklichen, also während der täglichen Verrichtungen, auf dem Fahrrad, im Auto, zu Fuß unterwegs, während der Arbeit, der Küchenarbeit, beim Essen, bei der Familienarbeit und in der Freizeit, also in jeder Minute, die es erlaubt, bewusst zu sein und zu üben. So kann alles zur Übung werden.

Jede Konzentration auf eine Tätigkeit und zwischendrin die Konzentration auf den natürlich fließenden Atemrhythmus, auf jedes Ein- und jedes Ausatmen.

Nach *Jing Hui* (dem Vizepräsidenten der Buddhistischen Union in China) spielen im *„Chan des täglichen Lebens"* aus buddhistischer Sicht „fünf Phänomen" eine wichtige Rolle:

Die Wahrnehmung im gewöhnlichen Leben so Jing Hui, ist gekennzeichnet durch die *Zersplitterung* der Welt. Sie entsteht dadurch, dass wir *den Formen Namen geben* und dadurch *Unterscheidungen* treffen. Die Welt der Unterscheidungen ist die Welt der Täuschungen. Die erleuchtete Welt von Chan dagegen ist auf die Wahrnehmung der Einheit gerichtet, auf die *Soheit* der Welt, und führt zur einer weiten und offenen Sichtweis und zur *Weisheit.* Siehe die „fünf Phänomene" oben unter Punkt 1.6.4: Östliche Zen-Schulen und Chan im täglichen Leben.

3.5 Schattenarbeit und Integrale Entwicklung

Ken Wilber und seine Co-Autoren legen mit „Integrale Lebenspraxis" ein Übungsprogramm vor, das auf eine ganzheitliche Entwicklung parallel zu den traditionellen Übungswegen verweist. Dieses *Übungsbuch* für *körperliche Gesundheit, emotionale Balance, geistige Klarheit und spirituelles Erwachen* führt zu einer umfassenden integralen Entwicklung und Spiritualität. Es besteht aus der Arbeit an vier Kernmodulen: *Schattenarbeit, Körper, Verstand* und *GEIST* und stellt fünf ergänzende Module vor: *Ethik, Arbeit, Beziehungen, Kreativität* und *Seele.* Für alle Module werden Übungen angeboten. Hier soll insbesondere auf das *Modul Schattenarbeit* eingegangen werden, dem im Rahmen aller Übungswege eine besondere Bedeutung zukommt und das daher auch den Übungsweg des Zen begleiten sollte.

Unter *Schatten* versteht Wilber, in Anlehnung an C.G. Jung, alle verdrängten und abgespaltenen (dunklen und seltener auch hellen) Persönlichkeitsanteile, die in das Unbewusste zurückgewiesen oder verschoben wurden. Wie unter dem Punkt 3.3 Bewusstseinszustände und

Erwachen im Zen, deutlich wurde, wird insbesondere zu Beginn der Zen-Übungen (Kensho - Kleine Wesensschau) das Unbewusste gelockert und kann massiv ins Bewusstsein treten. Die Zen-Übungen können jedoch auch dazu beitragen, den Schatten weiterhin abzuspalten und ihn ins Unbewusste zu verdrängen. Dies macht dann jede integrale Entwicklung zunichte.

In der Schattenarbeit geht es darum, die verdrängten Persönlichkeitsanteile zu integrieren. Dies bewirkt, dass die Energie freigesetzt wird, die uns dadurch verloren geht, dass wir in einem „inneren Boxkampf" mit unserem Schatten unsere Energie verbrauchen. Es kostet also enorm viel innere Kraft, den Schatten ins Unbewusste zu verdrängen. Schattenarbeit lindert nicht nur viele psychodynamische Schmerzen und inneres Leid, sondern kann auch helfen, dass wir in unserer Entwicklung wachsen statt zu stagnieren.

Findet parallel zur Meditation keine Schattenarbeit statt, so kann das dazu führen, dass der Übende höhere Bewusstseinszustände erreicht, ohne seine „dunkle Seite" bewusst integriert zu haben. So werden nicht akzeptierte Antriebe und Gefühle aus der bewussten Wahrnehmung verdrängt und bestimmen im Verborgenen das eigene Leben. Gelingt eine bewusste Integration, so führt dies zu einer gesünderen Psyche, zu mehr geistiger innerer Klarheit und die Lebensenergie kommt ins Fließen. Die positiven Seiten der Schattenarbeit wirken sich auf fast alle Lebensbereiche aus: Vitalität, Sexualität, Emotionen, Beziehungen, Arbeit, Finanzen usw.

Da die Errungenschaften der psychodynamischen Forschung erst in der neueren Geschichte zu Tage gefördert wurden, ist es nicht verwunderlich, dass die alten spirituellen Traditionen sich mit diesem Thema nicht ausreichend beschäftigt haben. Meditation allein kann also nicht den ganzen Menschen transformieren.

Der Prozess der Abspaltung des Schattens geschieht nach Wilber in drei Schritten: Vom Ich (1), zum Du (2) und zum Es (3). Soll der Schatten integriert werden, muss dieser Prozess rückgängig gemacht werden: In der Reihenfolge vom Es (3), zum Du (2), zum Ich (1). Die versachlichten Projektionen nach Außen auf Es, Sie, Ihr, Ihm (3) werden zunächst zurückgenommen auf ein persönliches Du oder

Dein (2) und im nächsten Schritt in die eigene Person integriert Mich, Mir, Mein (1).

Ein kurzes Beispiel zur Abspaltung von Angst: Ich habe Angst, wird zu: Du hast Angst und im nächsten Schritt zu: die Gruppe hat Angst, bzw. der ganze Raum ist voller Angst oder hier ist Angst im Spiel. Dieser Prozess der Abspaltung muss wieder rückgängig gemacht werden.

Bei leichteren Formen der Abspaltung kann dieser Prozess (Wilber präsentiert in Integrale Lebenspraxis einige Beispiele) eigenständig bearbeitet werden. Die äußere Welt kann dabei immer als ein Spiegel betrachtet werden. Alles, was mich in der äußeren Welt oder an anderen Personen stört oder emotional in Wallung bringt, hat mit meinem eigenen inneren Schatten zu tun. Die Aufmerksamkeit auf diesen Lebensaspekt kann uns helfen, uns immer wieder mit den eigenen psychodynamischen Prozessen auseinander zu setzen, damit die Energie für Wachstumsprozesse freigesetzt werden kann.

Gelingt es uns nicht, die Projektionen zurückzunehmen, liegen in der Regel stärkere Verletzungen und Verwundungen oder sogar traumatische Erfahrungen in der eigenen Psyche vor. Ernsthafte und tiefergehende innere Arbeit erfordert die individuelle Hilfe eines ausgebildeten Psychotherapeuten oder eine Gruppentherapie in intensiven Workshops. Je tiefer und schwerer der pathologische Befund ist, desto notwendiger ist eine Behandlung und desto größer ist der Zeitaufwand, der sich oft über Jahre hinziehen kann. Je gründlicher jedoch der „Keller ausgemistet" wird, desto reicher kann sich das Leben entfalten.

Leider gibt es auch sehr schwere Formen von Psychosen und Schizophrenien, die mit Psychopharmaka behandelt werden müssen und bei denen von Meditation abgeraten werden muss. Liegen jedoch keine medizinischen Veränderungen vor, wird man auch hier versuchen, innere und äußere Arbeit im Gleichgewicht zu halten. Professionelle Schattenarbeit ist bei allen mittleren und schweren Fällen von Pathologie dringend erforderlich, wenn mit Hilfe von Meditation ein integraler Wachstumsprozess angestrebt wird.

3.6 Zen und integrales Leben

Wenn eine wirklich integrale Transformation zu einem höheren bzw. tieferen integralen Bewusstsein angestrebt wird, ist Meditation oder der Weg von Zen oft nicht ohne begleitende Schattenarbeit möglich. Schüler sollten sich daher nicht davor scheuen, soweit erforderlich, die Hilfe von Psychotherapeuten in Anspruch zu nehmen, wenn sie die finanziellen Möglichkeiten dazu haben. Oft wird Psychotherapie auch von den Krankenkassen bezuschusst oder ganz übernommen. Wichtig ist eine gute Auswahl und ein „guter Draht" zum Therapeuten, der selbst Erfahrung mit Meditation haben sollte.

Je besser es gelingt, die bewusst gewordenen Schattenaspekte immer wieder zu integrieren, - dies ist oft ein lebenslanger Prozess, ebenso wie der Weg der Meditation und des Zen - desto integraler können die tieferen Zustände der Meditation und des Zen mitten im Leben verwirklicht werden. Dies führt zu mehr Authentizität, zu mehr Wohlbefinden und Lebensglück. Menschen die diesen Weg gehen, führen ein engagiertes Leben, das die innere Seite des Lebens, die spirituellen (Ich) und kulturellen (Wir) Aspekte, mit den äußeren Seiten, den sozialen und ökologischen Erfordernissen des persönlichen Lebens (Es), mit den globalen Notwendigkeiten der Menschheit (Sie) in Einklang bringt (siehe die vier Quadranten nach Wilber, Ich, Wir, Es und Sie). Integrale Entwicklung – angestoßen und ständig geübt durch die wachsende Bewusstheit von Zen – wirkt sich auf alle Lebensbereiche aus: Auf die Liebe zum Leben an sich, auf die Liebe zum Lebenspartner oder zur Lebenspartnerin, auf die Liebe zu den am nächsten stehenden Menschen, auf die Liebe zu allen Menschen, auf die Liebe zur inneren und äußeren Natur und auf die Liebe zum ganzen Universum und damit auf die Liebe zu Allem. Zen und die Kunst, das Leben integral zu gestalten, kann uns trotz aller Widrigkeiten und Schattenseiten des Lebens zu innerem Glück und Erfüllung und zu der inneren Gewissheit führen: Die Welle ist das Meer (Ich bin Alles) und das Meer ist die Welle (Alles bin Ich). Alles Leben ist eins!

Zum integralen Verständnis von Meditation tragen auch die Erkenntnisse der westlichen Wissenschaften bei. Siehe dazu die Ausführungen unter Punkt 2.4 Zen-Buddhismus und westliche Wissenschaften.

Es scheint also parallele Erfahrungen von „Leerheit“ zu geben: „Leerheit“ hinter allen äußeren Erscheinungen (Quantenphysik), die Bestätigung von subjektiven Erfahrung von „Licht und Leere“ durch die Gehirnforschung und die „Einheitserfahrung“ der alten Meister: Leere (Nichts) und Fülle (Materie) sind eins.

Die integrale Lebensaufgabe ist daher: Lebe das Leben so gut du kannst. Entwickle und entfalte deine Fähigkeiten in voller Tiefe zum Wohle des Ganzen. *Das Leben ist paradox! Wir wurden geboren, um zu leben, aber um letztendlich zu sterben. Alles ist gut, so wie es ist, und alles ist gleichzeitig verbesserungsfähig!* Freue dich über die Wunder der Natur! Tanze dein Leben als eine Note in der Unendlichkeit der kosmischen Symphonie! Staune! Sei frei! Sei kreativ und schöpferisch! Liebe das Leben, die Welt und die Erde, wie eine schäumende Welle das Meer und trage für sie Mitverantwortung! Denn: Tanz und Tänzer sind eins, Ausatmen und Einatmen sind eins, Leben und Tod sind eins. Es gibt nur das Eine, in dem alles Viele aufgehoben ist! Übe geduldig und entfalte Dich, so kannst du es erfahren! - Jeder kann es erfahren! Der ganze Alltag wird dann zur Übung auf dem Marktplatz des Lebens! So dass wir zu einer Seite im großen Lexikon der Weisheit und des Mitgefühls werden und sagen können: Du bist der große dunkle Schlaf, und ich bin der Traum Deines wahren Lebens!

4. Ethische Werte im Zen

Glück gehabt - Pech gehabt, gut gelaufen - schlecht gelaufen, so ein Mist - echt super, usw., usw. Wir kennen alle diese Momente, in denen wir uns super fühlen oder in denen wir im Boden versinken möchten. Wie schnell sind wir dabei, alles zu werten und einzuteilen in gut und schlecht. Wir sollten jedoch wissen, dass alles zwei Seiten hat, hell und dunkel, Yin und Yang und dass die Spirale der Entwicklung beide Seiten einschließt. Dennoch wollen wir dunkle Gefühle nicht haben und sehnen oder hängen uns an die hellen. Das ist menschlich!

Wenn wir an Yin oder Yang festhalten - an einem Denken in Polaritäten, statt in sich ergänzenden dualen Systemen - stecken wir fest und sind für Veränderungen nicht mehr offen, sind starr und unbeweglich geworden.

Wie können wir das ändern? Geht das überhaupt? Das Leben ist grundsätzlich sehr paradox: Wir wurden geboren um letztendlich zu sterben. Und ähnlich widersprüchlich ist auch das ganze Leben:

In der Achtsamkeitspraxis geht es zum Beispiel darum, jede Situation erst einmal ganz wertfrei zu betrachten und ganz genau wahrzunehmen, was wirklich ist, ganz unabhängig von unseren eigenen Interessen und Bedürfnissen. Eine Sache oder eine Situation wie ein neutraler Wissenschaftler ganz klar und deutlich zu sehen und zu untersuchen. Das gelingt nur, wenn ich innerlich Abstand dazu gewinnen kann.

Und erst dann: geht es im nächsten Schritt darum, uns immer wieder am Arbeitsplatz, wie im Leben neu zu entscheiden: Kaufe ich „Dies oder Das“, mache ich das Eine oder Andere, wie gehe ich mit einer Sache um, wie entscheide ich mich in einer Situation und schon bin ich wieder mitten drin im Werten und im Setzen von Werten und Werthaltungen.

Das ist dann aber auch in Ordnung und richtig so! Ich habe nämlich durch meine achtsame, neutrale Betrachtungsweise klarere Voraussetzungen gewonnen, um mich angemessen entscheiden zu können. Im Alltag muss ich mich ja immer wieder entscheiden: Entscheiden, was ich tun und was ich lassen will. Also zunächst das spontane Werten „sterben“ lassen und eine neutrale Haltung einnehmen, und dann im Lebens- und Arbeitsfluss entscheiden „neu geboren werden“, in dem ich meine Wertehaltung immer wieder überprüfe.

Kann mir bei meinen Entscheidungen diese Haltung der Achtsamkeits- bzw. Zen-Praxis helfen, damit die Spirale der Entwicklung im Alltag, in der Familie und in Organisationen sich ungehindert entfaltet kann? Macht es zudem Sinn, sich zu fragen, welche Werte in den liberalen westlichen Demokratien für mich und andere wichtig sein könnten? Und gibt es vielleicht noch andere, zum Beispiel religiöse westliche Werte, die für den kulturellen Hintergrund eines Unternehmens von Bedeutung sind? Diesen Fragen soll hier nachgegangen werden.

Noch eine Vorbemerkung: Dies ist ein sehr persönlicher Beitrag. Daher gehe ich sehr frei mit der Interpretation von Werten in der Zen-Praxis um. Jeder Leser sollte meine Aussagen kritisch hinterfragen oder kann sie persönlicher, wissenschaftlicher oder ganz anders verstehen und interpretieren. Mir geht es darum, einen Überblick zu geben und daher bin ich gezwungen zu vereinfachen. Ideal wäre es für mich, wenn meine Gedanken dazu anregen, sich mit meinen Aussagen zu den geistigen Werten noch differenzierter und tiefergehend auseinanderzusetzen.

4.1 Werte in der Zen-Praxis

Nachfolgend ein kurzer Überblick über die zentralen Werte einer zeitgemäßen Zen-Praxis für den Alltag. Auch wenn es in der Zen-Praxis zunächst darum geht wertfrei genau hinzuschauen was gerade ist, werden dennoch mit jeder kleinen und großen Lebensentscheidung Werte gesetzt. Aber dann bitte, aus einer gewissen inneren, offenen Distanz heraus, die uns frei wählen lässt, zwischen verschiedenen Handlungsoptionen. Damit wird ein zu sehr emotional aufgeladenes reflexartiges Handeln hinterfragt und aufgelöst.

Buddhistische Ethik ist eine autonome Ethik, das heißt, Handlungsweisen werden nach dem Nutzen für das angestrebte Ziel des Erwachens gewertet und nicht als gottgegebene, religiöse Gebote, die bei Strafandrohung zu befolgen sind, verstanden. Daher wird Buddhismus oft als Philosophie und nicht als Religion bewertet. Stattdessen wird im Buddhismus auf die Karma-Lehre verwiesen, die auf die natürliche Folge von Handlungen verweist. In dieser Hinsicht gibt es förderliches oder schädliches Handeln.

Die Vier Edlen Wahrheiten und die drei Kostbarkeiten sind die Grundlage auf dem der Edle Achtfache Pfad gepflegt werden soll. Verschiedene buddhistische Schulen legen die Schriften dabei unterschiedlich aus (siehe im ersten Kapitel).

Abb. 3: Das Rad des Dharma - symbolisiert den Edlen Achtfachen Pfad, die wichtigste Anleitung zur buddhistischen Ethik.

Fünf Aspekte an fünf Fingern einer Hand kann ich mir gut merken. Dann habe ich immer noch eine Hand frei, mit der ich auf die fünf Finger der anderen Hand zeigen kann. In Abb. 4 fasse ich die wichtigsten Werte der Zen-Praxis, die fünf buddhistische Tugenden zusammen:

- Gleichmut: Upekka (nicht urteilen) - oben
- Güte: Metta (grenzenlose Freundlichkeit) – links
- Mitfreude: Mudita (innere Heiterkeit) – rechts
- Weisheit: Prajna: (Erwachen) - mittig
- Mitgefühl: Karuna (Leiden lindern) - unten

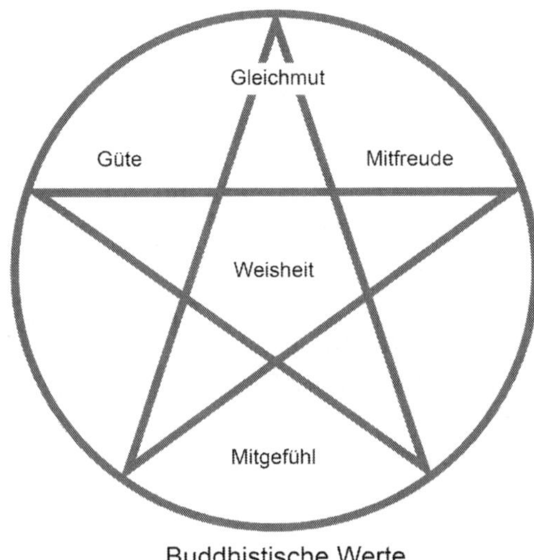

Abb.4: Buddhistische Werte

Es folgen einige Gedanken zu einem zeitgemäßen, mit der inneren menschlichen Natur verbundenen Ethik und den fünf Tugenden, die auch für eine Zen-Praxis hilfreich sind.

Oftmals wird von Zen-Lehrern und -Meistern der Eindruck vermittelt, dass es ausschließlich darum gehen würde zu erwachen, alles andere würde sich dann von selbst ergeben. Verfehlungen und Skandale, auch in buddhistischen Gemeinschaften oder von Zen-Meistern und –Lehrern lehren uns, dass es auch in der Zen-Praxis erforderlich ist, sich mit ethischen Grundhaltungen auseinanderzusetzen und sie einzuüben. Es sind hohe Ansprüche die der Buddhismus anstrebt, denen aber auch immer wieder mit Nachsicht, Gelassenheit und Gleichmut begegnet werden sollte. Bei allem Streben, Menschen bleiben fehlbar und sind oft schwach.

Gleichmut (Upekka): Zum Gleichmut gehört das „nicht urteilen", eine *wertfreie* Betrachtungsweise. Die Daoisten sprechen in diesem Zusammenhang auch von Wuwei. Wuwei meint müheloses Bemühen, Gelassenheit, nicht eingreifen, nichts erzwingen, auf das richtige Timing achten, geschehen lassen, handeln ohne Kraftaufwand, auf den Wellen reiten, „handeln durch nicht handeln", einfach Sein, sich auch mal aus der Welt zurückziehen, die Seele baumeln lassen.

Mitfreude (Mudita): Mitfreude ist die natürliche Freude über das Wohlbefinden, das Glück und den Erfolg der Mitmenschen, frei von Leid und Schaden zu sein. Auch wenn diese Freude nicht der eigenen Vorstellung von Glück und Freude entspricht. Die Mitfreunde sollte sich zunächst auf die eigenen Freunde und die Familie beziehen, dann kann sie auf andere und alle Lebewesen ausgeweitet werden. Dazu gehört es die Lebensfreude und Liebe zum Leben der Mitmenschen zu bewundern, sie wertzuschätzen und sich mitzufreuen. Dies erfordert oftmals über die eigenen Ichvorstellungen und seinen eigenen Schatten zu springen.

Mitgefühl (Karuna): Mitgefühl meint nicht, mit anderen so mitzuleiden und dabei selbst im Leid zu versinken, sondern meint trotz des Leids der Welt in der eigenen Mitte bleiben, um hilfreich andere unterstützen zu können. Allen Wesen dieser Welt mit derselben alles umfassenden Liebe und Hilfsbereitschaft begegnen. Diese Tugend und Geisteshaltung gehört zu den Qualitäten des Bodhisattva. Dies ist ein spontanes mitfühlendes, offenes Handeln aus der „Herz-Mitte" (aus einer inneren Distanz heraus - der symbolischen Mitte zwischen Verstand und Gefühl, Kopf und Bauch). Das ist auch förderlich für die eigene geistige und seelische Gesundheit. Es stärkt die eigene Resilienz-Fähigkeit (Widerstandsfähigkeit).

Güte (Metta): Auch liebende Güte genannt oder als grenzenlose Freundlichkeit verstanden. Vergleichbar mit der Liebe der Mutter zu ihrem Kind. Diese grenzenlose Freundlichkeit soll auf alle fühlende Wesen übertragen werden. Freundlichkeit sich selbst gegenüber, auch gegenüber den eigenen Schwächen und den Schwächen anderer. Das verlangt Nachsichtigkeit und Loszulassen von Unzulänglichkeiten sich selbst und anderen gegenüber und es verlangt Vertrauen in das Leben zu haben: Selbstvertrauen; Vertrauen vom Leben getragen zu werden (von einer „höheren Macht" vom „Kosmos" selbst) aufgefangen zu werde.

Weisheit (Prajna): Weisheit führt zu Samadhi (Versenkung) und Satori, zum Erwachen, sich mit allem Leben und den Mitmenschen Eins zu fühlen. Auch Allverbundenheit, Aufwachen oder Aufgehen im Nirvana genannt und zu erkennen, dass Samsara und Nirvana eins sind. Sich ganz im Gewahrsein und in „Selbstvergessenheit" mit seinem Tun, seiner Arbeit verbinden. So entsteht eine tiefe Wahrnehmung von „wahrem" Glück. Es kommt aus der tiefen „Herz-Mitte", jenseits von hell und dunkel, jenseits aller Polaritäten. Die Daoisten nennen es „Eins-sein mit dem Dao", Eins-sein mit der absoluten Wirklichkeit, dem ganzen „Kosmos".

4.2 Post-Moderne westliche Werte

Und die westlichen Werte? Können sie die buddhistischen geistigen Werte ergänzen? Wo ist der Ursprung der Freiheitsrechte des Einzelnen, wo haben die Bürgerrechte des Westens ihren Anfang genommen?

Für mich in der französischen Revolution: Freiheit, Gleichheit, Brüderlichkeit. Dies sind die drei zentralen Werte des Ichs, des Menschseins, die Persönlichkeitsrechte. (Aber sollen wir diese nicht überschreiten? Dazu später mehr!) Sind die Persönlichkeitsrechte (und -pflichten) im Sinne einer geistigen inneren Entwicklung auch vollständig, oder fehlen wesentliche Aspekte? Mit der französischen Revolution wurde alles Religiöse, das lange Zeit missbraucht wurde, über Bord geworfen. Aber damit wurde das Kind mit dem Bade ausgeschüttet und es ging die tiefergehende Spiritualität verloren. Das, was wir heute Allverbundenheit nennen würden, eine tiefe Erfahrung und Wahrnehmung von Sinn und Eins-sein. Zudem war zur Zeit der französischen Revolution, die Natur mit ihren natürlichen Ressourcen, noch nicht bedroht. Nachhaltigkeit war noch kein Thema. Nachhaltigkeit in wirtschaftlichem und sozialem Handeln spielt aber heute eine zentrale Rolle, wenn wir auf dem Globus als Menschheit überleben wollen.

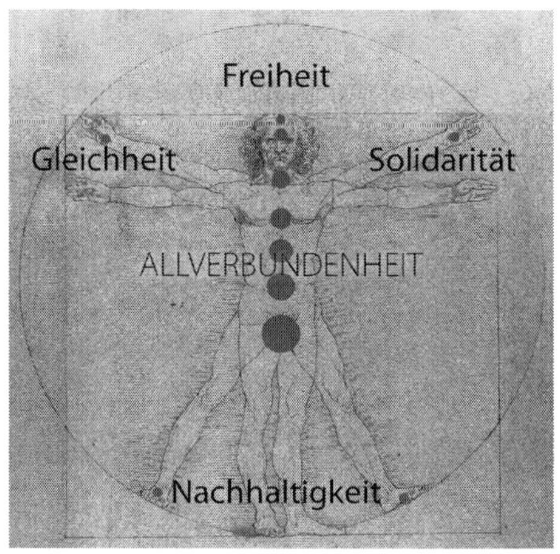

Westliche Werte und Spiritualität

Abb. 5: Post-Postmoderne, westliche Werte

Auch in der modernen und postmodernen Gesellschaft finde ich also fünf Werte von besonderer Wichtigkeit. (Die Moderne ist die von Wissenschaft und Forschung geprägte Gesellschaft. Die Postmodere geht darüber hinaus und bezieht nach Wilber, wenn sie sich gesund entfaltet, die Moderne mit ein. Die Postmoderne gesteht sich vereinfacht gesagt ein, dass sich nicht alle menschlichen Probleme wissenschaftlich lösen lassen.) Auch sie sind wieder eine Zusammenfassung von weiteren differenzierten Werten (siehe Grafik):

- Freiheit
- Gleichheit
- Solidarität
- Nachhaltigkeit
- Allverbundenheit

Überlegungen zum Verständnis moderner westlicher Werte:

Freiheit: Freiheit beschreibt die geistige Freiheit des Denkens und des Handelns, die Freiheit der Meinungsäußerung, die Pressefreiheit, die Religionsfreiheit, usw. Hier geht es für mich aber auch um die Würde des Einzelnen, um die Menschenwürde, um Toleranz, Gewaltlosigkeit und Frieden.

Gleichheit: Gleichheit, beschreibt die Gleichheit vor dem Gesetz; alle Menschen haben gleiche personale, demokratische Rechte und Pflichten, auch wenn sie unterschiedliche Fähigkeiten haben. Das Prinzip der Gleichheit verlangt aus meiner Sicht auch, dass die Wirtschaft (im ökologischen, sozialen und kulturellen Sinne) dem Gemeinwohl gegenüber verantwortlich ist.

Solidarität: Solidarität ist der modernere Begriff für das alte Verständnis von Brüderlichkeit aus der französischen Revolution. Er meint selbstverständlich auch Schwesterlichkeit, bzw. besser Geschwisterlichkeit. Solidarität heißt auch: Alle Menschen haben das Recht auf reines Wasser, gesunde Nahrung, Kleidung und Wohnung (auf eine angemessene Wärmeregulation) und das Recht auf Bildung, Ausbildung und Weiterbildung.

Nachhaltigkeit: Nachhaltigkeit meint, dass mit den Ressourcen der Natur (Wasser, Energie, Bodenschätze, Holz, usw.) schonend und effektiv umgegangen werden muss, denn die Erde ist endlich. Effektivität und Subsidarität (Selbsthilfe geht vor Fremdhilfe. Beide Aspekte in Einklang zu bringen: Fremdhilfe zur Selbsthilfe.) sind wichtige Handlungsgrundsätze für nachhaltige Produkte und Dienstleistungen. Dies gilt auch für Therapie in jeder Form und für Beratung.

Allverbundenheit: Allverbundenheit, benennt die Erfahrung, die in der Meditation gemacht werden kann, dass alles Eins ist. Ich, Du, Wir sind eine Menschheit, auf einer Erde, in einem Kosmos.

Das Wir-Bewusstsein, die Solidarität, Nachhaltigkeit und Allverbundenheit sind die Werte, die auf unserem Globus, am meisten unterentwickelt sind.

Vergleichen wir die alten daoistischen Werte mit den modernen westlichen Werten so können wir feststellen, dass die ersteren eher in die innere Welt weisen und die zweiten Werte eher nach außen, zur

Welt, gerichtet sind. Nur die Allverbundenheit trifft sich mit dem Eins sein im Dao, als gemeinsames spirituelles Thema, in der Mitte, in der Herzmitte des Menschen.

4.3 Interreligiöse Werte

Der Dalai Lama verlangt: „Ethik ist wichtiger als Religion". Diese Aussage versteht er weltpolitisch. Auf eine gemeinsame ethische Grundlage sollten sich alle Menschen verständigen können, egal welcher Religion sie angehören, auch wenn sie keiner Religion angehören und sie Atheisten oder Agnostiker sind.

Professor Hans Küng (Begründer der Stiftung Weltethos) hat alle großen Weltreligionen auf ihre ethischen Gemeinsamkeiten hin untersucht. Auch Küng fand in den Weltreligionen fünf gemeinsame Werte für eine globale Menschlichkeit. Das Parlament der Weltreligionen hat diese gemeinsamen ethischen Werte feierlich beschlossen und stellt vorab zwei Forderungen:

1. Keine neue Weltordnung ohne einen Weltethos.
2. Jeder Mensch muss menschlich behandelt werden.

Dann werden fünf Verpflichtungen formuliert:

- Verpflichtung auf eine Kultur der Gewaltlosigkeit und der Ehrfurcht vor allem Leben
- Verpflichtung zu einer Kultur der Solidarität und eine gerechte Wirtschaftsordnung
- Verpflichtung zu einer Kultur der Toleranz und ein Leben in Wahrhaftigkeit
- Verpflichtung auf eine Kultur der Gleichberechtigung u. Partnerschaft von Mann und Frau und zwischen den Menschen
- Wandel des Bewusstseins

Ausführliche Fassung siehe: https://www.weltethos.org/1-pdf/10-stiftung/declaration/declaration_german.pdf

Da wohl die meisten Zen-Übenden im Westen mehr oder weniger durch unsere christliche Kultur geprägt oder beeinflusst sind, werden nachfolgend die gemeinsamen ethischen Werte der Weltreligionen auf kurze Weise christlich/weltlich interpretiert. Natürlich ist jeder aufgefordert, dies entsprechend seiner persönlichen Einstellung anders, bzw. in seinem Sinne zu tun.

Gewaltlosigkeit und der Ehrfurcht vor allem Leben: Eine Kultur der Gewaltlosigkeit fängt in der Erziehung und in der Sprache an und meint Frieden zwischen den Menschen und einen nachhaltigen und schonenden Umgang mit der Natur (Tieren, Pflanzen, Wasser, Energie und Bodenschätzen).

Solidarität und eine gerechte Wirtschaftsordnung: Eine Kultur der Solidarität und eine gerechte Wirtschaftsordnung verpflichtet alle Menschen auf ein soziales Handeln. Es handelt sich aber auch um ein Recht, das eingefordert werden sollte. Der Papst spricht von „Barmherzigkeit“ (ein altes, oft missverstandenes Wort) und meint damit Großzügigkeit und Großherzigkeit denen gegenüber, die Nichts oder sehr wenig haben, die aber ihr Recht auf Solidarität (Geschwisterlichkeit) auch einfordern sollen.

Toleranz und ein Leben in Wahrhaftigkeit: Eine Kultur der Toleranz und Wahrhaftigkeit im Umgang miteinander ist nicht immer einfach. Papst Franziskus ist der erste Papst, der die kapitalistische Weltordnung eindeutig mörderisch und den Umgang mit der Natur zerstörerisch nennt. Er fordert, den Glauben an die Entwicklungsfähigkeit des Menschen nicht aufzugeben. Die Hoffnung zu bewahren, dass sich die Welt zum besseren ändern kann. Und die Liebe zu den Menschen und allen Wesen als das höchste Gut zu pflegen. Hier spricht er die drei christlichen Tugenden an: Glaube, Hoffnung und Liebe.

Gleichberechtigung und Partnerschaft von Mann und Frau: Partnerschaft und Gleichberechtigung zwischen Mann und Frau (hier ist die Evangelische Kirche eindeutig weiter als die katholische) und zwischen allen Menschen und in allen menschlichen Belangen muss das Ziel sein. Mit dem Thema Gleichberechtigung und Sexualität partnerschaftlich umzugehen, haben wohl nicht nur alle Religionen, sondern auch der nichtreligiöse Teil der Menschheit einen großen Nachholbedarf.

Wandel des Bewusstseins: Ein Wandel des Bewusstseins erfordert eine Offenheit für das Ausloten der menschlichen Wahrnehmungstiefe in allen Formen der Meditation und eine Freiheit und Offenheit für eine tiefe authentische, erfahrungsorientierte Spiritualität.

4.4 Integrale spirituelle Werte

Alle oben dargestellten fünf Aspekte beschreiben jeweils vier Perspektiven (vier Quadranten). Die subjektive Innenwelt der Ich-Perspektive, die subjektive Innenwelt der Wir-Perspektive, die objektive Außenwelt der Ich-Perspektive (ES) und die objektive Außenwelt der Wir-Perspektive (von Wilber auch ES Mehrzahl oder Sie genannt). Der fünfte Aspekt, die Mitte, nimmt eine Sonderstellung ein. Er verbindet alle vier Perspektiven (alle vier Quadranten – bzw. oben und unten, links und rechts) zu einer integralen Ethik, die alle subjektiven und objektiven Perspektiven und Erfahrungen zu einem Ganzen verbindet. Die Ich- und Wir-Perspektive legt die subjektiven Werte und Normen des Einzelnen und einer Gruppe fest. Die Sie- und Es-Perspektive gibt die objektiven Fakten der äußeren wissenschaftlichen Sichtweise wieder.

Wir können uns also an Hand der vier Quadranten selbst ein Wertediagramm erstellen (siehe Grafik) und alle oben dargestellten und unten noch folgenden Werte in diese Grafik einordnen und die Grafik durch unsere eigenen Werte ergänzen.

Die Grafik stellt zudem die drei großen Entwicklungsebenen dar, die in alle vier Quadranten weisen: Mythische Entwicklung (vorrational), rationale Entwicklung und transrationale, integrale Entwicklung. Integrale Entwicklung schließt mythische und rationale Entwicklung in sich ein, integriert sie. Mythisch entwickeltes Bewusstsein versteht Rationalität nicht und Rationalität verteufelt oft mythisches und mystisches Bewusstsein, und verwechselt und vermischt beides, so Wilber.

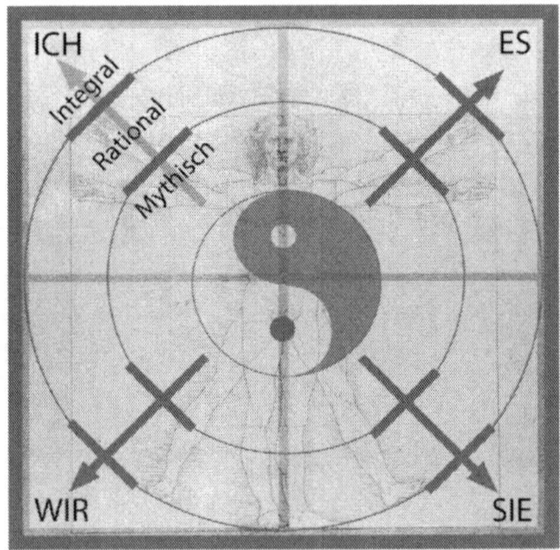

Vier Aspekte integraler Entwicklung

Abb. 6: Vier Aspekte integraler Entwicklung

Wenn es uns um eine spirituelle, integrale Entwicklung von tiefer innerer Freiheit (Ich) und Verbundenheit (Wir - Verantwortung für das ganze Leben) geht, die über konventionelle Werte hinaus zu postkonventionellen Werten führt, dann werden Werte wie Entscheidungsfreiheit, fachliche Kompetenz und selbständiges Urteilen sehr wichtig. Je mehr integrale Werte beginnen zu reifen und sich vertiefen, so in Anlehnung an Wilber, fühlen wir auch für andere und es entsteht eine liebevolle Fürsorge, verbunden mit dem Wunsch andere zu führen und ihnen zu dienen. Es entsteht leidenschaftliche Lebendigkeit, Fürsorglichkeit, Ehrlichkeit, Authentizität, Mut und Demut (im Sinne von Bescheidenheit), Neugier am Leben, Intelligenz, Leichtigkeit, Großzügigkeit und Herzlichkeit. Das führt zu immer mehr innerer Freiheit (als Chance) und immer mehr innerem Glück (zu einem tiefen inneren Wohlbefinden und zu Zufriedenheit).

Jeder ist frei sich nach seinen Vorstellungen und Möglichkeiten zu entwickeln und zu entfalten. „Integrale Ethik“, so Wilber, „maßt sich nicht an uns vorzuschreiben, wie wir leben oder welche Antworten auf unsere moralischen Fragen wir haben sollen. Vielmehr gibt sie uns einen Bezugsrahmen für das Nachdenken darüber, wie wir nach bestem Vermögen leben und moralische Entscheidungen treffen können.“ … „Integrale Ethik verweist auch auf die Bereiche unseres Lebens, in denen wir schwierige und komplizierte Entscheidungen sowie differenzierte Urteile darüber fällen müssen, was richtig und falsch, akzeptabel und inakzeptabel sowie oft zwangsläufig auch ziemlich widersprüchlich ist. Es geht hier um den Kampf mit moralischen Dilemmas in Politik, Sexualität, Gesundheit, Beziehungen, Arbeit, Finanzen und manchmal auch in Situationen auf Leben und Tod.“

4.5 Werte in der Übungspraxis

Nun aber zurück zu unserer Übungspraxis: Können traditionelle, buddhistische, moderne westliche und interreligiöse Werte in das Üben von Zen einfließen? Findet das Vertiefen dieser Werte in der Übungs-Praxis nicht automatisch statt? Oder müssen wir gezielt darauf achten, bzw. diese Werte im Alltag reflektieren, um sie im Leben authentisch verwirklichen zu können?

Als Übende können wir uns fragen, ob sich diese Werte beim Üben körperlich, geistig, energetisch in uns abbilden? Kann ich sie wahrnehmen bzw. kann ich sie spüren oder fühlen, damit ich entsprechend handeln kann? Im Daoismus gibt es den Dreiklang: Erde, Mensch und Himmel. Ich möchte diesen Dreiklang hier um zwei Handlungsaspekte ergänzen, um die rechte und die linke Hand. So sind wir wieder bei fünf körperlich-geistig-energetischen Aspekten des Übens (siehe Abb. 7):

- Erde (Füße und Bauchzentrum)
- Mensch (Herzzentrum und Mitte)
- Himmel (Scheitelpunkt und Kopfzentrum)
- Rechte Hand (Punkt der „aktiven“ Arbeit)
- Linke Hand (Punkt der „passiven“ Arbeit)

Nachfolgend eine kurze Interpretation des Zusammenfallens von buddhistischen und modernen westlichen Werten:

Erde: Sie steht für Körper, die Verbindung nach unten, „Füße“ und „Bauch“, Natur, Umwelt, Ressourcen. Hier verbindet sich der buddhistische, eher innerliche Wert von **Mitgefühl** mit dem modernen, eher äußerlich praktischen, westlichen Wert der **Nachhaltigkeit.**

Himmel: Er steht für „Kopf“, Geist, Verstand, Erwachen, Spiritualität, religiöse und kulturelle Werte. Auch hier verbindet sich der nach innen gerichtete Wert der **Gleichmut** aus dem Buddhismus mit dem eher nach außen gerichteten westlichen Wert der geistigen **Freiheit.**

Rechte Hand: Sie steht für Geben: Arbeit, Dienstleistung, angemessenes wirtschaftliches und soziales Handeln. Hier verbindet sich der eher äußere westliche Wert der **Gleichheit** (z.B. aller Menschen vor dem Gesetz) mit dem buddhistischen inneren Wert der **Mitfreude.**

Linke Hand: Sie steht für Nehmen: Ergebnis der Arbeit, Einkommen (Produkte, Dienstleistungen), Anerkennung, Liebe und Zuwendung bekommen. Auch hier treffen sich westliche **Solidarität** (rechtes Handeln, Geschwisterlichkeit, Brüderlichkeit) mit der buddhistischen **Güte.**

Mensch: Er steht für die Mitte, das „Herz“ (Herz-Geist), Stille, Ruhe, Wuwei, Erwachen und die Verbundenheit mit Allem. Und in der Mitte zwischen allen Polaritäten von Yin und Yang (oben und unten, rechts und links) treffen sich dann, die eher westlich-weltlich formulierte Erfahrung von **Allverbundenheit** mit dem buddhistisch-spirituellen **Erwachen.**

Auch die interreligiösen, eher praktisch formulierten Werte kann man den fünf Hauptrichtungen zuordnen. Erde und Himmel, rechte und linke Hand und Mitte:

Die Erde ist dann die „Gewaltlosigkeit und die Ehrfurcht vor allem Leben“. Der Himmel die „Toleranz und ein Leben in Wahrhaftigkeit“. Die rechte Hand die „Gleichberechtigung und Partnerschaft von Mann und Frau“ und die linke Hand die „Solidarität und eine gerechte Wirtschaftsordnung“ und die Mitte ist der „Wandel im Bewusstsein“.

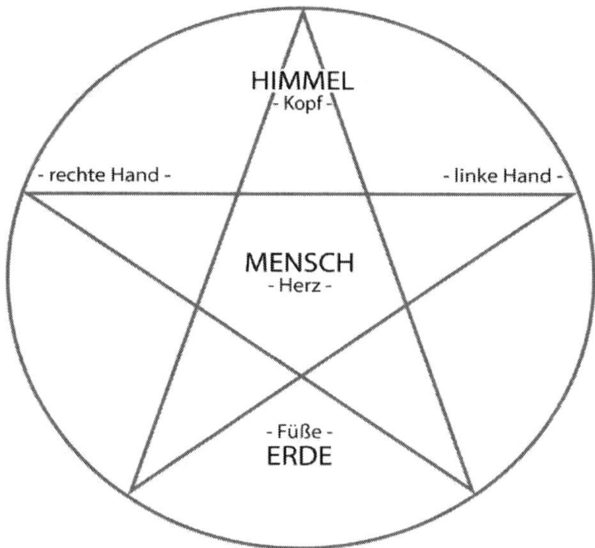

Abb. 7: Werte authentisch verinnerlichen

4.6 Persönliche Integration von Werten

Zugegeben, sowohl die buddhistischen, als auch die modernen westlichen Werte oder die interreligiösen, bilden lediglich ein sehr allgemeines, abstraktes (aber grundlegendes) Raster für jeweils fünf Aspekte oder „Richtungen“ ab: Oben und Unten, Rechts und Links und in der Mitte. Jedoch: wenn sich die Mitte dreht, gibt es auch Vorn und Hinten und die Diagonalen - und wenn die Hände sich bewegen, kann es auch Diagonalen nach unten und oben geben. So entsteht in der Bewegung eine Kugel in der sich differenzierte persönliche Werte und Wertvorstellungen abbilden und integrieren lassen.

Im Zen geht es um immer mehr an Bewusstheit: Körperbewusstsein, ruhigen Atem, energetische Wahrnehmung und geistige Stille. Was hat das mit Werten zu tun? Alles Üben dient der Umsetzung der

Präsenz, Wachheit und Achtsamkeit im Alltag. Die oben vorgestellten Werte spielen im Alltag des Lebens, im Zusammenleben und Arbeiten mit den Mitmenschen und im Kontakt mit allen lebenden Wesen eine wichtige Rolle.

Mein Vorschlag ist, sich in einer aufrechten Haltung hinzustellen, die Arme auszubreiten und sich die genannten Werte zu vergegenwärtigen. Wir sprechen davon, uns etwas einzuverleiben, damit ist nicht nur die menschliche Nahrung gemeint. Sondern es kann sich auch um Wissen handeln, es können Erfahrungen sein oder es können eben auch ethische Werte sein, die wir uns einverleiben können. Der Leib, das alte Wort, steht im westlichen Sinne für Körper, Geist und Seele. Gemeint ist hier also, sich die Werte in dem Sinne einzuverleiben, dass sie authentisch gelebt werden können, und sich unsere Selbststeuerung von innen heraus gestaltet. Dies ist sicherlich nicht ganz einfach und für jeden Einzelnen eine Herausforderung, die viele Chancen und Hindernisse in sich birgt und den Meditations- und Zen-Unterricht für Lehrer und Schüler auf ganz neue Art und Weise herausfordert und vertieft. *Wenn das in vielen kleinen Schritten und durch viele Wiederholungen gelingt, könnte jeder Zen-Übende zu einem geistigen Kraftfeld werden.*

4.7 Persönliches Glück und die Glücksforschung

Fangen wir wieder von vorne an: Glück gehabt, Pech gehabt; gut gelaufen, schlecht gelaufen; einfach Klasse, so ein Mist. Die Spirale der Entwicklung durch die hellen und dunklen Seiten des Lebens nimmt ihren Lauf.

Aber was können wir unter wahrhaftigem Glück verstehen? Gemeint ist ein Glückszustand jenseits von Glück und Pech, eine innere beständige Verfassung. Eine innere Verbundenheit mit einer tieferen Dimension des Lebens, die alles nimmt, wie es kommt, alle hellen und dunklen Seiten des Lebens. Ein inneres Wohlbefinden, eine innere sichere Zufriedenheit mit dem was ist, egal wie es gerade ist. Die Glücksforschung beschäftigt sich mit solchen Zuständen.

Die Glücksforschung kann auch als ein Teilgebiet der Salutogenese-Forschung gesehen werden. Der Forschung, die sich mit den Bedingungen von Gesundheit beschäftigt (Komplementärbegriff: Pathogenese. Sie forscht als schulmedizinische Disziplin nach den Bedingungen von Krankheit). Das Glück, das hier gemeint ist, kann also am besten mit einem inneren Zustand von Wohlbefinden und Zufriedenheit beschrieben werden.

Die Glücksforschung hat herausgefunden, dass Menschen, die Ihr Leben an allgemeingültigen menschlichen Werten ausrichten und danach leben, glücklicher sind. Kann also die Ausrichtung von Taiji (Taijiquan und Qigong) an den alten daoistischen Werten, den inneren Glückszustand, bei Lehrern und Schülern dieser Disziplinen fördern? Da wir alle im Westen leben, wäre es dann nicht sinnvoll, diese Werte um zentrale westliche Werte zu ergänzen? Und sollten vielleicht noch interreligiöse oder spezielle religiöse und spirituelle (zum Beispiel christliche oder muslimische) Werte hinzugefügt werden, um in diesem Sinne ein glückliches Leben führen zu können? Nach der Glücksforschung scheint es eindeutig so zu sein! Jedoch stellt sie auch fest: Jeder ist seines Glückes Schmied. Jeder muss selbst entscheiden, welche Werte für ihn wichtig sind! Die oben dargestellten daoistischen, modernen westlichen und interreligiösen Werte können jedoch eine sehr allgemeine (jedoch grundlegende) Anregung sein, seinen eigenen Werte-Kanon zu finden.

4.8 Persönliche und gemeinschaftliche Werte

4.8.1 Persönliche Werte

Wenn es in einer Zen-Gruppe um eine Auseinandersetzung mit diesen Werten geht, sollte jeder Schüler und jede Schülerin seine persönlichen Werte ganz eigenständig, individuell und differenziert ausformulieren und gestalten. Eine Möglichkeit wäre mit den modernen westlichen, eher praktisch ausgerichteten Werten zu beginnen (die quantitativ fassbar sind). Anschließend gegebenenfalls die interreligiösen eher praktischen ethischen Werte zu reflektieren. Zum Schluss dann die buddhistischen (oft nur qualitativ fassbaren) spirituellen Werte prüfen und formulieren und in das integrale Raster der Quadranten einzufügen.

Dazu ein paar Fragen, die bei der Formulierung helfen und die jeder für sich selbst beantworten kann: Wie verändert sich meine Selbstwahrnehmung, wenn ich bestimmte Werten verinnerliche? Was sind meine inneren Gefühle und Erfahrungen dabei? Was verändert sich durch bewusstes Verinnerlichen beim Üben und in meinem Leben? Wie zeigt sich das auch für andere? Engagiere ich mich für andere? Wie verändert sich meine Lebenshaltung Anderen, der Übungsgruppe, meinem Übungsweg oder der Gesellschaft gegenüber?

4.8.2 Werte in der Gemeinschaft

Auch eine Zen-Gemeinschaft kann gemeinsam mit allen Lehrern und allen Schülern versuchen, einen allgemeinen Werte-Konsens zu finden. Dies könnten natürlich ebenso Ausbilder-Teams oder auch Zen-Vereine mit ihren Mitgliedern anstreben.

Noch einen Schritt weitergedacht, wäre es sogar möglich, dass die großen, bundesweit (oder europaweit) agierenden Zen-Vereinigungen oder -Verbände einen gemeinsamen Werte-Kanon formulieren, der Ausgangspunkt für eine Zusammenarbeit sein könnte. Auch hier sollte eine klare Abgrenzung von antidemokratischen Tendenzen erfolgen, egal aus welcher politischen Richtung.

Aus diesen Werten können dann konkrete Ziele abgeleitet werden, deren Zielerreichung sich nach Möglichkeit objektiv messen lässt, bzw. bei subjektiven Zielen, sich über eine Bewertungsskala (von 0 bis 10 oder 0 bis 100) intersubjektiv überprüfen lässt. Aus einer langfristigen Zielorientierung (10 Jahre) können dann mittelfristige Ziele (3 bis 6 Jahre) und kurzfristige Ziele (Jahresziele) abgeleitet werden. Zielzeiträume können z.B. bei Vereinen an Wahlperioden geknüpft sein oder bei Teams von Ausbildern an Ausbildungszeiträume. Eine Umsetzungskontrolle kann dann gegebenenfalls selbst durchgeführt werden. Das setzt jedoch voraus, dass Ziele messbar, möglichst konkret formuliert und vereinbart wurden. An Hand einer entsprechenden Checkliste könnte dann eine Überprüfung und Bewertung stattfinden, die es ermöglicht Zielperspektiven zu korrigieren, bzw. neue und bessere Maßnahmen zu ergreifen und umzusetzen.

Sind diese Überlegungen zu hoch gegriffen und zu weit weg von der Realität? Die großen Verbände haben meist schon Ethik-Richtlinien, aber auf was sind sie ausgerichtet? Vielleicht lohnt es sich, sie nochmal anzuschauen und zu prüfen und ggf. zu überarbeiten? Und sollten nicht auch Schüler, Übungsgruppen, Lehrer, Schulen, Ausbilder und Vereine sich damit auseinandersetzen?

Ich meine ja! Wirkliche Veränderung jedoch, das ist uns aus der Geschichte bekannt, beginnt immer im Kleinen, im Bewusstsein von Lehrern und Schülern und kann sich erst dann in der genannten Weise, schrittweise in kleinen und größeren Organisationen niederschlagen. Aber macht es nicht wirklich einen tiefen Sinn, hier eine Vorreiterstellung einzunehmen?!

5. Zen und Ökologie

Engagement für ein persönliches und klimatisches Gleichgewicht

5.1 Zen und die Gleichgewichtslehre der TCM

Den meisten Übenden von Zen wird bewusst sein, dass der Weg zum Erwachen, aus dem Erfahrungswissen und der Praxis des Zen und damit aus dem Buddhismus kommt. Erwachen bedeutet die Verbundenheit mit allem wahrzunehmen und daher Verantwortung zu übernehmen für alle Lebewesen und den ganzen Globus.

Der Daoismus kennt eine alte Gleichgewichtslehre, die insbesondere in der Traditionellen Chinesischen Medizin (TCM), die auch im Westen bekannt ist, über die Jahrhunderte immer weiter ausgearbeitet wurde. Die Gleichgewichts-Lehre der TCM wurde der Natur abgeschaut. Wissenschaftlich betrachtet ist sie ein kybernetisches System. Der gesunde Mensch wird als eine sich selbst steuerndes und sich selbst harmonisierendes System betrachtet. Dieses Denken wird auch auf Tiere, Pflanzen, Gebäudeplanung, Gartengestaltung, usw. angewendet und kann auch auf den ganzen Globus übertragen werden. Gerät das Fließgleichgewicht in der TCM aus den Fugen, kann der TCM-Arzt über fünf „Regulatoren" Einfluss auf das zu behandelnde „System" nehmen, um es wieder ins Gleichgewicht zu bringen. Die fünf quantitativen und qualitativen Regulatoren werden Wasser, Holz, Feuer, Erde und Metall genannt. Hier kann der Zen-Buddhismus viel vom Taiji-Daoismus lernen. Wir werden später noch darauf zurückkommen.

Die natürlichen Prozesse auf dem Globus waren über Jahrtausende und Jahrhunderte in einem natürlichen Gleichgewicht. Es gab nur relativ geringe Schwankungen. Zu diesen Schwankungen gehörte die sogenannte „kleine Eiszeit". Sie war eine global kühlere Periode mit vermehrten Frostzeiten vom Ende des 16. Jahrhunderts bis in das letzte Drittel des 17. Jahrhunderts. Mit dem Beginn der Industrialisierung begann die Temperatur auf der Erde wieder zu steigen. Manche Wissenschaftlicher machen eine erhöhte Sonnenaktivität dafür verantwortlich, andere den steigenden CO2-Ausstoß durch die immer weiter zunehmende Industrialisierung.

Auch in der westlich, wissenschaftlichen Lehre von der globalen Ökologie, gibt es eine Richtung, die von einem ökologischen Fließgleichgewicht auf der Erde ausgeht. Der Gesundheitszustand eines Menschen in der TCM ist ebenso wie das ökologische Gleichgewicht auf der Erde kein starrer Zustand, sondern verändert sich ständig labil fließend und sich ausbalancierend. Hier treffen sich interessanterweise östliches und westliches Denken. Daoisten haben also schon vor mehreren Tausend Jahren erkannt, was westliche Wissenschaft heute zum Teil bestätigt. Da Ost und West ähnliche systemische Gleichgewichtsmodelle entwickelt haben, sollte interessant sein, was uns westliche Wissenschaft heute zum globalen ökologisch-ökonomischen Gleichgewicht sagen kann.

5.2 Die Krise des globalen Gleichgewichts

Das Leben im Einklang mit der Natur ist heute so sehr bedroht, dass das Überleben der Menschheit an sich in Frage gestellt ist.

Den alten Daoisten war es ein Anliegen, im Einklang mit der Natur zu leben. Das scheint aus heutiger Sicht einfach gewesen zu sein, da zumindest die äußere Natur vor 500, 1000 oder 2000 Jahre noch intakt war. Damals gab es ganz andere Herausforderungen als heute. Ausreichend Nahrung, Kleidung und eine vor der Witterung schützende Wohnung für sich und die Familie zu haben, war nicht selbstverständlich, wie für uns. Im Einklang mit der inneren Natur, suchte der Daoist den Einklang mit der äußeren Natur. Nur so schien es ihm möglich zu sein, seine existenziellen ökologischen, sozialen und wirtschaftlichen Bedürfnisse zu stillen und zu leben.

Heute sieht die globale Welt ganz anders aus: Sie ist gespalten in eine arme (ca. 6,5 Milliarden Menschen) und eine reiche Welt (ca. 1 Milliarde Menschen). Die Menschen in der reichen Welt können sehr viel besser für ihre individuelle Gesundheit sorgen als die Armen. Jedoch trägt die Profitgier der Konzerne der reichen Welt paradoxerweise am meisten dazu bei das globale Gleichgewicht zu zerstören. Hier beginnen die Erkenntnisse der westlichen globalen Gleichgewichtsökologie. Die klimatischen Veränderungen machen es uns bildlich sehr deutlich: Die Erde hat Fieber, sie ist krank. Die Polkappen und die Gletscher schmelzen. Stürme, Unwetter, Trockenheit, Waldbrände und Dürre treten deutlich verstärkt in Erscheinung, ebenso Übersäuerung der Böden, Überschwemmungen an den Küsten und extreme Wolkenbrüche auch dort, wo bisher nicht damit gerechnet werden musste. Sauberes Trinkwasser ist für viele Menschen auf dem Globus knapp und die Ernährungssituation katastrophal. Etwa 1 Milliarde Menschen leidet an Unterernährung. Weitere Anzeichen einer kranken Welt sind das Artensterben, die Verschmutzung und Übersäuerung der Meere, bewaffnete Konflikte, politischer Extremismus, Populismus und das starke Bevölkerungswachstum in den armen Ländern und der Bevölkerungsrückgang in den reichen Ländern.

Die Hauptverursacher des Klimawandels, so Graeme Maxton, wachsen schnell: Es sind die multinationalen Konzerne. Allen voran, die fossile Industrie (an erster Stelle Kohle, Öl und Gas), Auto- und Flugverkehr, Chemie-, Kunststoff- und Zementindustrie und viele andere, sie tragen die Hauptlast für den CO2-Anstieg und die Erderwärmung.

Graeme Maxton, der ehemalige Präsident des „Club of Rome", stellt fest, dass die Menschheit die Grenzen des Wachstums viel zu spät erkannt hat (Siehe Lit.-Verz. zu Kapitel Fünf: Dennis Meadows und Graeme Maxton). Die Auslöser der Klimakrise sind schon längst gesetzt. Sie können nicht mehr verändert werden, weil viel zu spät auf sie reagiert wurde. Die Politik hätte schon vor mindestens 20 Jahren damit beginnen müssen Wirtschaft und Gesellschaft umzubauen. Selbst wenn alle Menschen Europas jetzt nachhaltig leben würden, so Maxton, ist der Klimawandel nicht mehr aufzuhalten. Zudem heizen die Konzerne auf unverantwortliche Weise klimaschädliches Wirtschaftswachstum (und damit den CO2-Ausstoß in die Atmosphäre) in den armen Entwicklungsländern weiter an, anstatt ein umweltfreundliches Wachstum zu fördern.

Das Klima dagegen verändert sich nur langsam, zeitversetzt, aber stetig. Die Klimawissenschaftler sprechen von negativen Rückkopplungsprozessen. Da die meisten Menschen kurzfristig denken und nicht über Generationen, ist es für sie nicht leicht, diese Veränderungen wahrzunehmen. Wenn die Menschheit überleben will, ist es ökologisch jedoch erforderlich, für die nächsten Generationen mitzudenken. Das stellt auch die Demokratie vor ganz neue Herausforderungen, da sie nur in Wahlperioden denkt, aber klimatisch langfristige Ziele verfolgen müsste.

Es kann, so Maxton, nur noch der überlebenswichtige Versuch unternommen werden, die Folgen des Klimawandels abzumildern, einzuschränken und sie für die Menschheit regulierbar und handhabbar zu machen.

Die ökologischen Ressourcen der Erde sind für die schnell wachsende Weltbevölkerung endlich. Das ist leicht einzusehen. Daher ist auch das Wirtschaftswachstum endlich, das zusätzlich durch die schnell wachsende Weltbevölkerung in den armen Ländern weiter angetrieben wird. Wenn alle Menschen auf unserem Globus so leben wollten, wie die Reiche Welt, bräuchten wir mehrere Erden. Darauf hat der Club of Rome schon vor fast 50 Jahren, 1972, sehr deutlich hingewiesen. Das gesamte neoliberale Weltwirtschaftsmodell, das auf Wachstum ausgerichtet ist, muss überdacht, umgestaltet und umgebaut werden (siehe hierzu auch *Thilo Bode*, Die Diktatur der Konzerne, Lit.-Verz. zu Kapitel Fünf). Die Profitgier der Eigner der multinationalen Konzerne treibt jedoch stattdessen die Klimakrise weiter voran.

Wenn die menschliche Körpertemperatur von 38 Grad Celsius auf über 40 Grad Celsius steigt, ist uns klar, dass Lebensgefahr besteht. Wenn die Durchschnittstemperatur der Erde von 15 Grad auf 17 Grad steigt, besteht dagegen Lebensgefahr für die Weltbevölkerung, da das Klima auf sogenannte klimatische Kipppunkte zusteuert und damit das gesamte Weltklima aus dem Gleichgewicht geraten kann.

Klimaforscher weisen uns immer wieder darauf hin, dass sich die Erderwärmung bereits deutlich in Richtung dieser Kipppunkte (plus 2 Grad) bewegt. Dann besteht die große Gefahr, dass das vollständige Schmelzen der Polkappen (bei plus 4 Grad) nicht mehr aufzuhalten ist und der Meeresspiegel um 50 bis 70 Meter anzusteigen droht. Dies kann noch 150 Jahre oder länger dauern, ist aber dann nicht mehr umkehrbar. Schon bei 2 Grad Plus wird der Meeresspiegel um ca. 1 m bis 2035 steigen. Es muss also jetzt sofort damit begonnen werden die Weltwirtschaft (insbesondere die globalen profitorientierten Konzerne und Finanzakteure) und die Gesellschaft umzugestalten.

Nach Graeme Maxton haben wir noch (ab 2024 gerechnet) 16 Jahre Zeit (bis 2040), um diese Katastrophe für die Menschheit auszubremsen und in handhabbare Bahnen zu lenken. Dafür muss gehandelt werden, und zwar JETZT. Wenn die Politik nicht selbst aktiv wird, können nur die Menschen, die diese große Gefahr erkennen, für die nächsten Generationen aktiv werden und ihr Handeln massiv durch Demonstration und Streik einfordern.

Der ökologische Fußabdruck (der Ressourcenverbrauch) der Menschheit muss drastisch verringert werden, wenn eine *global, stabile Gleichgewichts-, bzw. Kreislauf-Ökonomie* angestrebt werden soll. Der „global ecological footprint“, der globale ökologische Fußabdruck beträgt zum Beispiel für Deutschland 5,5 gha (globale Hektar pro Person), für Europa 4,9 gha, für die Arme Welt 0,6 gha und für die ganze Welt 2,8 gha. Ökologisch vertretbar sind jedoch für die ganze Welt nur 1,7 gha. Die Reiche Welt lebt also schon weit über 60 Prozent über das für alle Menschen vertretbare Maß. Die Reiche Welt plündert damit die Ressourcen der armen Welt und der nächsten Generationen.

Es braucht eine neue *ökologisch-soziale Bewegung* quer durch alle Parteien, die sich für die nächsten Generationen, unsere Kinder und Kindeskinder engagiert. Es geht nicht nur um ihre sozialen und wirtschaftlichen Möglichkeiten, sondern um das Überleben der Menschheit an sich und um eine menschlichere Welt. Die Schüler der Fridays for Future-Bewegung machen es uns vor und beschämen die Ökonomen der Wegwerf- und Verschwendungswirtschaft, die multinationalen Konzerne, die globalen Finanzakteure und die Wohlstandsbürger der reichen Welt. Wir brauchen dringend eine fundamental neue Kreislauf- und sozial-ökologische Gleichgewichtsökonomie mit neuen Werten und einer neuen Sinnorientierung.

5.3 Leben im Einklang mit der Natur

Dazu könnte ein daoistisches Denken und Handeln der Zen-Szene viel beitragen.

Die Gleichgewichtsphilosophie der TCM-Lehre, die auf der individuellen Ebene ergänzend zur Schulmedizin erfolgreich angewendet wird, muss auf die globale Ebene übertragen werden. Das große Problem ist jedoch, dass es keinen globalen Therapeuten gibt, der die Erde entsprechend behandeln könnte, damit sie wieder „gesund" wird. Dies würde voraussetzen, dass für die Menschheit als Ganzes, die Mitglieder der UNO, sich auf ein „wissenschaftliches TCM-Konzept" einigen könnten, um die Ursachen der Krise zu beheben. Davon sind wir jedoch weit entfernt.

Machen wir uns die Ursachen der „Krankheit" noch einmal kurz zusammengefasst bewusst und unternehmen den Versuch sie auf vereinfachte Weise in Verbindung mit den Wandlungsphasen zu beschreiben:

- Eine schnell wachsende Weltbevölkerung in den armen Ländern (die ohne sauberes *Wasser* nicht leben kann),
- erfordert einen wachsenden Nahrungsmittelbedarf (die *Erde* kann nur eine begrenzte Zahl von Menschen nähren),
- dadurch wächst die Industrieproduktion rasant an (*Holz* steht für das Wachstum der Industrie),
- dadurch wiederum wäschst der Ressourcenverbrauch rasant (*Metall*, also Kohle, Öl, Gas und Metall und seltene Erden werden vermehrt abgebaut und verbraucht, auch sie sind begrenzt),
- als Folge nimmt die Umweltverschmutzung weiter zu und der CO2-Ausstoß wächst weiter an, so dass der Klimanotstand vorangetrieben wird (die Erderwärmung steigt weiter an, *Feuer)*!

Die hier beschriebenen, sich verstärkenden und überbordenden fünf ökonomischen Faktoren eines globalen Wirtschaftskreislaufes, ähneln einem wuchernden Krebsgeschwür, dem schwer Einhalt zu gebieten ist.

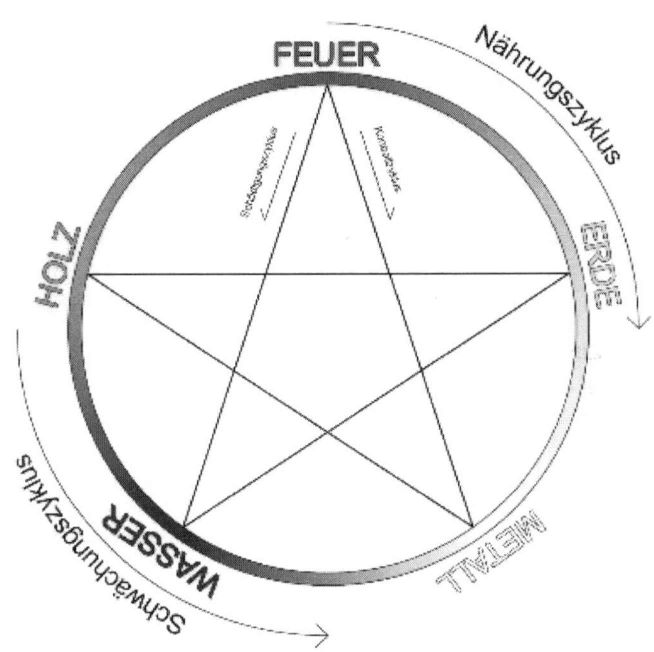

Abb. 8: Das Gleichgewichtsmodell der TCM

Der ökonomische Zyklus beschreibt einen Zerstörungs- (*Auflösungs-, Verletzungs-)Zyklus,* wie in der *TCM: Wasser, Erde, Holz, Metall, Feuer,* der nicht in der richtigen Reinfolge verläuft. Es ist kein Unterstützungskreislauf. Im dargestellten Zyklus heizen alle fünf Wandlungsphasen, wesentlich bedingt durch die profitorientierte neoliberale Wachstumsphilosophie, die Erdatmosphäre und damit den Klimanotstand gemeinsam weiter an. Der Gesamtprozess, wie oben in groben Zügen verdeutlicht wurde, ist selbstverständlich sehr viel komplexer. Aber er wirft einen erhellenden Blick auf den globalen Notstand!

Beim vollständigen Schmelzen der Polkappen gehen Wissenschaftler davon aus, dass nur 500 Millionen bis 2 Milliarden Menschen, von den bis 2050 auf 10 Milliarden angewachsenen Weltbevölkerung, überleben können. Was das für die Menschheit bedeuten würde, mag man sich gar nicht vorstellen. Graeme Maxton beschreibt das in seinem Buch sehr nachdrücklich. Kann es bei diesem Katastrophen-Szenario, das uns schnell in eine Weltuntergangsstimmung versetzen kann, überhaupt noch möglich sein, eine große Klima-Katastrophe in der Zukunft zu vermeiden?

Es kann nur gelingen, wenn es weltweit möglich ist, die Menschen davon zu überzeugen, dass die politisch Verantwortlichen JETZT handeln müssen. Das alle menschlichen, kreativen und technisch ökologischen Möglichkeiten genutzt werden müssen, um eine drohende Katastrophe abzuwenden. Eines der größten Probleme ist jedoch, dass die arme Welt nicht so leben kann, wie es ihr die reiche Welt (als schlechtes Vorbild) vormacht! Die am Profit orientierten internationalen Konzerne treiben aber nach wie vor genau diese Entwicklung in den armen Ländern voran. Einerseits muss der ökologische Fußabdruck in der armen Welt umweltverträglich angehoben werden und in der reichen Welt mit neuen Technologien deutlich verringert werden. Andererseits muss über weitere Mindeststandards, wie maximale Standards für alle Menschen nachgedacht werden.

Hier wäre die geistige Kraft von Zen-Praktizierenden gefragt. Da Zen sich weltweit ausgebreitet hat, könnte es auch weltweit agieren und sich einsetzen (ähnlich dem friedfertigen, engagierten Buddhismus nach Thich Nhat Hanh), wie natürlich auch viele andere nationale und globale Organisationen. Könnten Zen-Praktizierende nicht tatsächlich, mit ihrer Kenntnis der Wandlungsphasen, ein für alle Menschen leicht nachvollziehbares, hilfreiches Verständnis zu einem globalen sozial-ökologisch-ökonomischen Gleichgewicht vermitteln?

Eine Gleichgewichtsökonomie muss in der Lage sein, die Bedürfnisse der Menschen nach Nahrung, Kleidung, Wohnung, Bildung, Kommunikation, Mobilität, usw. auf gerechte Weise zu erfüllen und ihnen eine Perspektive von Lebenssinn zu ermöglichen. Fortschritt kann nicht rein monetär ökonomisch am Bruttosozialprodukt gemessen werden. Neue Formen von wohnort- und gemeindenahen, sinnvollen Möglichkeiten demokratischer Teilhabe müssen ebenso entwickelt werden, wie zwischen Nationalstaaten, Kontinenten und damit auf dem ganzen Globus.

5.4 Ein globales ökologisch-ökonomisches Gleichgewicht

Das Verständnis der fünf Wandlungsphasen und die innere Qi-Kraft könnte jeden Taijiquan- und Qigong-Übenden dazu bewegen, auf allgemeinverständliche Weise aufklärend und sich engagierend tätig zu werden. So könnte die Taiji-Szene einen Beitrag leisten, um den Globus für die Menschheit auf eine lebenswerte Weise zu erhalten. Versuchen wir daher uns die äußere ökologische Ökonomie im nährenden Zyklus der Wandlungsphasen einmal zu vergegenwärtigen. Fangen wir mit der Erde an:

Erde: Sie hat Grenzen. Die Aufnahmefähigkeit von Menschen ist daher begrenzt. Es ist leicht einzusehen, dass Geburtenkontrolle für die arme Welt von existenzieller Wichtigkeit ist, da auch der Anbau von Nahrungsmitteln begrenzt ist.

Die Artenvielfalt von Pflanzen und Tieren muss weitestgehend erhalten bleiben, da wir in gegenseitiger Abhängigkeit voneinander leben. (Das Beispiel mit den Bienen macht es deutlich: Ohne Bienen und Insekten keine Bestäubung der Samenpflanzen mit Pollen.) Umweltverschmutzung muss abgebaut werden und die natürliche Umwelt, so weit wie möglich, erhalten bleiben. Die Menschen müssen sich die Frage stellen, was ihr Lebenssinn ist und nach welchen allgemeinverbindlichen Werten sie leben und überleben wollen.

Metall: der Abbau von Bodenschätzen und das Abholzen von Wäldern ist ebenfalls begrenzt. Irgendwann ist alles verbraucht. Daher muss die rein profitorientierte Ausbeutung von „Mutter Erde“ gestoppt werden. Recycling-Systeme, die es noch viel zu wenig gibt, müssen auf allen Ebenen ausgebaut werden. Die Digitalisierung von Technik und Kommunikation ist dazu in der Lage eine neue Form von sinnvollem Fortschritt, wie Miet- und Leihsystem zu ermöglichen.

Wasser: Sauberes Wasser ist zum Überleben der Menschen unabdingbar. Daher müssen alle Flüsse, Seen, die Meere und das Grundwasser weltweit geschützt werden und für alle Menschen zugänglich sein. Auch zur Nahrungsproduktion ist sauberes Wasser unerlässlich.

Wasser ist zudem ein verbindendes Element, da es über die Wolken und den Regen die Grenzen der Länder und Kontinente überschreitet und deshab für alle Menschen existenziell ist.

Holz: Alles Grün, die Pflanzen, Sträucher und Bäume sorgen für Sauerstoff (O2), die Tiere und Menschen zum Leben brauchen. Auch der Sauerstoffgehalt der Luft ist über das Klima ein weltweit existenziell verbindendes Element. Das Abholzen von Bäumen und Regenwäldern muss also weltweit begrenzt und gestoppt werden.

Feuer: Der menschengemachten Erderwärmung, durch den zunehmenden CO2-Ausstoß der Industrieproduktion, muss Einhalt geboten werden. Energiegewinnung muss durch erneuerbare Energien wie Biogas-, Wind-, Wasser- und Sonnenenergie klimaneutral erfolgen. Von Franz Alt gibt es einen Buchtitel: "Die Sonne schickt uns keine Rechnung."

Die aufgeführten Punkte sind nur ein grober Abriss, der Wandlungsphasen (siehe oben), um darzustellen, dass es möglich ist sie auch auf den Globus zu übertragen.

Nach Graeme Maxton ist das Augenmerk insbesondere auf das Agieren der globalen Konzerne zu richten. Viele davon haben ihren Sitz im Westen, auch in Deutschland, wie VW, BMW, Allianz, Bosch, Siemens, Telecom, Bayer/Monsanto, BASF, RWE, usw. Sicherlich ist es auch wichtig, auf den eigenen ökologischen Fußabdruck zu achten, dies wird aber auf die globale Klimakrise selbst nur einen sehr beschränkten Einfluss haben. Der wichtigere Einfluss ist, dass dadurch eine Vorbildfunktion für die arme Welt im Süden entstehen könnte, damit nicht dort dieselben Fehler gemacht werden, wie im sogenannten entwickelten Norden.

5.5 Was kann ich persönlich tun

Graeme Maxton hat in seinem Buch "Chance" eine lange Liste von Maßnahmen für alle Berufsgruppen zusammengestellt. Er macht viele Vorschläge, doch gesteht er sich auch ein, dass er keine Patentlösung bieten kann. Dafür ist die Gesamtproblematik zu komplex und die Herausforderungen an die Menschheit zu groß.

Alle Populisten, die nach einfachen Lösungen suchen, liegen leider in der Regel völlig falsch. Komplexe Probleme können nur mit komplexen Maßnahmen gelöst werden, wenn menschliches Leben in zukunftsweisende Richtung erhalten bleiben soll. Alle einfachen Lösungen lassen die Welt als Ganzes in Ihrer Entwicklung erstarren oder zurückfallen. Entwicklung geht immer hin zu mehr Komplexität und mehr Integration, die dann erforderlich ist: Vom Einzeller, zum Mehrzeller, zur Pflanze, zum Tier, zum Menschen, zur Familie, zur Gruppe, zur Gemeinde, zu immer komplexer werdenden Organisationsformen, bis hin zur ganzen Welt als eine Menschheitsfamilie, die z.B. nur durch eine starke UNO vertreten werden könnte. Wenn dies nicht geschieht, ist zu befürchten, dass die Menschheit in totalitären globalen Regimen endet, die das Überleben der Menschheit mit Gewalt und Zwang zu sichern suchen und sich zudem gegeneinander wenden.

Was kann jeder einzelne im Rahmen seiner Möglichkeiten tun? Hier nur einige Hinweise im Überblick: In erster Linie, gegen nicht nachhaltige Konzerninteressen agieren, durch Streik und Demonstration. Keine Produkte von entsprechenden Konzernen kaufen. Statt Auto, Flugzeug und Schiff – (Elektro)-Fahrrad, -Bus und -Bahn fahren. Flugverkehr so weit wie möglich einschränken. Keine Strecken unter 1000 km fliegen. Haus und Wohnung isolieren, fossilen Energieverbrauch so weit wie möglich vermeiden. Sich gesund ernähren, möglichst wenig Fleisch essen, denn der Fleischkonsum trägt bis zu 20 Prozent zum CO2-Ausstoß in die Atmosphäre bei. Sich politisch engagieren: Als Wähler, Aktionär, Konsument und Aktivist deutliche Reformen für das wirtschaftliche und gesellschaftliche System auf allen Ebenen, die einen wirklichen Fortschritt ermöglichen, einfordern. Jeder Beitrag in dieselbe Richtung zählt!

Was kann Buddhismus und Zen-Praxis heute noch bedeuten? Zen zu praktizieren und sich wie die frühen Daoisten in den Wald und in die Berge zurückziehen, von Wurzeln und Früchten leben und dem Weltuntergang gelassen entgegensehen? Schließlich werden wir ja alle einmal sterben? Vielleicht muss die Menschheit wirklich untergehen oder deutlich schrumpfen, damit ein neues Bewusstsein in einer neuen Menschheit in einem neuen Wesen wachsen kann?

Oder kann Zen und Buddhismus heute auch bedeuten, sich ganz gelassen von innen heraus, zu engagieren, wohlwissend, dass jeder Einzelne es nicht in der Hand hat, was aus der Menschheit wird? Unabhängig davon, ob eine vermehrte Sonnenaktivität das Klima aufheizt, auf die wir keinen Einfluss haben oder ob allein der erhöhte menschengemachte CO2-Ausstoß die Ursache ist.

Natürlich muss jeder Einzelne für sich entscheiden, wie er oder sie handeln will. Ich persönlich bin für die letzte genannte Möglichkeit, im Rahmen meiner Möglichkeiten Verantwortung zu übernehmen und dennoch gelassen bewegtes Taiji (oder Qigong) und sitzende Mediation (Zen und Zuowang) zu üben und auf die absolute Wirklichkeit, das DAO (den Weg) zu vertrauen. Vielleicht könnten sogar Praktizierende der Zen- und Taiji-Meditationen dazu beitragen, diesen Gedanken weltweit mit einem Aufruf, sich öffentlichkeitswirksam für ein „gesundes Weltklima" zu engagieren, verbreiten. In meinem Buch: Mit Freude Leben – Zufriedenheit durch achtsames und ethisches Handeln (siehe Lit-Verz.), mache ich viele Vorschläge für Menschen und Organisationen, die sich mit diesem Thema aktiv auseinandersetzen wollen. Es ist von mir vorgesehen dazu Seminare anzubieten.

5.6 Warum und wie engagiere ich mich

An dieser Stelle erlaube ich mir ein paar persönliche Anmerkungen: In einer Lebenskrise im Jahr 1985 stellte sich mir als ausgebildeter Dipl. Ing. und Dipl. Betriebswirt die Frage nach dem Lebenssinn und meinem zukünftigen Lebensstil. Mir wurden bereits damals die Grenzen meiner technologisch-ökonomischen beruflichen Ausrichtung sehr bewusst. Zudem war ich an die Grenze meiner psychischen und sozialen Belastbarkeit gekommen. Ich entschloss mich schon damals notgedrungen ganz aus dem alten Leben auszusteigen, ohne ein „Aussteiger" zu sein. Ich ließ Familie, Beruf und Arbeit hinter mir und begann ganz von Neuem, aus der Distanz heraus, meine Kontakte zu meiner Familie zu pflegen und mich ganz neu zu orientieren. Es lässt sich denken, dass das nicht ganz ohne Risiken und ohne die Auseinandersetzung mit massiven existenziellen Ängsten möglich war. Wie sichere ich Nahrung, Wohnung und Kleidung, soziale Kontakte und Überlebensfähigkeit? Es ist nicht einfach durch so eine Krise zu gehen. Dass ich diese Veränderung „durchlitten habe“, ist mein persönlicher Beweis, dass radikale Veränderungen möglich sind. Sicherlich ist das nicht eine empfehlenswerte und gute Lösung für alle! Jeder muss selbst entscheiden, was für ihn angemessen und stimmig ist und was er auf Grund seiner eigenen Lebensumstände umsetzen kann, wenn das Leben der nachfolgenden Generationen gesichert werden soll. Mich bewegten die Grenzen des ökonomischen Wachstums schon damals sehr. Ich begann zunächst ehrenamtlich und später hauptamtlich mich in sozial-ökologischen Projekten zu engagieren und damit meine Möglichkeiten der gesellschaftlichen Einflussmaßnahme zu erkunden. Ebenfalls entstand eine tiefe Auseinandersetzung mit mir selbst, mit meinen psychologischen und sozialen Prägungen und meiner Herkunft.

Diese Auseinandersetzung hat schließlich dazu geführt, dass ich zum Lehrer für sitzende und bewegte Meditation geworden bin. Also zum Lehrer für Bewusstseinsentwicklung. Diese Zeit des Suchens, Lernens und Übens, der Auseinandersetzung möchte ich nicht missen. Je größer - auch der zeitliche Abstand - dazu wird, je wichtiger sind mir diese Erfahrungen, die mich geprägt haben und mich zu dem werden ließen, der ich jetzt bin.

Das Mehr an innerer Freiheit, das durch den „Ausstieg“ entstanden ist, das Mehr an Handlungsoptionen, das Mehr an eindeutiger Sinnorientierung, hat auch zu einem immer Mehr an persönlicher Gelassenheit, Zufriedenheit und sogar zu persönlichem Glück geführt. Das möchte ich allen Lesern an dieser Stelle ans Herz legen. Jeder auch noch so kleine Schritt in die richtige Richtung, macht das Leben einfacher, schöner, runder und erfreulicher. Also auf was warten Sie noch? Packen wir es an!

Was heißt all das für mich und meine Partnerin konkret: Ich fahre seit über 20 Jahren kein eigenes Auto, sondern wir sind Mitglied beim StadtTeilAuto Osnabrück und können uns bei Bedarf ein passendes Fahrzeug leihen. Meine Frau hat ihren Camping-Bulli 2010, als wir zusammenzogen, verkauft. Der Fernseher steht seitdem als ungenutztes Gerät auf dem Schrank. Wir fahren Rad, Autobus oder Bahn und empfinden das als Bereicherung und nicht als Einschränkung. Wir informieren uns seriös über das Lesen von Büchern, Zeitschriften und im Internet. Ein Smartphone habe ich nicht, nur ein billiges Notfall-Handy. Die Wohnungsausstattung ist in dem Sinne nachhaltig, als dass sie sehr schlicht und einfach ist und seit 30 Jahren nicht erneuert wurde und auch nicht erneuert werden braucht. In unserer Mietwohnung stand eine Einbauküche mit einer alten Spülmaschine, die jedoch von uns nicht genutzt wird. Wir spülen sparsam alles mit der Hand. Unsere Mietwohnung ist nicht gut isoliert, leider macht der Eigentümer keinerlei Anstalten dies zu ändern. Ökostrom beziehen wir jedoch schon sehr lange von Greenpeace. Unsere Verpflegung wandelt sich immer mehr in vegetarisch-vegan und wir kochen immer mehr selbst: Leichte einfache Nahrung mit viel Gemüse und Salat schmeckt uns am besten. Auf dem Balkon haben wir einen Kräuter- und Gemüsegarten. Wir kaufen auf dem Wochenmarkt, im Bioladen und im Supermarkt verstärkt Bioprodukte. Wohnung, Bad und Küche werden mit Bio-Putzmittel gereinigt und das Badezimmer sind plastikfrei. Wir kaufen wenig neue Kleidung, lassen beim Schneider flicken, und kaufen, wenn notwendig gute Qualität, Biobaumwolle und unterstützen nachhaltige Unternehmen.

Wir sind seit 2018 nicht mehr in den Urlaub geflogen und in den Jahren davor nicht jedes Jahr eine längere Strecke. Ein finanzieller Ausgleich für einen zu großen ökologischen Fußabdruck fließt schon sehr lange in Form von Spenden an soziale und ökologische Einrichtungen und in die Dritte Welt, auch für eine Patenschaft. An eine junge Flüchtlingsfamilie mit drei kleinen Kindern aus Afghanistan haben wir seit 2017 eine Eigentumswohnung vermietet. Wir verstärken unseren Kontakt zu unserem unmittelbaren Umfeld: Mitbewohnern des Hauses, Familie, Freunden, Gleichgesinnten und Schülern und Schülerinnen. Vieles ist noch verbesserungsfähig. Manches lässt sich leider nicht vermeiden, weil wir alle, mehr oder weniger, in den allgemeinen gesellschaftlichen Wachstumswahn, der eine suchtartige Komponente hat, eingebunden sind. Es bleibt eine ständige Auseinandersetzung und Herausforderung. Wir meinen, dies sind Schritte in die richtige Richtung, dennoch sind wir nur ein Zweipersonenhaushalt und weit davon entfernt ein ökologisches Gemeinschaftsprojekt mit Modellcharakter zu sein, so wie Niko Paech es fordert.

6. Übungsanleitung für Zen

6.1 Zen in der Kampfkunst

Ökologisches und gesellschaftliches Engagement

Als Zen ca. 500 n. Chr. nach China kam, traf es auf den Daoismus, aus dem Taijiquan als Kampfkunst hervorgegangen war. Taijiquan gilt als eine sehr feinfühlige und effektive Form der Selbstverteidigung. Es wird gesagt, Zen hätte sich in China gegen den Daoismus nur durchsetzen können, da es eine eigene Form von „Zen in den Kampfkünsten" (Beispiel: Shaolin Gongfu, auch Kungfu) entwickelt hätte, um mit dem Daoismus gleichzuziehen, bzw. ihn in Wettbewerben oder Auseinandersetzungen zu besiegen.

Auch in der heutigen Zeit ist das Shaolin-Kloster in China, auch im Westen, für seine Kampfkünste bekannt. In seiner Nähe haben sich zudem viele Kampfkunst-Schulen angesiedelt. Im alten China waren körperliche Kräfte, die geistig und energetisch effektiv eingesetzt werden können, in den meisten landwirtschaftlichen und handwerklichen Berufen von großen Nutzen.

Dies brachte schon sehr früh einen intensiven Austausch und eine Auseinandersetzung der beiden Kampfkunstrichtungen mit sich. Taijiquan wurde früher oft als Schattenboxen bezeichnet. Darunter kann verstanden werden, sich mit seinen eigenen Schwächen (Steifheit, Unbeweglichkeit, Festigkeit, Undurchlässigkeit, usw.) auseinanderzusetzen. Hierzu siehe unter Kapitel drei (Integrale Entwicklung und Schattenarbeit).

Schattenboxen kann im westlichen Sinne auch psychologisch verstanden werden. Dann geht es darum, sich mit den eigenen unbewussten Seiten, mit seinen Schatten auseinander zu setzen und sich den Schattenseiten zu stellen, sich bewusst zu machen und mit ihnen umgehen zu lernen.

Wirkungen von „Zen in der Kampfkunst“

Menschen, die in erster Linie an Zen als Meditation im Sitzen interessiert sind, haben häufig kein Interesse an Selbstverteidigung. Aber die Zen-Künste der Selbstverteidigung sind auch Achtsamkeitstraining und energetische Wahrnehmungsübung. Der Geist wird geschult und die energetischen Aspekte der Übungen führen zu besserem Verständnis des Energieflusses und der Sitzhaltung im Zen. Zudem, wenn Bewegungen sehr effektiv und gerichtet ausgeführt werden, kann der Energiefluss deutlich wahrgenommen und das Qi (die Lebensenergie) kann mehr zum Fließen und Strömen und ins Gleichgewicht gebracht werden.

Wichtige Prinzipien in den Partnerübungen sind Ausdauertraining, Standfestigkeit, mentale Präsenz und gerichtete Aufmerksamkeit. Ein gesunder, beweglicher Körper mit einer klaren und festen inneren Struktur und ein wacher und aufmerksamer Geist sind Voraussetzungen, um sich effektiv verteidigen zu können.

Die Auseinandersetzung mit dem Selbstverteidigungsaspekt baut zudem Berührungsängste ab, stärkt die Selbstwahrnehmung, das Körperbewusstsein und fördert Selbstvertrauen und Bewusstheit. Nur wer übertriebene Angst abbaut und angstfrei(er) wird, kann sich jederzeit effektiv im Sinne der Zen-Kampfkunst bewegen und ggf., wenn erforderlich auch verteidigen. Da gleichzeitig der Geist trainiert wird, verbessern sich durch stetiges Üben Intuition, Schnelligkeit und Reaktionsvermögen.

Das sitzende Zen ist eine unbewegte Form der Meditation. Um entspannt und locker ohne Schmerzen sitzen zu können, sind bewegte Gesundheitsübungen aus der Zen-Kampfkunst und/oder dem Taiji sehr empfehlenswert um das stille Sitzen vorzubereiten.

6.2 Gesundheitliche Wirkungen

von Zen-Kampfkunst und Taijiquan

Da beide Kampfkunstsysteme in China voneinander lernten und in vielen Aspekten ähnliche Wirkungen zeigen, beziehe ich mich im weiteren Verlauf bei den bewegten meditativen Übungen als Taiji-Lehrer und –Ausbilder auf meine viel besseren Kenntnisse von Taiji (Taijiquan und Qigong):

Der westliche Mensch mit seinen vielfältigen gesundheitlichen Beschwerden sucht eher nach Entspannung, als dass er Kampfkunst lernen möchte, um eine Erschöpfung und einen Burn-Out zu vermeiden. Das Yin- und Yang-Prinzip im Daoismus umfasst immer beide Polaritäten: aktiv in der Welt sein und passiv zur Ruhe kommen, Unten und Oben, Links und Rechts, Vorn und Hinten und kosmologisch gesehen Immanenz und Transzendenz, usw. In der Vorstellung des Daoismus steht der Mensch zwischen Himmel und Erde. Seine Aufgabe ist, das himmlische mit dem irdischen Prinzip zu harmonisieren und selbst zum Weg, zum Dao zu werden. Seine Ethik ist auf das *Wu-Wei*, das Nicht-Handeln, auf das Handeln im Einklang mit dem Dao, mit dem göttlichen Fluss des Lebens gerichtet. Das *De*, die Tugend, die Wirkkraft des Dao, beschreibt das spontane Handeln in der Welt im Einklang mit der eigenen Mitte.

Nachfolgend eine Auflistung der gesundheitlichen Wirkungen des Taiji

Taiji (Qigong und Taijiquan) hat vielfältige gesundheitliche Wirkungen und umfassende Auswirkung auf das gesamte körperlich-geistig-seelische Gleichgewicht des Menschen. Es gibt keine gezielten Übungen (Ausnahme: medizinische Qigong-Übungen zu den fünf Wandlungsphasen) für bestimmte Beschwerden oder Krankheitsbilder. Ziel der Übungen ist immer eine umfassende Harmonisierung und Zentrierung des Menschen auf seine Mitte. Dadurch kommt der ganze Mensch in Bewegung mit all seinen Ideen, Gedanken, Gefühlen, Empfindungen, Handlungen und seiner Körperlichkeit.

Einige wichtige und immer wieder genannte Auswirkungen eines regelmäßigen Übens (mind. 20 Minuten täglich) sind nachfolgend stichwortartig zusammengefasst:

Körperliche Wirkungen

- Stressabbau, Lösung von Verkrampfungen und Verspannungen, vegetative Entspannung
- Der gesamte Bewegungsapparat wird durchgearbeitet, Muskeln, Sehnen, Bänder und Gelenke werden gelockert und entspannt. Das wirkt u. a. gegen Rückenbeschwerden (gegen Probleme mit der Wirbelsäule und mit den Bandscheiben).
- Die Bewegungs- und Koordinationsfähigkeit wird verbessert bzw. die ursprüngliche Beweglichkeit kann wiederhergestellt werden, der Knochenbau wird gestärkt, Arthrosen und Gelenkbeschwerden gelindert und vorgebeugt.
- Die Vitalität wird gesteigert und chronische Krankheitsprozesse können aufgelöst und geheilt werden, die Verdauung wird verbessert und die Immunabwehr gestärkt.
- Herz-Kreislauf-Erkrankungen bessern sich und können geheilt werden, der Blutdruck wird ausgeglichen und Venenerkrankungen wird vorgebeugt
- Der Alterungsprozess wird verlangsamt.

Seelische Wirkungen

- Durch den Abbau von Verspannungen werden gleichzeitig energetische und gefühlsmäßige Blockaden abgebaut, psychische Ausgeglichenheit wird gefördert.
- Psychosomatische Beschwerden wie z.B. Kopfschmerzen, Rückenschmerzen oder andere diffuse Schmerzen können gelindert und geheilt werden.
- Seelische Blockaden, festgefahrene Denkstrukturen und Ängste werden erkennbar und können reduziert, gelindert oder aufgelöst werden.
- Die Atmung wird vertieft, Nervosität und nervöse Erschöpfung abgebaut, das Nervensystem gestärkt und Wohlbefinden und Zufriedenheit aufgebaut.
- Die Vertiefung der Atmung trägt dazu bei Bronchitis, Asthma und sogar Lungentuberkulose (laut Cheng-Man-Ching) zu verbessern und zu heilen.

- Der Energiefluss im Körper wird wiederhergestellt und damit das feinstoffliche Meridiansystem gestärkt. Die Abwehr gegen Erkältungskrankheiten wird gestärkt.

Geistige Wirkungen

- Der Geist wird ruhig, entspannt und leer und gewinnt an innerer Stille und Klarheit. Innere Ruhe und innerer Frieden kehren ein. Das Denken kann leichter eingestellt werden, wenn es nicht benötigt wird. Gleichzeitig gewinnt die Ratio an Klarheit und Präzision.
- Die eigene Lebensphilosophie verändert sich in Richtung Gelassenheit, im Hier und Jetzt zu Sein; achtsamer mit dem Leben und den Mitmenschen umzugehen und mehr Lebensmut und Lebendigkeit zu entwickeln.

Meditative Wirkungen

Taiji bereitet den Weg für innere Erfahrungen. Je besser die äußeren Übungen und Formen der Bewegungsabläufe beherrscht werden, desto mehr kann das meditative Element des Taiji zum Tragen kommen. Nach meist langem, konzentriertem, aufmerksamem und achtsamem Üben werden „Durchbruchs- bzw. Lichterfahrungen“ (auch Erwachen, Aufwachen, Kensho, Erleuchtung und Satori genannt) möglich. Der Übende erfährt einen Zustand von innerer und äußerer Harmonie. Er wird eins mit seinem Tun. Diese Erfahrungen von Ganzheit sind individuell sehr unterschiedlich und können mehr oder weniger stark in die Tiefe gehen. Sie können die Sicht auf die Welt grundlegend verändern und decken den tiefen Sinn des Lebens auf. Nun wird möglich, dass sich das "Samenkorn" entfalten kann, das in jedem Menschen eingefaltet ist. Dazu ist es unabdingbar, Taiji als Übungsweg zu begreifen und die Übungen auch nach solchen Erfahrungen (in angemessenem Umfang) konsequent fortzusetzen. Nur so ist es möglich, sich zum "ganzen Menschen" zu wandeln, geistig und seelisch zu reifen, eins zu werden mit dem DAO und einen dauerhaften Zustand von Einheit, Harmonie, Authentizität und Integration zu erreichen.

Die Verbindung von Aufsteigen (Evolution) und Absteigen (Involution) finden wir auch in zwei zentralen daoistischen Übungen, die auch im Taiji geübt werden: Im sogenannten Kleinen und Großen Himmlischen Kreislauf. Beide Kreisläufe sind Energiekreisläufe, die auch in der Traditionellen Chinesischen Medizin eine wichtige Rolle spielen. Der Kleine Himmlische Kreislauf verläuft um den Rumpf. Er beginnt im unteren Dantian, verläuft zum Dammpunkt nach unten und steigt hinten an der Wirbelsäule nach oben, vom Steißbein bis zum Scheitelpunkt, und sinkt vorn über das obere und mittlere Dantian wieder nach unten zum Bauchzentrum (unteres Dantian). Der Große Himmlische Kreislauf bezieht Arme und Hände, Beine und Füße in die Übung ein. In beiden Übungen geht es darum, energetische Blockaden zu lösen, damit die geistig-seelischen Energien oder das Feinstoffliche, wie die Chinesen sagen, gut zirkulieren und fließen können. Aufsteigende Energien sind also immer mit absteigenden Energien verbunden. Die Energien werden durch die nach oben oder unten gerichtete fließende Aufmerksamkeit des Geistes gelenkt. Diese Übungen können im Sitzen, Liegen oder im Stehen geübt werden. Ebenso ist in den fließenden Bewegungen der Taiji-Formen, die im Stehen ausgeführt werden, ein ständiges Sinken und Steigen der Bewegungen angelegt. Beide Übungsweisen können zur Erfahrung des Einssein mit dem Dao führen, die es mitten im Alltag, mitten im Leben zu verwirklichen und in die Welt zu bringen gilt.

Taiji und Ökologie: Da Taiji im Stehen, in der Gruppe oder zu zweit geübt wird, kann es leicht draußen in der freien Natur praktiziert werden, so wie es in China in der Regel üblich ist. Die langsamen Bewegungen und das Üben in der Natur spricht viele gestresste und überarbeitete Menschen im Westen mehr und mehr an. Das Üben im Freien ist auch ein Zeichen für die Wiederentdeckung der verschütteten eigenen Natur, der verschütteten eigenen Gefühle, die mit Hilfe des Taiji wiederbelebt und integriert werden können. Es gibt im Qigong Übungen zu den fünf Wandlungsphasen. Das Praktizieren dieser Übungen, bestehend aus fünf Figuren zu Wasser, Holz, Feuer, Erde und Metall, regt dazu an, ein besseres Verständnis für die Naturkreisläufe des Lebens zu entwickeln. (Siehe hierzu mein Buch: Taiji und Daoismus im Westen.) Da der Übende lernt, sich selbst besser zu spüren und wahrzunehmen, dadurch seine Gesundheit stärkt und der meditative Aspekt ihn in eine tiefe Selbst- und Lebenserfahrung führt, hat Taiji das Potential, sich bei uns im Westen zu einem Massen-Volkssport zu entwickeln. Dies kann nur gelingen, wenn es seinen transformierenden spirituellen Charakter nicht verliert. (Auch Taiji im Westen kann zu einer rein sportlichen Angelegenheit degradiert werden, wie es schon in China geschieht.) Wenn es gelingt, die alte geistige Orientierung des Taiji zu erhalten, dann wäre es dazu in der Lage, Wesentliches zur so notwendigen Transformation der Menschen im Westen und Osten beizutragen. Es könnte helfen, viele Probleme zu lösen, die in den nächsten Jahren und Jahrzehnten nicht nur auf die Menschen im Westen, sondern auf die ganze Menschheit zukommen.

Nur wenn wir uns diesem Lebensprozess voll im Nicht-Tun (Wuwei) hingeben, mit Gelassenheit und Humor, im Bewusstsein unserer inneren Allverbundenheit (Göttlichkeit), also Loslassen lernen von unserem Ego, nicht an den äußeren Dingen haften, wird es uns gelingen, den Weg des Lebens (Dao) mit Freude und mit beiden Füßen auf der Erde zu gehen. Wuwei bedeutet Nicht-Tun, Handeln, ohne zu handeln: Handeln im Bewusstsein unserer Endlichkeit und inneren Göttlichkeit, dem Lauf der Dinge folgen und uns nicht an den äußeren Dingen festhalten, sie aber bewusst zur Kenntnis nehmen. Anders formuliert bedeutet das: Handeln aus der Mitte und der vollen Totalität des Menschseins, des Menschen, der „nach oben“ verbunden ist mit der geistigen Welt und „nach unten“ verwurzelt ist mit der irdischen Welt und vertrauensvoll seinen Weg geht.

6.3 Taiji Haltungs- und Bewegungsprinzipien

Im meditativ und gesundheitlich ausgerichteten Taiji, das ohne Kampfkunsttraining auskommt, spielen Haltungs- und Bewegungsprinzipien, eine große Rolle. Sie wirken auf den ganzen Menschen ein, auf seinen Körper *(Jing)*, seinen Energiehaushalt *(Qi)* und auf seinen Geist *(Shen und Wu)*.

Nach dem Weltbild des Daoismus steht der Mensch zwischen Oben und Unten - Himmel und Erde. Diese Ausrichtung kommt im

Übungsweg des Taiji zur Geltung. Es drückt sich u.a. im Prinzip des *Sinkens* und *Loslassens* aus, das den Kontakt mit den Füßen zur Erde betont. Ein weiteres wichtiges Übungsprinzip ist das *Aufrichten* oder das Gehalten-Sein vom Scheitelpunkt des Kopfes. Das innere geistige Aufrichten nach oben zum Himmel spielt also ebenfalls eine sehr bedeutende Rolle. Das *Zentrieren* in der Mitte, im unteren Dantian, aus der der Übende sich bewegt, stellt die Verbindung zwischen Himmel und Erde, oben und unten in der Selbstverteidigung dar. Das Zentrieren in der Mitte im spirituellen Sinne bedeutet, sich im mittleren Dantian (Herz-Chakra) zu verankern. Hier treffen sich Oben (bewusster leerer Geist) im oberen Dantian (Stirn-Chakra) und Unten im unteren Dantian (entspannter Körper) in der Mitte, um im Alltag sinnvoll zu handeln. Die langsamen Bewegungen deuten schon darauf hin, dass als fünftes Prinzip das *Fließen* der Bewegungen von Bedeutung ist, denn durch die Langsamkeit können sich Atemrhythmus und Bewegungsrhythmus verbinden und in Einklang fallen. So schließt sich der Kreis zum *Loslassen.*

Die fünf zentralen Haltungs- und Bewegungsprinzipien *Sinken, Aufrichten, Zentrieren, Fließen und Loslassen* können vielfältigen Aspekten des körperlichen, energetischen und geistigen Übens zugeordnet werden. Wer sich noch ausführlich und tiefer damit beschäftigen möchte, dem möchte ich mein Buch “Taiji und Daoismus im Westen”, siehe Lit.-Verzeichnis, empfehlen.

Die Haltungs- und Bewegungsprinzipien des Taijiquan

Nachfolgend ein paar wesentliche Hinweise zu den Prinzipien.

1. Sinken

Zu Sinken ist die Voraussetzung für einen festen Stand. Es wird auch von Wurzeln oder Wurzeln schlagen gesprochen um den festen Kontakt zum Boden zu visualisieren. Er ist für die Verteidigung, aber auch für die Sturzprophylaxe wichtigste Voraussetzung. Ohne festen Stand sind zudem keine effektiven kraftvollen Bewegungen möglich. Symbolisch steht Sinken auch für „Erdverbundenheit“.

2. Aufrichten

Das Aufrichten ist nur gegen einen festen Stand möglich, gegen den Boden, gegen die Erde. Erst dann kann ein Aufrichten nach oben möglich werden, so als würde der Scheitelpunkt nach oben gezogen. Symbolisch steht Aufrichten für den Himmel und für Aufrichtigkeit.

3. Zentrieren

Das Zentrieren meint, sich aus dem Bauchzentrum heraus zu bewegen. „Das Becken ist das Rad“ und „die Wirbelsäule ist die Stange“, die durch die Radmitte nach unten zur Erde verbunden ist und um das Rad kann sich die Stange drehen. „Das Bauchzentrum ist das energetische Kraftzentrum“. Das gilt nicht nur symbolisch: Becken, Rumpf und Arme bilden in der Bewegung eine aufeinander ausgerichtete Einheit.

4. Fließen

Das Fließen meint den Rhythmus des Atems, der sich mit dem Setzen der Schritte und der Gewichtsverlagerung verbindet, fließen lassen. Den Atem frei geben, ihn fließen lassen, im Sinne von geschehen lassen, ist das Ziel. Der persönliche Atem (Qi) kann sich so mit dem kosmischen Atem, dem großen Yang-Qi zur Einheit mit dem Dao verbinden.

5. Loslassen

Sinken ist eher mit dem körperlichen Loslassen verbunden. Das eigentliche Loslassen gilt dem Geist. Er soll still, wach und präsent beim Fluss der Übungen oder im Bauchzentrum verweilen. Loslassen meint auch alle Gedanken hinter sich zu lassen und ganz im Hier und Jetzt zu verweilen: Langsam fließende Bewegungen wach und präsent im Augenblick.

Verbindung von Innen und Außen

Auch wenn die fünf zentralen Taiji-Prinzipien getrennt dargestellt worden sind, so sind sie doch nur als Ganzes wirksam. Sie sind so eng miteinander verbunden und miteinander verwoben, dass sie beim Üben der Figuren und Formen des Taiji und beim Üben der Partnerübungen immer alle gleichzeitig Berücksichtigung finden müssen. Nur dann entfalten sie ihre volle Wirksamkeit, das Kreisen und Zirkulieren des Qi im Körper wird immer stärker wahrnehmbar, und die gesundheitlichen und meditativen Wirkungen können sich immer mehr entfalten. So wird ersichtlich, dass die Prinzipien nicht isoliert betrachtet werden dürfen, sondern immer im Zusammenhang mit allen anderen Prinzipien interpretiert und geübt werden müssen, auch wenn man sich zu Übungszwecken auf einzelne Prinzipien konzentrieren kann. So gesehen sind die Haltungs- und Bewegungsprinzipien, je nach Bewegungs-Figur oder -Form (Bewegungsablauf), immer interpretationsbedürftig, um sie vollständig erfassen zu können.

Im Daoismus gibt es den Begriff Taiji-Meister nicht. Er ist in Anlehnung an den Begriff des Zen-Meisters erst im Westen entstanden. Stattdessen wird im Daoismus von *Sifu* (Lehrer-Vater) gesprochen. Der Lehrer, der wie ein Vater den Schüler anleitet, begleitet bzw. führt. Wenn der Lehrer-Vater ein „Unsterblicher" Daoist geworden ist, so bedeutet das, alle Polaritäten verinnerlicht und überstiegen zu haben. Der „Unsterbliche" transzendiert das Andere und das Selbst, so kann er die Integration in das Eine erreichen: Das Dao oder das All-Seiende wird im Tun genauso erfahren wie im Gegenüber. Er begegnet sich immer wieder selbst in den Stärken und Schwächen der Mitmenschen. Im Daoismus spricht man von Herz-Bewusstsein (Xin). Es macht uns sanfter und freundlicher, bescheidener, demütiger, liebevoller, unparteiischer und neutraler; es fördert unsere innere Freiheit, Lebensfreude und Kreativität, macht uns aber auch energiegeladener und kraftvoller, wenn es sinnvoll und notwendig ist. Der Daoist erweitert immer mehr seine Identifikation mit allem, bringt in sich und in seinem Umfeld Himmel und Erde in Harmonie, erkennt seine Einheit mit dem Kosmos und kann so ein „Unsterblicher" werden, der Weisheit und Mitgefühl in die Welt bringt und sich mit dem „Ganzen“ identifiziert.

Es versteht sich von selbst, dass nicht jeder, der meint das Dao und Taiji-Symbol verstanden zu haben, auf der höchsten non-dualen Ebene angekommen ist. In der Regel ist dazu ein langjähriges (lebenslanges) regelmäßiges Üben und an sich arbeiten erforderlich und ein Leben reicht oft nicht aus, um diesen Zustand zu erreichen.

6.4 Vergleich von Zen und Taiji

Der Zen-Weg (im Daoismus Zuowang) und der Taiji-Weg (Taijiquan und Qigong) können auf der Grundlage der Bewusstseinszustände miteinander verglichen werden:

Vergleich von Bewusstseinszuständen im Zen und Taiji

Wach-bewusstsein	Traum-bewusstsein	Tiefschlaf-bewusstsein	Non-duales Bewusstsein
Körper **Grobstofflich**	**Energie** **Feinstofflich (subtil)**	**Geist** **Stofflos (kausal)**	**Einheit** **(absolut)**
Betawellen Alphawellen	Thetawellen	Alphawellen	Wechselnde Wellen
Zen - Buddhismus Kensho	Amida	Satori/Erwachen	Zanmai
Taiji - Daoismus Jing	Qi	Shen/Wu	Einssein mit dem Dao

Abb. 9: Vergleich der Bewusstseinszustände im Zen und Taiji

Auch in den alten Schriften des hinduistischen *Vedanta* werden vier Bewusstseinszustände beschrieben: *Vaishvanara* (Wachzustand), *Taijasa* (Traumzustand), *Prajna* (Tiefschlafzustand) und *Turija* („das Vierte“ – ein überbewusster Zustand von Erwachen). Sie stammen aus dem *Atharvaveda,* das um das zweite vorchristliche Jahrhundert entstand.

Die inneren Erfahrungen im Zen und Taiji entsprechen in etwa äußeren Gehirnwellenmessungen. Aus ihnen wird erkenntlich, um welche Erfahrungsqualität es sich handelt und wie weit der Übende ggf. im Zen bzw. Taiji fortgeschritten ist. (Siehe hierzu auch den Punkt 8.4.2)

Über die Veränderungen der Gehirnwellen beim Üben von sitzender und bewegter Meditation gibt es umfangreiche Untersuchungen. Völlig unabhängig kann ein Fortschreiten auf dem Weg der Meditation durch Gehirnwellenmessungen bestätigt werden.

Häufig wird meditatives Fortschreiten in vier Stufen (Zuständen) beschrieben. Im Zuowang und im Taijiquan wurden die ersten drei Stufen jeweils in zwei unterteilt, so dass daraus sieben Stufen entstanden sind. Sieben Stufen in der Meditation kennen wir auch aus der Yoga-Tradition (sieben Chakren). Vier Stufen gibt es des Weiteren in der christlichen Kontemplation (Via Purgativa, Via Illuminata, Uno Mystica, Ganzheit). Die Entwicklung im Zen wird häufig ebenfalls in vier Stufen beschrieben: Kleines Kensho, Großes Kensho, Amida, Satori (Erwachen) und Einsein mit dem Dao, das keine Stufe mehr ist, sondern die Einheit selbst.

Auch die Sinologin Livia Kohn spricht von vier Ebenen oder Graden des daoistischen Zuowang (Körper, Qi, Shen und Dao) und Thomas Milanowski von einer Transformationskette: *Jing, Qi, Shen und Xu* (Leere). Dies lässt sich (sehr vereinfacht) auch in unsere Sprache übersetzen: *Körper, Energie, Geist und leerer Geist.*

6.4.1 Geistige versus energetische Wahrnehmung

Vergleichen wir nun Zen (Zuowang) einerseits und Taijiquan andererseits in Bezug auf ihre Unterschiede, so wird sehr schnell deutlich, dass die Schwerpunkte in Bezug auf die innere Orientierung sehr verschieden gesetzt werden. Zen (Zuowang) hat eine deutliche Orientierung hin auf die geistigen Aspekte *(Wu, Xin und Shen)* und eine relativ schwache Orientierung auf die körperlichen und energetischen Aspekte des Übungsweges, während Taijiquan (auch weil es aus der Kampfkunst kommt) gerade die Aspekte Körper *(Jing)* und Energie *(Qi)* betont, und der geistige Aspekt im Vergleich zum *Zen (Zuowang)* weniger ausgeprägt dargestellt und unterrichtet wird.

Zen (Zuowang) bezieht sich – vereinfacht ausgedrückt – stark auf die Beruhigung und das Abschalten des Verstandes *Xin* (linke Gehirnhälfte) und auf eine Leerung des Geistes *Shen* (rechte Gehirnhälfte), wobei nicht nur die individuelle, sondern auch der gesellschaftliche Bezug von Bedeutung ist. Der Weg erfordert auch über das Wach- und Traumbewusstsein hinaus noch eine klare Anleitung und Führung.

Taijiquan bezieht sich dagegen stärker – ebenfalls sehr vereinfacht ausgedrückt – auf eine körperliche Wahrnehmungsschulung und zudem auf ein Fühlen, Spüren und Entwickeln des energetischen Fühlens und Spürens. Häufig wird davon ausgegangen, wenn der Weg bis zu einer klaren Qi-Wahrnehmung erfolgreich gegangen wurde, dass dann bei beständigem Weiterüben ein Gefühl für das Ziel des Weges entwickelt wird und eine Anleitung nicht mehr erforderlich ist. Dies wird dadurch verständlicher, dass der Weg des Taijiquan von vornherein Körper, Energie und Geist durch das Üben stärker miteinander in Einklang bringt.

Wie Thomas Milanowski deutlich herausgearbeitet hat, gibt es im Daoismus zwei Wege, die zur Einheit mit dem Dao führen können. Der Weg des Zuowang (auch Zen) führt über den leeren Geist *Shen* zur Erfahrung des kosmischen Qi *(Yuan-Qi)* und das Nichts zur Einheit mit dem Dao; der Weg des Taijiquan führt dagegen über das kosmische Qi *(Yuan-Qi)* zum leeren Geist *Shen* und dann über das Nichts ebenfalls zur Einheit mit dem Dao. Obwohl beide Übungssysteme sehr unterschiedlich sind, können sie dasselbe Ziel über verschiedene Wege erreichen.

6.4.2 Wie ergänzen sich beide Systeme

Aus der Gegenüberstellung wird deutlich, dass sich beide Übungssysteme in Bezug auf ihre jeweiligen Schwerpunktsetzungen fast auf ideale Weise ergänzen. Taijiquan betont den körperlichen und den energetischen Aspekt und Zuowang (Dao-Chan, Za-Zen) den geistigen Aspekt, so dass beide Übungssysteme sehr gut – insbesondere bei längeren Übungseinheiten (Übungswochenenden oder -wochen) – miteinander kombiniert werden können. Zum Beispiel in der Form, dass morgens und abends oder morgens, mittags und abends jeweils 15 bis 25 Minuten gesessen wird, während sonst in der Hauptsache Taijiquan oder Qigong geübt wird.

Es kann natürlich auch umgekehrt für das Üben von Zen (Zuowang, Dao-Chan) sinnvoll sein, Taijiquan- oder Qigong-Übungen entsprechend in den Übungsablauf zu integrieren. Zudem könnte dann jeder Schüler entsprechend seiner individuellen Bedürfnisse und entsprechend der Empfehlungen seines Lehrers Zen (Zuowang) und Taijiquan frei miteinander kombinieren und damit seinen Übungsweg in Hinsicht auf eine integrale Entwicklung intensivieren und optimieren. Diese kombinierte Übungsweise wird leider im deutschsprachigen Raum nur von wenigen Lehrern oder Ausbildern angeboten und so praktiziert. Bereits *Zheng Manqing* (1900-1975), ein bekannter Taiji-Meister hat darauf hingewiesen, dass sitzende Meditation zur Ergänzung von Taijiquan sehr hilfreich ist, wenn die Erfahrung der „Einheit mit dem Dao" angestrebt wird.

Beide Übungssysteme (Zuowang und Taijiquan) ergänzen sich aber noch auf eine andere Weise sehr gut: Sie stammen beide aus der daoistischen Tradition und Philosophie und bieten so einen gemeinsamen oder durchgängigen Rahmen oder „Mantel" für daoistische Spiritualität und für einen integralen Übungsweg.

Da Zuowang im deutschsprachigen Raum kaum angeboten wird, können Schüler und Lehrer auf die buddhistische Tradition von Chan (Zen) beziehungsweise Shikantaza (Sitzen und sonst nichts) zurückgreifen, da sie dem Zuowang am nächsten kommt.

Bewegung und Sitzen im Alltag

Je besser es im Üben gelingt, Zuowang und Taijiquan in Vergessenheit, in Selbstvergessenheit zu praktizieren, desto leichter können diese Übungen auf jedes Sitzen und Bewegen, Atmen und Gehen und letztendlich auf jede einfache Tätigkeit übertragen werden, so dass der ganze Alltag zur Meditation wird. Denn ohne diese sofortige Übertragungsmöglichkeit wird kaum ein Meditierender in der westlichen Welt, der sich ein klösterliches Leben nicht zutraut oder leisten kann, ausreichend Zeit aufbringen können, um seinem Übungsweg die notwendige Intensität zu verleihen. Denn diese ist erforderlich, wenn jemand erfolgreich bis zum Ziel der „Einheit mit dem Dao" voranschreiten möchte.

Sitzen und Bewegen in der Meditationsforschung

Die neurowissenschaftliche Forschung beschäftigt sich schon lange mit der Frage: Welche Auswirkungen haben bewegte und sitzende Meditation auf den Menschen? (Siehe dazu auch oben unter Kapitel zwei.) Der sitzenden Meditation ist bei den Untersuchungen bisher der Vorzug gegeben worden. Leider sind die Untersuchungen über Qigong und Taijiquan noch nicht so fortgeschritten, dass darüber allgemein anerkannte Aussagen getroffen werden können. Dennoch können einige interessante Aspekte zu diesem Thema aufgezeigt werden.

Heinz Hilbrecht beschreibt in seiner Zusammenfassung über die neurowissenschaftliche Forschung zum Thema „Meditation und Gehirn" aus dem Jahre 2010 das menschliche Gehirn in einer Arbeitshypothese als einen gigantischen Computer, in dem alle Wahrnehmungen des gesamten Lebens abgespeichert sind und sich die gesamte Erfahrung der Evolution niedergeschlagen haben könnte. Alle sinnlichen Erfahrungen der Evolution, die wir über Sehen, Hören, Riechen, Schmecken oder Fühlen wahrgenommen haben, sind über die Generationen nach seiner Auffassung möglicherweise im Gehirn abgelegt.

Das Gehirn arbeitet ähnlich, so Hilbrecht, wie die gesamte Rechenleistung und Speicherfähigkeit des Internets, wie ein Netzwerk von Computern, denn „im menschlichen Gehirn gibt es ungefähr 100 Milliarden Nervenzellen mit etwa 100 Billionen Verbindungen untereinander". Wenn wir also bedenken, dass das menschliche Gehirn ein „Spiegelbild" der gesamten Evolutionsgeschichte vom Urknall bis zum heutigen Tag abgespeichert haben könnte und seine Erfahrungen sogar bis vor den Urknall zurückreichen könnten, so wird die schier unfassbare und „grenzenlose" Kapazität des Gehirns deutlich. Aus diesen „grenzenlosen" Möglichkeiten des Gehirns leitet Hilbrecht die „göttlichen Einheits-Erfahrungen" in der tiefen Meditation ab. Tiefe Meditationserfahrungen liefern uns scheinbar einen Zugang zu den sonst unbewussten Möglichkeiten unseres Gehirns, die wir dann als so umwerfend und außergewöhnlich erfahren, dass sie oft als „außersinnliche" beziehungsweise „göttliche" Wahrnehmung interpretiert werden.

Dieses kurze Vorstellungsbild über die Leistungsfähigkeit des Gehirns soll verdeutlichen, wie wenig die wissenschaftliche Forschung bisher über das Gehirn wirklich weiß und wie wenig uns im Alltag die Möglichkeiten unseres Gehirns bewusst und zugänglich sind. Meditation hat offenbar die Wirkung die Leistungsfähigkeit des Gehirns mehr und mehr zu erschließen, das Unbewusste mehr und mehr bewusst zu machen. Daher ist die verblüffende Wirkung der Meditation, die auch wissenschaftlich bestätigt wird, nicht mehr verwunderlich.

Meditation erhöht, nach Hilbrecht, die Leistungsfähigkeit des Gehirns, baut nicht nur Stress und Ängste ab, sondern wirkt sich auch positiv auf die emotionale Stabilität und das emotionale Gleichgewicht und die Entwicklung der gesamten Persönlichkeit aus. Sie stärkt das Immunsystem und damit die Widerstandskraft gegen Infektionskrankheiten. Meditation wirkt Krankheiten allgemein entgegen. Sie lindert oder heilt Schuppenflechte, Fibromyalgie, rheumatische Arthritis, Typ-2-Diabetes und chronische Rückenschmerzen, lindert bei chronischen Krankheiten und Schmerzen und führt dadurch zu einer Verbesserung der Lebensqualität. Das Erlernen und die exakte Ausführung der Meditation in Bewegung aktiviert das Gehirn und verlangsamt den Alterungsprozess. Die Weisheit alter Menschen mit langen Meditationserfahrungen ist in Asien allgemein anerkannt.

Meditation kann jedoch auch Krisen auslösen, daher ist die Begleitung durch einen erfahrenen Lehrer sehr wichtig. Die Aktivierung der „Spiegelneuronen“ durch Meditation verweisen auf das schnellere Lernen in der Gruppe und unter der Anleitung eines erfahrenen Lehrers oder Meisters.

Meditation erweitert bis ins hohe Alter die Möglichkeiten des Gehirns, lässt neue Nervenverbindungen zwischen den Zellen und im orbitofrontalen Kortex, den materiellen Repräsentanten des „dritten Auges“ wachsen und lässt uns besser „sehen“ und, was ganz wichtig ist: Sie eröffnet uns den Zugang zu unserer „inneren Stimme“, da sie das „laute“ Denken beruhigt und dadurch die innere Stimme „hörbar“ wird. Die „innere Stimme“ ist wie ein „innerer Wegweiser durchs Leben“, die uns die „gigantische unbewusste Rechenleistung“ unseres Gehirns bewusst präsentiert. Dieser „innere Wegweiser“ wird jedoch nur in der stillen Meditation „hör- oder sichtbar“.

Auch durch diese wissenschaftlichen Erkenntnisse wird deutlich, wie hilfreich sitzende und bewegte Meditation für die menschliche Entwicklung und Entfaltung sein kann. Dabei können unbewegte *(Za-Zen, Zuowang)* und bewegte *(Qigong und Taijiquan)* Meditation sich gegenseitig unterstützen, verstärken und ineinandergreifen, wenn sie sinnvoll miteinander kombiniert und eingesetzt und durch einen erfahrenen Lehrer oder Meister begleitet werden.

Die Speicherfähigkeit des Gehirns mag gigantisch sein und es mag die objektive Möglichkeit haben riesige Mengen an Daten und Erfahrungen aus dem persönlichen menschlichen Lebenslauf zu speichern. In wie weit das menschliche Gehirn aber auch die gesamte Evolutionsgeschichte vom „Urknall" bis zur Gegenwart speichern kann, ist eine offene und spannende Arbeitshypothese. Möglicherweise holen die Nervenzellen und Neuronen die Welt der subjektiven Einheitserfahrung aus einem nur über die Quantenphysik beschreibbaren Hintergrund. Denn in der Quantenphysik wir deutlich, dass Materie nicht wirklich aus Materie zusammengesetzt ist, sondern dass es einen „alles durchziehenden und miteinander verbundenen schwer fassbaren Hintergrund" gibt, der alles kreiert und wieder vergehen lässt: Das kosmische Spiel oder der kosmische Tanz, in dem wir uns als Mittänzer, Getanzter und kosmischer Tanz als Ganzes gleichzeitig erfahren können.

Vergleich der Bewusstseins-Zustände
bei verschiedenen daoistischen Übungssystemen

Übungswege	Körper	Energie	Geist	Einheit
Bewusstseins-zustände (rechts)	Wach-bewusstsein	Traum-bewusstsein	Tiefschlaf-bewusstsein	Noun-Duales Bewusstsein
Wuismus	Jing	Qi	Shen/Wu	Dao
Zuowang	Körper (Xin) (grob und fein)	Qi (Xin) (grob und fein)	Shen/Wu (grob und fein)	Dao
Taijiquan (Entwicklungsstufen)	Körper (Jing) (grob und fein)	Qi (grob und fein)	Shen/Wu (grob und fein)	Dao
Taiji-Form (Energiepunkte)	Sprudelnde Quelle Kreuzbeinpunkt	Unteres und mittleres Dandian Laogong	Jadekissen oberes Dantian	Scheitelpunkt
Daoismus nach Ellen Wats	Wuwei	De	Taiji	Dao

Abb. 10: Vergleich der Bewusstseinszustände im Daoismus

6.5 Geistiger Hintergrund und Übungen im Taiji

Wie oben aufgezeigt wurde, wollen die unterschiedlichen Übungswege (Zen und Taiji) Menschen auf eine tiefere Erfahrungsebene bzw. auf eine höhere geistige Bewusstseinsebene führen und haben somit transformierenden Charakter. Körper, Seele und Geist werden gleichermaßen angesprochen, so dass eine Entfaltung zum „ganzen Menschen“ stattfinden kann.

Nachfolgend wird die Lebensenergie Qi (Punkt 6.5.1) beschrieben und einige allgemeine Grundlagen (Punkt 6.5.2). In Punkt 6.5.3 werden fünf bewegte Taiji-Übungen dargestellt, in 6.5.4 zwei unbewegte Übungen im Zen- bzw. Taiji-Stehen. Diese Figuren können als Einstiegsübungen dienen und eignen sich zur Lockerung des Körpers, zur Aktivierung der Energie und zum Richten der Aufmerksamkeit auf die Bewegung; sie sind also auch Meditation in Bewegung. Danach folgen im Punkt 6.6 die meditative Übung des „Stillen Sitzens im Stil des Zen“.

6.5.1 Die Lebensenergie Qi

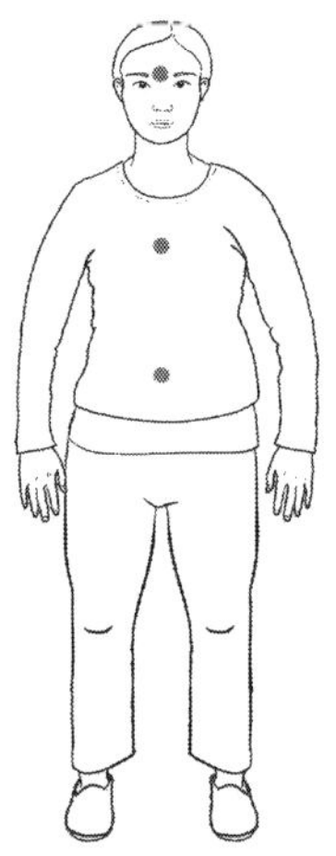

Feinstoffliche Punkte
(Drei Dantians, Laogong: Hände, Yongquan: Füße)

Feinstoffliche Energiezentren

Energiepunkte	Lage der Energiepunkte	Chinesische Bezeichnung
Kopfzentrum	Punkt zwischen den Augenbrauen	Shen (oberes Dantian)
Herz- oder Brustzentrum	Punkt in der Mitte des Brustbeins	Xin (mittleres Dantian)
Bauchzentrum	Bereich etwa 2-3 Finger breit unterhalb vom Bauchnabel	Qi (unteres Dantian)
Scheitelpunkt	Der höchste Punkt des Kopfes	Baihui
Palast der Arbeit	Handmittelpunkt, etwas Richtung Handballen	Laogong
Punkt der sprudelnden Quelle	Fußmittelpunkt, etwas Richtung Fußballen	Yongquan

Abb. 11: Energiezentren

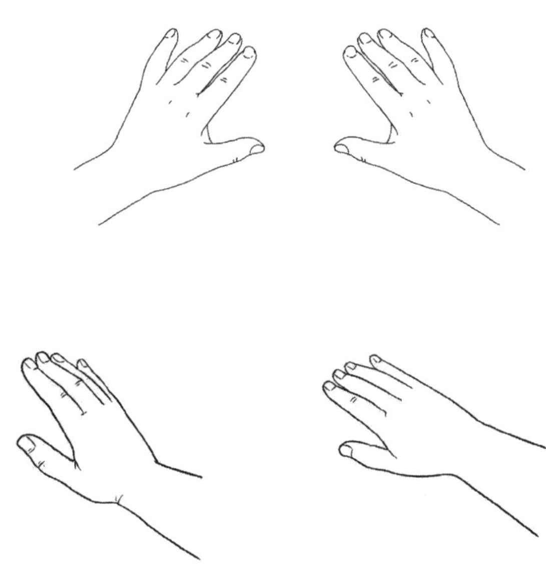

Handhaltungen:
Tigermaul, Stehende Hand, Taiji-Hand

Feinstoffliche Energie Qi

Der chinesische Begriff Qi meint den energetischen oder feinstofflichen Wesensbereich des Menschen im Gegensatz zum grobstofflichkörperlichen Bereich wie Muskeln, Sehnen, Knochen usw. Qi kann annähernd übersetzt werden mit vitaler Lebensenergie, Atem, Hauch oder auch mit kosmischem Atem. Das Feinstoffliche ist sowohl innerhalb als auch außerhalb des Körpers wahrnehmbar. Es wird in der TCM und im Taiji „Qi" genannt, im Japanischen „Ki", in der indischen Yogatradition „Prana", im Griechischen „Pneuma" und im Lateinischen „Spiritus". In der daoistischen Vorstellung soll Qi umgewandelt oder verfeinert werden in eine höhere Form von Energie: Geist, Bewusstsein, höhere Intuition. Diese wird im Chinesischen „Shen" oder „Xin-Shen" (Herz-Geist) oder „Wu" (Nichts) genannt. So kann das Einswerden mit dem Dao, bzw. das Erwachen erreicht werden (siehe hierzu insbesondere Kapitel zwei).

Abb. 11 zeigt das daoistisch-energetische Menschenbild, die Einbindung des Menschen in den Kosmos und seine zentrale Stellung darin. In seiner natürlichen Aufrichtung kommt dem Menschen eine besondere Würde zu: Er verbindet Himmel und Erde. Über den Scheitelpunkt *(Baihui)* und das Kopfzentrum *(oberes Dantian)* ist der Mensch verbunden mit der geistigen Welt, dem Himmel. Über das Bauchzentrum *(unteres Dantian)* und die Füße ist er verwurzelt in der materiellen, irdischen Welt, der Erde. Über das Herzzentrum *(mittleres Dantian)* und die Hände ist er durch sein Handeln verbunden mit seiner Umgebung im Alltag. Mit entsprechendem Respekt werden die Handmittelpunkte *(Laogong)* auch "Paläste der Arbeit" genannt.

Energetisch gesprochen nährt sich der Mensch von unten durch den Punkt der "sprudelnden Quelle" unter den Füßen, der Erde *(Yin)* und von oben durch die Weite und Leichtigkeit des grenzenlosen Himmels (*Yang*). Als kurzer Merksatz zusammengefasst: *nach unten voll und schwer - nach oben leicht und leer*. Die Hände sind die Werkzeuge des Herzens und nähren die Seele durch Geben (Verteilen) und Nehmen (Empfangen). Jeder Energieaustausch geschieht im rhythmischen Wechsel der gegensätzlichen und sich ergänzenden Polaritäten Yin und Yang. Durch diese feinstoffliche Dynamik des Qi (des Atems) bekommt die Seele *(Xin)* Raum. Bild A zeigt die dreifache Mitte des Menschen, lokalisiert durch Bauchzentrum *(unteres)*, Herzzentrum *(mittleres)* und Kopfzentrum *(oberes Dantian)*.

Das gesamte Übungsgut besteht aus gegensätzlichen, leicht schwingenden Bewegungen, d.h. auf eine vorwärtsstrebende Bewegung *(Yang-Qi)* folgt eine zurückweichende Bewegung *(Yin-Qi)*; auf das Aufbauen einer energetischen Spannung folgt wieder das Lösen der Spannung. Durch die stetige Polarisierung kann der Übende die Bewegung der feinstofflichen Energie Qi wahrnehmen und nach längerem Üben den Energiefluss durch den gesamten Körper spüren (und ihn bewusst lenken).

Die Aufmerksamkeit wird im Bauchzentrum *(unteres Dantian)* gehalten, wodurch der Atem vertieft (tiefe Bauchatmung) und die Entspannung des Körpers gefördert wird. Der Übende erfährt durch das sich stets wieder einpendelnde Gleichgewicht von Yin- und Yang-Energien einen Zustand innerer und äußerer Harmonie, ein Zustand heiterer Gelassenheit. Der Atem- und Bewegungsrhythmus verbinden sich zu einer Einheit und werden als feines energetisches Strömen des Qi (innere Belebtheit und Lebendigkeit) wahrgenommen.

6.5.2 Prinzipien und allgemeine Übungshinweise

Taijiquan und Qigong: In Bewegung und Stille

Die gerundeten, weich fließenden Bewegungen im Rhythmus des Atems folgen einfachen, natürlichen Prinzipien. Diese wurden in Punkt 6.3 kurz beschrieben. Einleitend zu den Übungen eine tabellarische Kurzfassung:

„Äußere"Taiji-Übungs- und Lebensprinzipien
a) körperlich und b) geistig

- **Sinken**
  a) Standfestigkeit: Füße, Beine, Knie, Becken, Schritte
  b) Aufmerksamkeit geistig nach unten richten und entspannen
- **Aufrichten**
  a) von innen her zum Scheitelpunkt; Rumpf, Schultern, Arme, Kopf
  b) Aufrichtigkeit mit sich selbst und anderen
- **Zentrieren**
  a) Aus der Mitte drehen und bewegen, zentriertes Gleichgewicht
  b) In seiner Mitte sein (Körper: „Bauch" + „Kopf" = „Herz-Mitte")
- **Fließen**
  a) im Rhythmus der Schritte/Bewegung - im Atemrhythmus
  b) Im inneren Einklang mit den Lebensrhythmen, Tag/Nacht, Jahreszeiten
- **Loslassen**
  a) Alle Prinzipien in Eins zusammenfallen lassen
  b) Geistige Stille und Leere, Offenheit, Allverbundenheit

Abb: 11„Äußere" Taiji- und Lebensprinzipien

Ausgangsstellung: Parallelstand

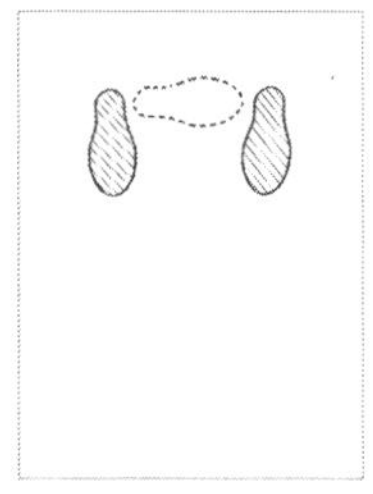

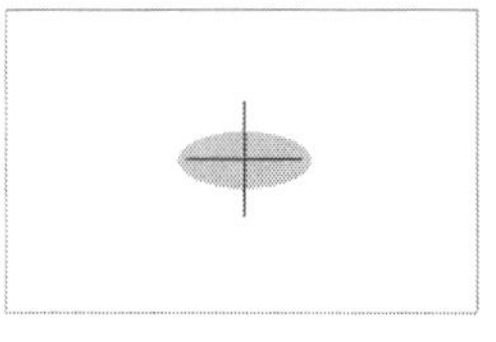

Parallelstand und Ausrichtung der Hüften und des Beckens

- Schulterbreit oder hüftbreit stehen, die Fußspitzen gerade nach vorn richten, die (leicht gebeugten) Knie nicht weiter als bis zu den Fußspitzen beugen. Beide Fußsohlen werden gleichmäßig belastet (Gewichtsverteilung 50/50).
- Die Knie leicht beugen: Dabei den unteren Rücken entspannen und das Kreuzbein senkrecht nach unten sinken lassen (als ob man sich auf einen hohen Hocker setzen will).

- Den Rücken gerade halten und den Scheitelpunkt nach oben richten (als würde man vom Scheitelpunkt noch oben gezogen).
- Der Blick ist weich, geht zum Horizont ins Leere.
- In den Schultern nachgeben und sie entspannt sinken lassen. Das Brustbein dabei entspannt etwas zurücknehmen.
- Das Kinn etwas zur Brust neigen und leicht zurückziehen, so dass sich die Halswirbelsäule leicht aufrichtet.
- Arme und Hände locker hängen lassen. Die Ellenbogen entspannen und leicht nach außen richten (leicht gerundete Armhaltung mit geöffneten Achseln).
- Alternativ (stehende Hände): Die Arme wie oben hängen lassen und die Handteller leicht anheben (die Handwurzeln weisen nach unten) und die Finger zeigen leicht geöffnet nach vorn. Unter den Achseln hat (in der Vorstellung) ein Tennisball Platz, so dass die Ellenbogen leicht nach außen weisen.
- Die Aufmerksamkeit ist in beiden Varianten im unteren Dantian gesammelt.

Ausgangsstellung: Bogenschritt

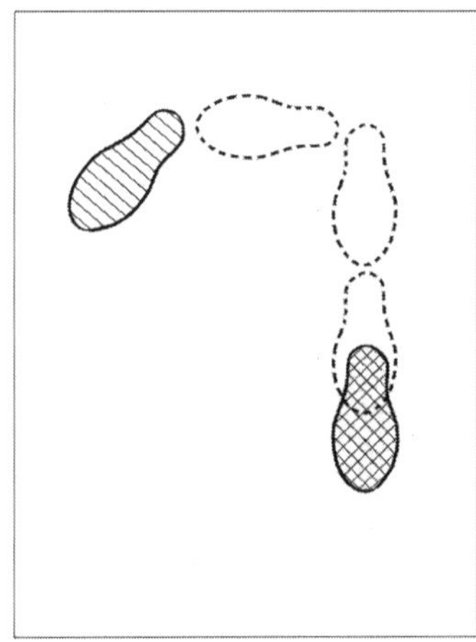

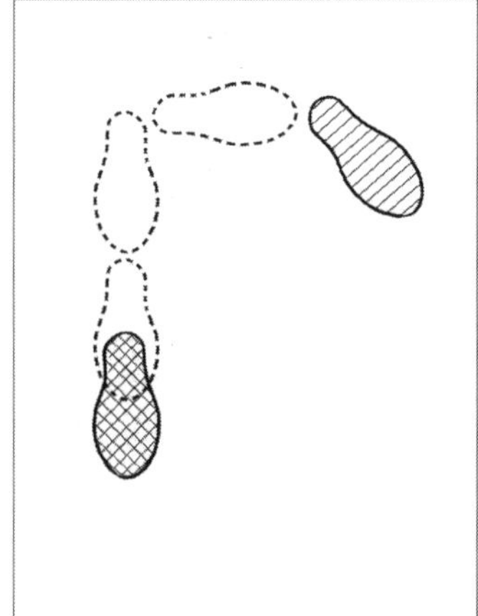

Bogenschritt links und rechts

Linker Bogenschritt: Ausgehend vom Parallelstand wird der rechte Fuß 45 Grad ausgedreht und der linke Fuß gerade, mit anderthalb bis zwei Fußlängen Abstand, nach vorn gesetzt. Die Breite zwischen den Füßen, die z.B. die Hüftbreite (etwa eine Fußlänge) wird beibehalten. So entsteht ein stabiler Stand als Grundlage für die aufgerichtete Körperhaltung, in der das Gewicht bequem von vorne (70 Prozent) nach hinten verlagert werden kann. Bei der Gewichtsverlagerung nach vorne wird das linke Knie (vorderes, linkes Bein) langsam und gleichmäßig gebeugt. Das hintere, rechte Bein wird dabei leicht gestreckt, ohne es ganz durchzustrecken (Gewichtsverteilung 70/30). Das linke Knie soll nicht über die Fußspitze hinausragen, damit das Kniegelenk nicht überlastet (geschädigt) wird. Anfänger können je nach Hüft- und Beinbeweglichkeit den Bogenschritt etwas kleiner ausführen, damit die Knie immer über den Füßen bleiben können.

Rechter Bogenschritt: wie oben, aber der rechte Fuß steht vorne.

Ausgangsstellung: Reiterstand

Reiterstand

Für den Reiterstand gelten alle bisher genannten Haltungshinweise. Der Übende setzt die Füße parallel, etwas breiter als schulterbreit, auseinander und dreht beide Fußspitzen ca. 30 bis 45 Grad nach außen. Auch beim Sinken in dieser Haltung sollen die Knie über den Füßen bleiben. Sie sollen nicht nach innen oder außen über den Fuß hinaus kippen, sonst bekommen die Knie zu viel Druck und können geschädigt werden. Beim Steigen und Sinken in dieser Haltung bleibt der Rücken gerade, und das Kreuzbein gesunken, so kann die Bewegung aus der Mitte gut gespürt werden.

Beachte: Arme und Beine sind während der Übung immer leicht gebeugt (nie ganz durchgestreckt). Die Knie gehen nicht über die Fußspitzen hinaus. Große Armbewegungen verbinden sich oft synchron mit einem kleinen, gleichmäßigen Heben und Sinken (Strecken und Beugen) in den Knien/Beinen.

Allgemeine Übungshinweise

- Bei den drei oben genannten Grundstellungen wird in einer stabilen, aber gelösten Körperhaltung geübt. Der Übende ist über die Füße fest mit der Erde verwurzelt, in seiner Mitte (unteres Dantian - Becken-Bauchraum) verankert und von innen her zum Scheitelpunkt (zum Himmel) aufgerichtet. So kann in allen Bewegungen sicher die Balance gehalten werden.
- Alle Übungen sind sanft und geschmeidig und werden nicht mit „Körperkraft", sondern mit Geisteskraft ausgeführt: mit wacher Präsenz und mit Achtsamkeit und unter Beachtung der fünf Prinzipien (siehe oben Punkt 6.3 und 6.5.1).
- Der Bewegungsimpuls kommt aus den Füßen und setzt sich durch die Beine fort zum Hauptenergiezentrum, dem unteren Dantian. Die Arme folgen in ihrer leichten, entspannten Haltung der Steuerung der Hüften und der Bewegung des Rumpfes.
- Die Bewegungen verlaufen langsam und gleichmäßig im Fluss des eigenen ruhigen Atems. Anfänger schenken dem Atem zunächst keine Beachtung und konzentrieren sich ganz auf den äußeren Bewegungsablauf.
- Die Schultern werden nicht angehoben. Die Arme werden aus der Verwurzelung (Füße, Bauchzentrum) und in Verbindung mit dem Rumpf geführt. Die Arme fühlen sich bei der Aufwärtsbewegung (Yang) leicht und schwebend wie eine Feder an (siehe klassische Schriften Punkt 6.3). Bei der Bewegung nach unten (Yin) drücken sie in der Vorstellung gegen einen leichten Widerstand an. Verschiedene Bilder können beim Üben hilfreich sein: z.B. die Arme sind auf Luft abgelegt und werden wie vom Wind bewegt oder die Hände werden wie an Fäden hochgezogen.

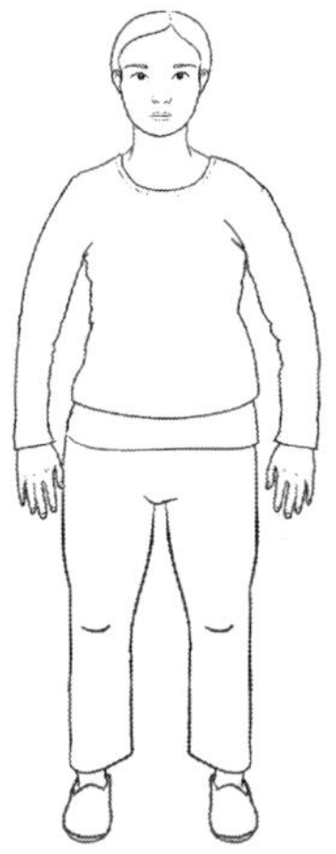

Anfang

Beginn der Übung: Zu Beginn richtet der Übende die Aufmerksamkeit auf seine Körpermitte (unteres Dantian) und verweilt einige Augenblicke in Ruhe und Stille in der noch formlosen Ausgangsstellung Wuji (s. Kap. 2.2).

Abschluss

Abschluss der Übung: Die Übung wird abgerundet mit einem Innehalten und Nachspüren (zur natürlichen Atmung). Dafür können die Handteller in einer leicht bogenförmigen Bewegung auf dem Bauchzentrum aufeinandergelegt und abgelegt werden (Energie im unteren Dantian einsammeln). So einige Augenblicke in Stille verweilen und nach innen spüren, ein inneres Lächeln im ganzen Körper sich ausbreiten lassen, damit verbleibende Spannungen sich lösen können. Auch den Atem bis tief in den Unterbauch sinken und einströmen lassen. Wenn dies gelingt, wird hierbei eine tiefgehende Entspannung des ganzen Körpers erfahren. Die Gedanken können dann zur Ruhe kommen.

Bemerkung: Vor Beginn der Übungsreihen sollten leichte Lockerungs- und Dehnübungen ausgeführt werden, um sich aufzuwärmen und die Gelenke für den Qi-Strom zu öffnen. Dazu können auch die nachfolgend beschriebenen fünf bewegten Übungen im Stehen dienen. Nach dem Abschluss können Arme und Beine ausgeschüttelt werden. Idealerweise sollte ein erfahrener Lehrer die Grundstellungen der Füße in einem einführenden Kurs oder Workshop angeleitet haben.

Im Taiji gibt es Übungen im Stehen, im Gehen, in Bewegung und im Sitzen:

Steh-Übungen: Es können stille unbewegte Steh-Übungen, auch Zen-Stehen genannt (Stehen wie ein Baum, Stehen wie eine Säule, Stehen in der Laute usw., siehe weiter unten) geübt werden. Übungen im Stehen können aber auch mit einem Heben und Sinken in den Beinen und/oder mit Armbewegungen und/oder Hüftdrehung verbunden sein.

Geh-Übungen: Es kann zum Beispiel Paralleles-Gehen oder Gehen im Bogenschritt, vorwärts- und rückwärtsgehend geübt werden oder ein Gehen im Bogenschritt verbunden mit Armbewegungen, z.B. Kniestreifen links und rechts, Abwehren links und rechts, usw. Diese Geh-Übungen werden auch als Reihungen (von einzelnen Figuren) bezeichnet. Figuren aus der Form (dem Bewegungsablauf), können so besonders intensiv vertieft und wiederholt werden, indem sie über Schritte (z.B. im Bogenschritt) miteinander verbunden und aneinandergereiht werden.

Zudem ist im Taiji, wie im Zen ein sehr einfaches meditatives Gehen bekannt. Die Füße werden flach und als Ganzes, eine Fußlänge nach vorn, etwa 30 Grad nach außen gedreht, aufgesetzt. Das Gewicht wird eindeutig von links nach rechts verlagert. Die Fülle und Leere in den Füßen soll wahrgenommen und gespürt werden. Rumpf und Kopf werden gerade aufgerichtet, Arme und Hände hängen entspannt nach unten, der Atem kann so tief in den Bauch hinein sinken. Wenn der Atem die Bewegung führt, können Atemrhythmus- und Bewegungsrhythmus zusammenfallen. Die Hände können über Kreuz auf den Unterbauch (unteres Dantian) gelegt werden. Dann kann der Atemrhythmus über die Hände (durch das Heben und Sinken der Bauchdecke) noch deutlicher wahrgenommen werden.

Bewegungs-Übungen: Die meisten Übungen im Taiji und Qigong werden langsam fließend, also in Bewegung, ausgeführt. Sie können im Stand oder im Gehen mit Schritten verbunden werden. Einfache

Übungen oft in Verbindung mit dem Atem. Bei komplexen Bewegungsabläufen richtet sich die Aufmerksamkeit auf die Bewegung selbst oder aufs untere Dantian. Der Atem wird nicht beachtet und fließt ganz frei und entspannt mit den Bewegungen mit.

Übungen im Sitzen: Im Taiji ist auch das stille Sitzen (Zen), bzw. das Sitzen in Vergessenheit (Zuowang) als Meditationsübung bekannt. Das Sitzen kann auf einem Stuhl, auf einem Hocker, auf einem Sitzbänkchen oder auf einem Sitzkissen geübt werden.

Unabhängig davon, welche Sitzhaltung gewählt wird, sollten Rumpf und Kopf gerade aufgerichtet sein, damit der Atem tief in den Bauch sinken kann. Ein Keilkissen auf einem Stuhl oder ein Sitzbänkchen mit einer schrägen Sitzfläche tragen dazu bei, dass die Sitzbeinhöcker unterstützt werden und Rumpf und Kopf sich leichter gerade aufrichten können. Zum Teil können auch Taiji-Übungen im Sitzen geübt werden. Es gibt Übungsreihen die speziell für Menschen entwickelt worden sind, die nicht oder nicht längere Zeit stehen können, z.B. gibt es die Brokatübungen auch als Sitzübung.

Es können hier nur einige wenige Figuren wiedergegeben werden. Nachfolgend werden beispielhaft fünf bewegte vorbereitende Übungen im Stehen und zwei unbewegte Übungen im Stehen und das Sitzen stille Sitzen im Stil des Zen vorgestellt.

6.5.3 Fünf vorbereitende Taiji-Übungen

Bevor mit den Taiji-Übungen begonnen wird, sollten die Taiji-Prinzipien, die Grundstellungen der Füße und die allgemeinen Übungshinweise aufmerksam studiert werden. Es ist empfehlenswert, jede der nachfolgenden Übung, wenn man sie gelernt hat und täglich üben möchte mindestens 3- bis 5-mal zu wiederholen (im Tempo des eigenen ruhigen Atems) und sich Zeit zum Nachspüren der Übungen zu nehmen. Mehr Üben, bis ca. 20 Minuten täglich, ist immer möglich.

Übungen im Bogenschritt werden im regelmäßigen Wechsel mit dem linken Fuß bzw. dem rechten Fuß vorne ausgeführt.

1. Das Chi wecken

Ausgangsstellung: Parallelstand (Hüftbreite), „stehende Hände“

Ausführung: Die Arme etwa in Schulterbreite (bis etwas unterhalb der Schulterhöhe) anheben und wieder sinken lassen. Die Aufmerksamkeit im unteren Dantian sammeln. Yin-Yang-Polarisierung, (nach oben und unten) so dass das Qi strömen kann.

Beschreibung der Übung

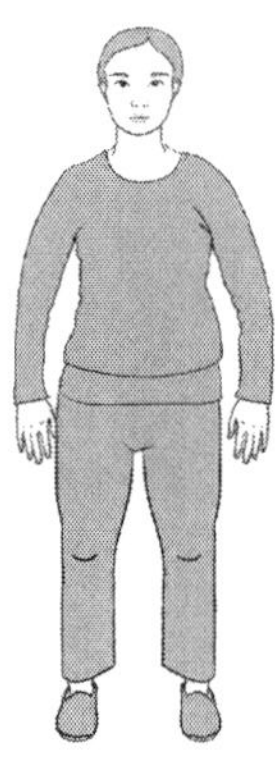

Der Übende beginnt in der Ausgangsstellung im Parallelstand mit „stehenden Händen“. Die Knie sind leicht gebeugt, die Arme hängen nach unten und die Handwurzeln sind zur „stehenden Hand“ ausgerichtet und die Fingerspitzen nach vorn oben leicht angehoben. D.h. die Hand ist etwas angewinkelt und zwischen den Fingern ist etwas Raum. Die Ellenbogen weisen leicht nach außen (siehe Grundhaltung oben).

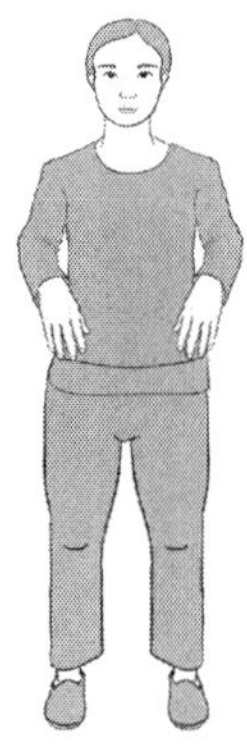

Mit dem Einatmen strecken sich die Beine etwas und die entspannt hängenden Hände treiben nach vorne oben bis etwas unterhalb der Schulterhöhe.

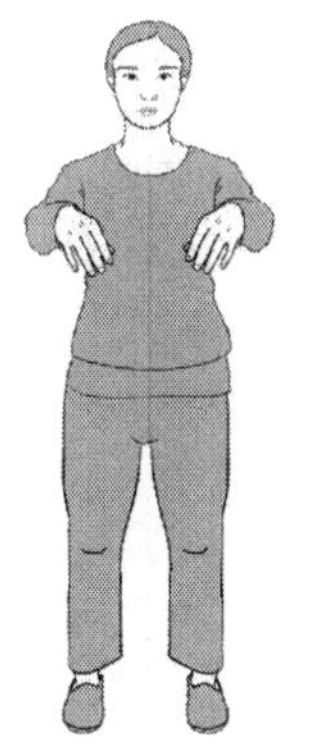

Die Arme sind in ihrer Endposition in den Ellenbogen leicht gebeugt, die Handgelenke sind locker und die Fingerspitzen hängen sanft zur Erde.

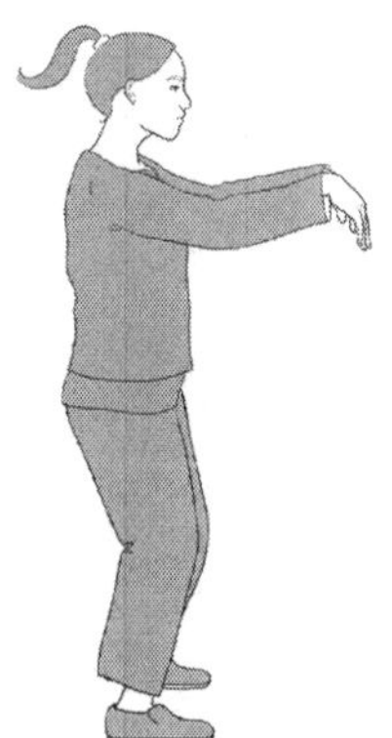

Mit dem Ausatmen die Knie leicht beugen und in den Ellenbogen loslassen: die Ellenbogen ziehten leicht zurück nach unten. Die Hände richten sich dabei langsam und entspannt auf und sinken danach wieder zurück neben die Rumpfseiten zur „stehenden Hand“. Wie eine Energiewelle kann das Loslassen im ganzen Körper spürbar werden.

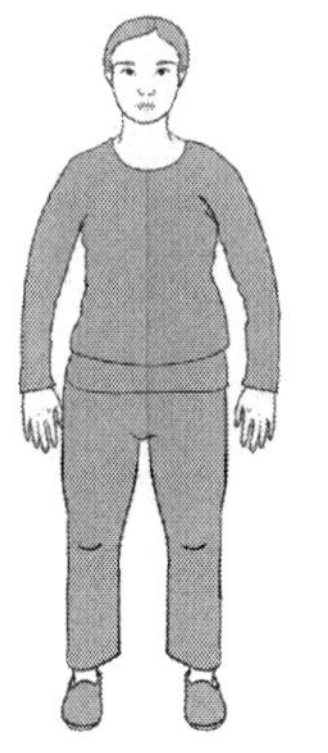

Mit dem erneuten Einatmen die Übung erneut wiederholen. Die größere Bewegung in den Armen (Heben und Sinken) wird mit der sehr kleinen Bewegung in den Knien und Beinen (Strecken und Beugen) koordiniert. Arm- und Beinbewegung beginnen und enden gemeinsam.

Abschluss: Die Energie und Aufmerksamkeit im unteren Dantian sammeln und der Übung nachspüren (s. Abschluss der Übung).

Vorstellung:

- Die Arme folgen der steigenden und sinkenden Bewegung in den Knien als ob sie auf einem Luftkissen abgelegt sind, welches aufgeblasen wird und sich wieder leert.
- Frisches, helles, himmlisches Qi sammeln und steigen lassen und verbrauchtes, dunkles Qi durch die Füße in die Erde sinken lassen und abgeben.

Wirkung der Übung:

- Das Qi wird aktiviert und beginnt, die Meridiane zu öffnen.
- Die Rückenwirbel und Gelenke (Fußgelenke, Knie, Hüften, Schultern) werden abwechselnd belastet und entlastet. Dieser Yin-Yang-Wechsel fördert die Durchblutung und Energieversorgung in allen Körperteilen (von den Füßen bis in die Fingerspitzen). Innere Vitalität wird spürbar.
- Die Übung wirkt heilsam auf das Herz- und Kreislaufsystem. Sie reguliert den Blutdruck und baut körperlichen und geistigen Stress ab.

2. Ball-Halten links und rechts

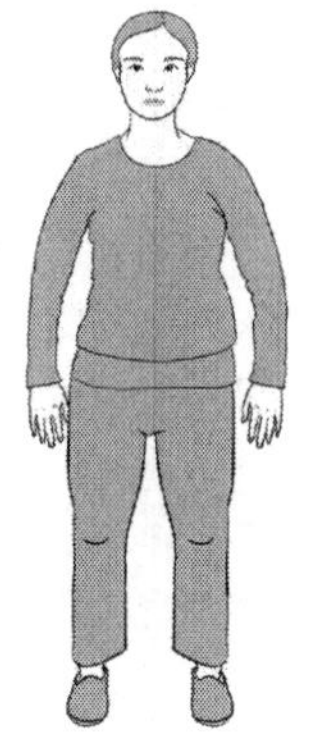

Ausgangsstellung: Parallelstand, Schulterbreite
Ausführung: Die Fußspitze dreht zusammen mit der Hüfte 90 Grad nach links und rechts. Die Arme folgen der Bewegung des Rumpfes und die Handteller drehen zueinander (Ball-Haltung). Den Atem frei fließen lassen.

Beschreibung der Übung

Ball halten links: Die Arme hängen entspannt nach unten zur "stehenden Hand". Beim Drehen der Hüfte nach links, steigt der linke Arme nach links bis in Schulterhöhe vor die Körpermitte. Der rechte Arm dreht nach links mit und die rechte Hand verbleibt etwa in Hüfthöhe vor der Körpermitte. Der obere Ellenbogen ist diagonal gesunken, der rechte Ellenbogen dreht leicht nach rechts außen. Die Handinnenflächen sind zueinander gerichtet. Zwischen den Handtellern kann ein Energieball vorgestellt und gespürt werden (Wärme, Strömen, Anziehungskraft…). Der Blick dreht mit der Becken-, Rumpf- und Kopfdrehung als Einheit mit und ist 90 Grad nach links gerichtet. In den rechten Fuß sinken, die linke Fußspitze ist leicht angehoben. Beide Knie sind leicht gebeugt.

Ball halten rechts: Mit der Drehung nach rechts drehen Fußspitze und Arme mit. Der Energieball dreht vor dem Rumpf nach rechts zur rechten Körperseite, dabei wechselt die Arm- und Handhaltung. Die rechte Hand befindet sich jetzt auf Schulterhöhe und weist nach unten, die linke Hand ist in Hüfthöhe vor der Körpermitte zur oberen Hand gerichtet (Siehe spiegelbildliche Beschreibung oben nach links).

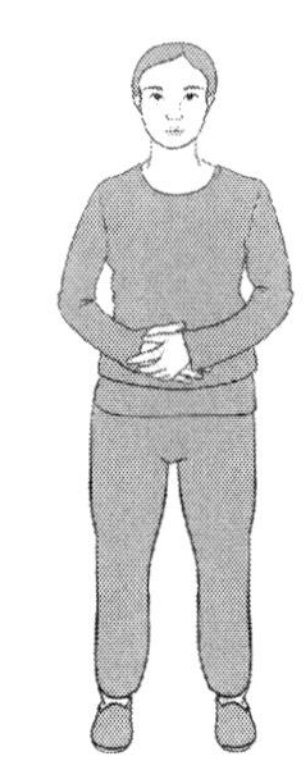

Füße: Mit der Drehung nach links und dem Entspannen des Kreuzbeines sinkt das Körpergewicht (zu 90 Prozent) in den rechten Fuß. Der linke, unbelastete Fuß hebt dabei in der Fußspitze an und wird auf der Ferse um 90 Grad ausgedreht. Bei der darauffolgenden Drehung nach rechts dreht der linke Fuß wieder gerade ein und das Gewicht sinkt (zu 90 Prozent) in den linken Fuß. Der rechte unbelasteten Fuß, dreht mit der angehobenen Fußspitze auf der Ferse (wie links) mit der Hüftdrehung 90 Grad nach rechts aus. Die Übung im langsamen, ruhigen Wechsel des Atems nach links und rechts wiederholen.

Zum Abschluss drehen Fußspitze, Hüfte und Arme nach vorn und die Arme und Hände sinken vor das Bauchzentrum und werden dort überkreuz abgelegt.

Wirkung der Übung:

- Dehnen und Entspannen von Taille, Flanken und Rippenbögen. Dabei wird der Brustkorb geweitet und die Lungenkapazität vergrößert.
- Die gesamte Wirbelsäule wird schonend gelockert.

3. Abwehren links und rechts

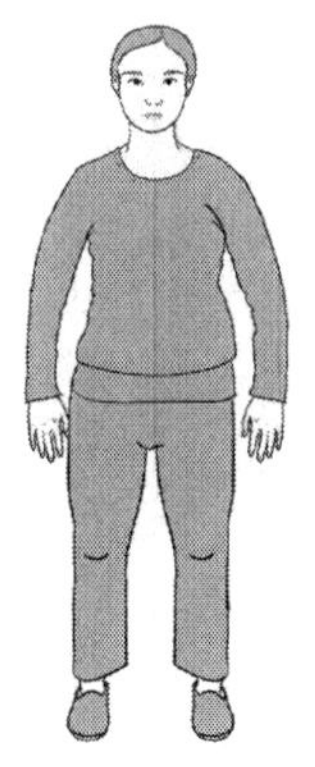

Ausgangsstellung: Die Übung aus dem Paralellstand beginnend im Bogenschritt links und rechts ausführen.

Ausführung: Im Bogenschritt. Ein Arm wird gerundet, abwehrend (schützend) vor dem Rumpf gehalten und der Handteller ist zum mittleren Danitian (Herzzentrum) ausgerichtet (Abwehrarm), die andere Hand hält die Verbindung zur Erde („stehende Hand“ neben der Hüfte).

Beschreibung der Übung

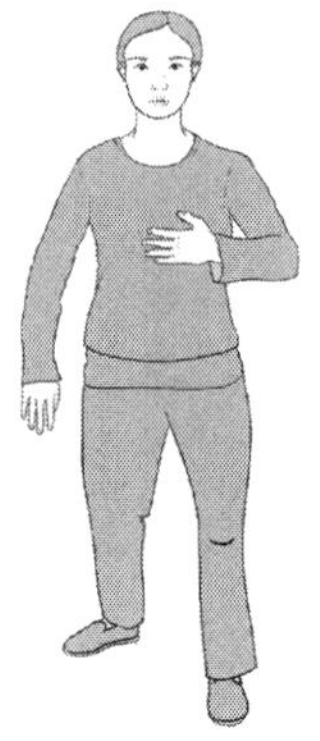

Abwehren links: Den rechten Fuß 45 Grad ausdrehen (dabei dreht der linke Arm etwas nach rechts) und einen Schritt in Hüftbreite eineinhalb Fußlängen parallel zum linken Schritt nach vorn setzen. Die linke Hand treibt dabei auf Brusthöhe nach oben, vor das mittlere Dantian. Der linke Arm hält Abstand zum Rumpf und ist entspannt und gerundet, wie auf einem Luftkissen abgelegt (Abwehrarm). Dabei das Gewicht zu 70 Prozent auf den vorderen Fuß verlagern und in den Fuß einsinken, dabei das Becken nach links gerade drehen und das Kreuzbein sinken lassen und sich im Becken-Bauchraum verankern („Sitzhaltung“ einnehmen: hierbei sind beide Knie gebeugt, das vordere etwas mehr als das hintere).

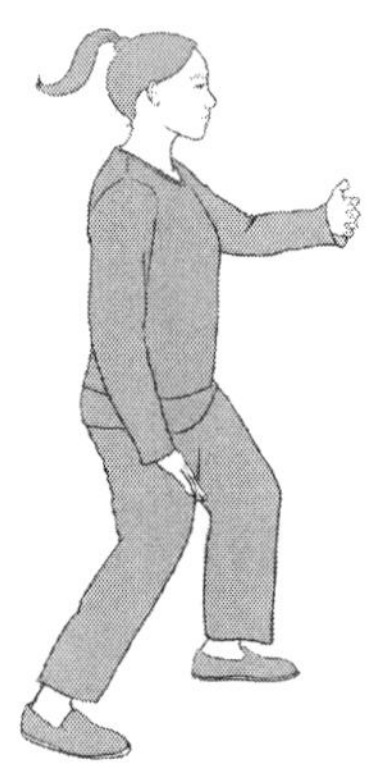

Die rechte Hand bleibt neben der rechten Hüfte zur „stehenden Hand“ angehoben. Die Handwurzel ist zur Erde gerichtet und verstärkt das Erden. Der rechte Ellenbogen weist etwas nach außen. Der Übende passt seine Schrittlänge und die Armhaltung individuell an, bis er sich in einer bequemen „Sitzhaltung“ (gesunkenes Kreuzbein) befindet.

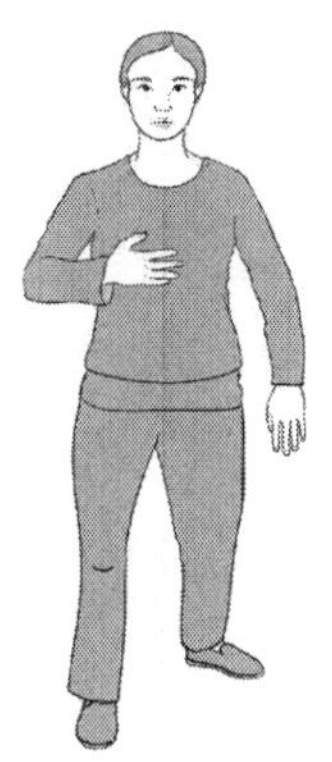

Abwehren rechts: Für den Übergang zum Abwehren rechts das Gewicht zurückverlagern und beide Arme in mittlerer Brusthöhe noch vorne strecken, dabei *einatmen.* Den vorderen linken Fuß hüftbreit parallel neben den rechten Fuß zurücksetzen. Die Arme sinken und *ausatmen.* Dann den linken Fuß im Winkel von 45 Grad ausgedrehen, dabei *einatmen.* Den rechten Fuß gerade nach vorne setzen. Das Gewicht mit dem *Ausatmen* nach vorne verlagern (zu 70 Prozent) und in den vorderen Fuß sinken. Den rechten Arm ausrichten zur Abwehr rechts: der rechte Arm ist jetzt im Kreisbogen vor dem mittleren Dantian, die linke Handwurzel neben der linken Hüfte zur „stehende Hand" angehoben.

Der Übende nimmt sich Zeit, um in der neuen Position anzukommen: Mit dem *ausatmen* im ganzen Körper nachgeben (entspannen) und sich nach unten verwurzeln. Durch das bewusste Spüren in den Raum zwischen den im Kreisbogen gehaltenen Abwehrarm und dem Brustkorb entsteht ein Gefühl von innerer und äußerer Weite.

Allgemein zum Atemrhythmus im linken und rechten Bogenschritt: Den Fuß 45 Grad ausdrehen dabei *einatmen,* nach vorn verlagern dabei *ausatmen,* zurückverlagern *einatmen,* sinken der Arme *ausatmen.* Dann wiederholt sich der Ablauf auf der anderen Seite.

Variation: Diese Übung kann auch im Parallelstand ausgeführt werden. Dann geht es um Steigen und Sinken mit der entsprechenden Koordination der Arme: links und rechts Abwehren.

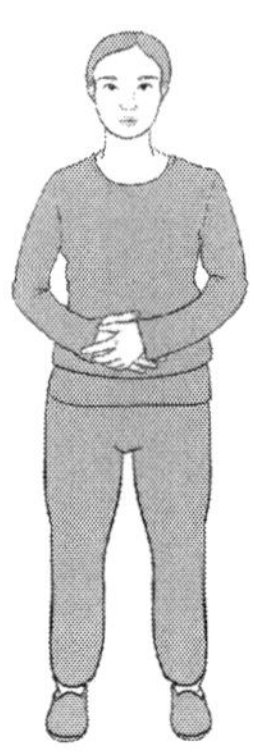

Abschluss: Für das Beenden der Übung den vorderen Fuß in Hüftbreite zurücksetzen, dabei die Arme und Hände bis vor das mittlere Dantian anheben (die Handteller weisen nach unten) und in den Parallelstand zurückkehren; das Gewicht in der Mitte sinken lassen (50 Prozent im linken und 50 Prozent im rechten Fuß). Die Hände sinken gleichzeitg von der Höhe des mittleren Dantian zum unteren Dantian (Bauchzentrum). Hände auf dem unteren Dantian gekreuzt ablegen und nachspüren (s. Abschluss der Übung).

Wirkung der Übung:

- Der Schultergürtel wird gekräftigt. Das mittlere Dantian, das Herzzentrum (die Herzenergie) wird durch den energetischen Kontakt mit den Handtellern (Laogong) gestärkt.
- Die Koordination von Armen und Beinen im ruhigen, gleichmäßigen Schrittwechsel erfordert hohe Aufmerksamkeit und schult somit die Konzentration sowie die Bewegungskoordination. Die linke und rechte Gehirnhälfte werden aktiviert und verbunden.

4. Der Elefantenrüssel

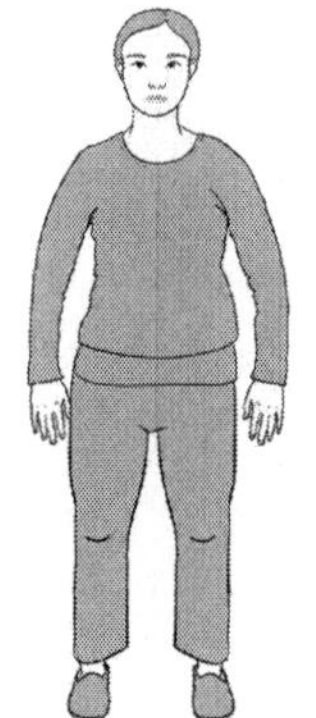

Ausgangsstellung: Die Übung aus dem Paralellstand beginnend im Bogenschritt links und rechts ausführen.

Ausführung: In der Bogenschritthaltung die Unterarme synchron mit der Gewichtsverlagerung diagonal aus dem Ellenbogengelenk nach vorne oben und zurück nach unten sinken lassen. Der Atem führt den Bewegungsrhythmus.

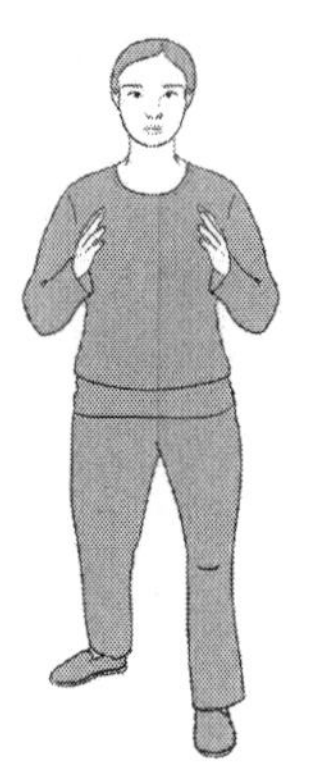

Bogenschritt links: Das Körpergewicht ist zu Beginn der Übung (im Parallelstand) in der Mitte, die Arme hängen neben dem Körper nach unten und die Hände sind zur "stehenden Hand" aufgerichtet. Den rechten Fuß 45 Grad ausdrehen und den linken Fuß etwa eineinhalb Fußlängen gerade nach vorn in Hüftbreite aufsetzen. Erst die Ferse aufsetzen und dann den ganzen Fuß. Mit der Verlagerung des Gewichts nach vorne folgen die Arme.

Aus den Ellenbogengelenken steigen die Unterarme mit den Händen und Fingerspitzen bis auf Schulterhöhe. Ist das Gewicht zu 70% im vorderen, linken Fuß, entspannen die Ellenbogen und ziehen leicht zur Erde, dabei in den vorderen linken Fuß sinken. Die linke Leiste entspannt und das linke Knie beugt sich, ragt aber nicht über die linke Fußspitze hinaus. Die Handflächen drehen hierbei zueinander. Ein "Energiepaket" ist zwischen den Händen zu spüren.

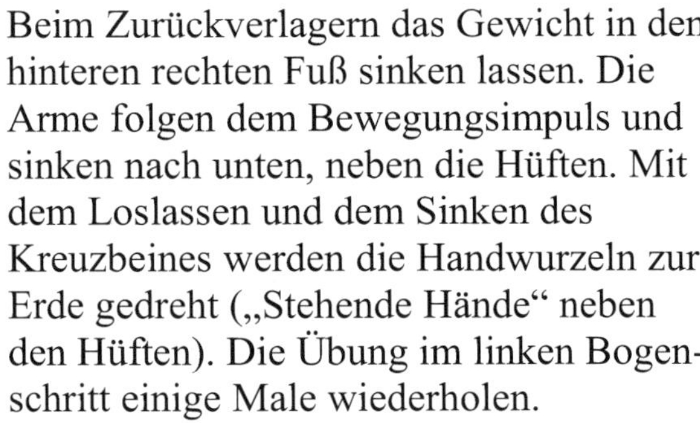

Beim Zurückverlagern das Gewicht in den hinteren rechten Fuß sinken lassen. Die Arme folgen dem Bewegungsimpuls und sinken nach unten, neben die Hüften. Mit dem Loslassen und dem Sinken des Kreuzbeines werden die Handwurzeln zur Erde gedreht („Stehende Hände" neben den Hüften). Die Übung im linken Bogenschritt einige Male wiederholen.

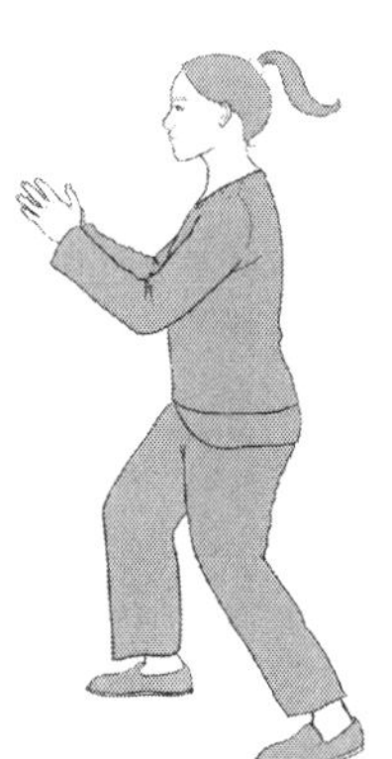

Bogenschritt rechts: Für den Wechsel des Bogenschritts wird der vordere Fuß, ohne den Bewegungsfluss zu unterbrechen, hüftbreit neben den hinteren Fuß gesetzt. Danach die Übung im rechten Bogenschritt ausführen und spiegelbildlich ebenfalls einige Male wiederholen.
Die Verlagerung nach hinten und vorne und das Sinken in die Füße sollte langsam und gleichmäßig sein. Die Vorderseite des Beckens und des Rumpfes bleibt während der ganzen Übung parallel nach vorn gerichtet.

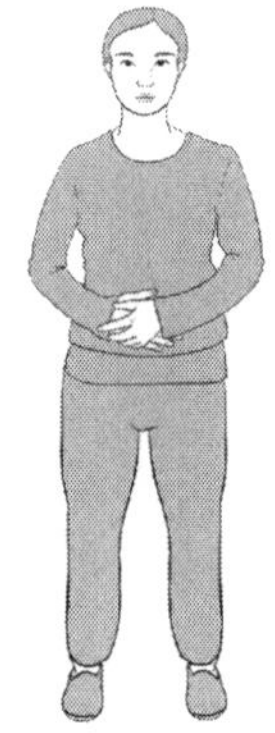

Abschluss: Beenden der Übung im Parallelstand: s. Abwehren links und rechts

Variation: Diese Übung kann auch aktiv sitzend auf einem Stuhl ausgeführt werden. Die Füße stehen dabei hüftbreit und fest verankert auf dem Boden. Der stehenden Gewichtsverlagerung entspricht ein sanftes, leichtes Rollen über die Sitzbeinhöcker, wobei im Kreuzbeinbereich (Beckenbereich) etwas gedehnt und losgelassen wird.

Wirkung der Übung:

- Die Beinkraft wird gestärkt. Arthrose-Knien wird vorgebeugt oder Beschwerden werden gelindert durch abwechselndes Belasten und Entlasten.
- Das Iliosakralgelenk (Kreuz-Darmbein-Gelenk), das häufig fest ist, wird in dieser Übung sanft gedehnt und damit allmählich geschmeidiger.
- Die energetische Wahrnehmung wird geschult: Fülle und Leere in den Händen und Füßen spüren.

5. Armkreisen

Ausgangsstellung: Reiterstand: deutlich breiter als Schulterbreite, die Fußspitzen sind ca. 30 bis 45 Grad nach außen gedreht. Die Hände befinden sich hängend vor den Leistenbeugen.

Ausführung: Die hängenden Arme kreisen von unten über außen nach innen zum oberen Dantian und vor der Körpermitte weiter nach unten. Danach weschseln die kreisenden Arme die Richtung und kreisen von innen nach außen. Sie verbinden Himmel und Erde.

Beschreibung der Übung:

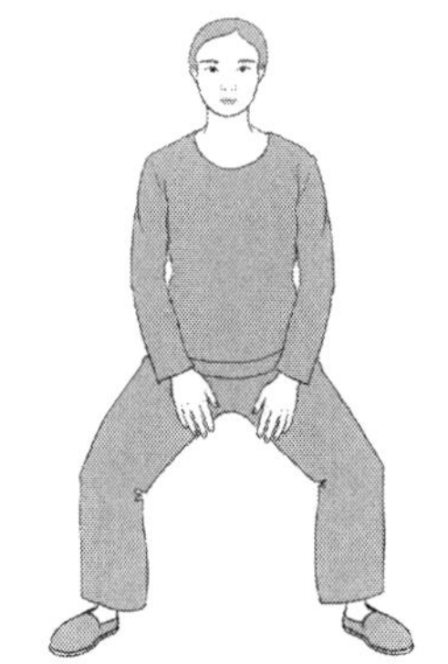

Die Übung beginnt im Reiterstand. Die Knie sind leicht gebeugt bis zum Beginn der Zehen. Die Kniemitte sollte sich über der Mitte des vorderen Fußes befinden. Die Arme hängen vor der Leistenbeuge locker herab. Die Handteller zeigen zu den Oberschenkeln.

Mit dem Einatmen und einem leichten Impuls gegen die Fußsohlen die Beine leicht strecken und sich von innen her aufrichten. Die Arme treiben dabei über außen (schwebend, wie vom Wind bewegt) nach oben: die Handgelenke sind entspannt, die Arme runden sich und die Handinnenflächen drehen mit dem Steigen nach außen bis leicht über den Kopf.

Die Hände gleichmäßig im leichten Bogen über außen bis über den Kopf führen. Die Fingerspitzen beider Hände zeigen zueinander.

Mit dem Ausatmen drehen die Handteller langsam und entspannt nach unten Richtung Erde und sinken vor der Rumpfmitte ganz nach unten. Dann drehen von unten die Hände erneut Richtung Himmel und die Übung beginnt von vorn.
Auch hier verbindet sich die große Armbewegung (Heben und Sinken) mit der kleinen Knie- und Beinbewegung (Strecken und Beugen).

Richtungswechsel: Beim Wiederholen der Figur ohne Unterbrechung die Richtung des Armkreisens wechseln. Die hängenden Hände steigen mit der Handinnenfläche nach unten vor der Rumpfmitte zum Himmel bis leicht über den Kopf, wo sie nach außen und unten drehen und wieder bogenförmig an den Rumpfseiten sinken, um erneut über innen nach oben zu kreisen.

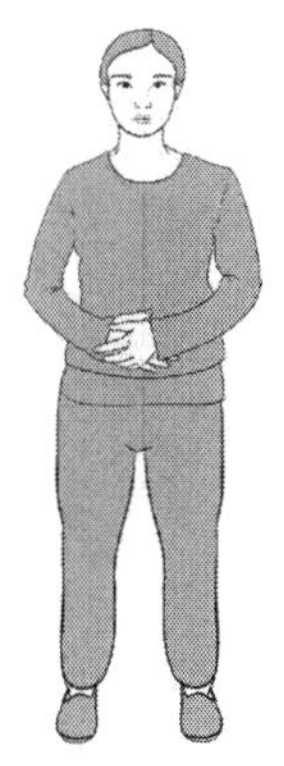

Abschluss: Danach die Übung abschließen, die Aufmerksamkeit im unteren Dantian sammeln und nachspüren (s. Abschluss der Übung).

Wirkung der Übung:

- *Diese Übung stärkt* die Bein- und Bauchmuskulatur, massiert die Verdauungsorgane und stimuliert die Nieren.

- Schultern und Hüftgelenke werden durch das gleichmäßige sanfte Kreisen der Arme geöffnet und geschmeidig gehalten.
- Der Schultergürtel wird gelockert und aktiviert.

Hinweis: Alle oben beschriebenen Übungen können mit kleinen Anpassungen auch im Sitzen ausgeführt werden.

6.5.4 Zwei unbewegte Zen-Übungen im Stehen

Bei den fünf bewegten Übungen lag der Übungsfokus auf den langsam und gleichmäßig fließenden Bewegungen. Bei den nachfolgend beschriebenen drei unbewegten Übungen liegt der Fokus auf dem „unbewegten" Stehen bzw. Sitzen, auf dem Atem und dem Wahrnehmen der inneren feinstofflichen Prozesse.

1. Stehen wie ein Baum

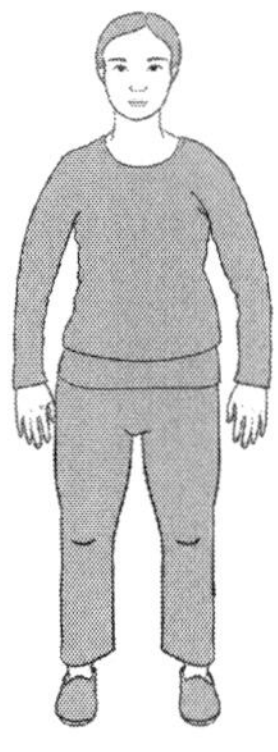

Ausgangsstellung: Parallelstand, Hüftbreite oder Schulterbreite, eine entspannte Stehhaltung einnehmen (siehe Kapitel 6.5.2).

Ausführung: Stehen in Stille mit gerundeter Armhaltung vor dem mittleren Dantian (Brustzentrum). Den Atem wahrnehmen wie er ein- und ausströmt.

Beschreibung der Übung:

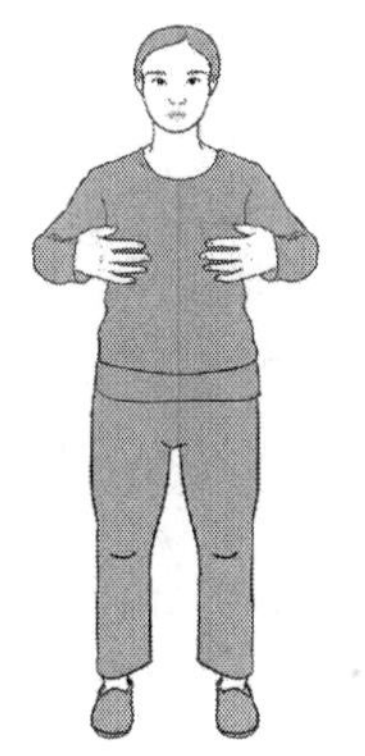

Die Hände (im leichten Bogen über außen) verbunden mit einem leichten Bewegungsimpuls gegen die Fußsohlen und einem leichten Strecken in den Beinen (Knien) bis vor das Brustzentrum anheben und die Arme und Hände mit etwas Abstand zum Rumpf wie auf einem runden Luftkissen oder Energieball ablegen. Die Hände und Schultern sind entspannt, die Arme gerundet. Die Handinnenflächen weisen zum mittleren Dantian. Die Fingerspitzen zeigen zueinander und haben etwa eine Handbreite Abstand zueinander. Zwischen den Finger ist etwas Raum und die Handteller sind gerundet.

Von den Fußsohlen ausgehend ein leichtes Pendeln von vorne nach hinten entstehen lassen. Die leichte Schwingung setzt sich von den Füßen aus fort in die Knie, Hüften, durch die Wirbelsäule… bis zum Scheitelpunkt. Die ganze Fußsohle bleibt dabei im Kontakt mit dem Boden. Anschließend konzentriert sich der Übende auf die eigene Mitte (Körpermitte und Fußmitte) und lässt die äußere Bewegung zur Ruhe kommen, bis nur noch eine leichte innere Bewegung wahrnehmbar ist. Das Qi kann in dieser äußerlich kaum sichtbaren Bewegung ungehindert steigen und sinken. Der Kopf ist leicht und beweglich aufgerichtet, die Schultern sind entspannt, das Kinn ist etwas zurückgenommen, so dass der Scheitelpunkt sich nach oben ausrichten kann, als würde er leicht nach oben gezogen. Der Blick ist weich und entsprechend der eigenen Köperlänge nach vorn unten ins Leere zum Boden gerichtet: absichtslos dasein, präsent sein.

Atem: Die Aufmerksamkeit wird im unteren Dantian gehalten. Durch die Verankerung im Becken-Bauchraum kann sich der Atem auf natürliche Weise vertiefen. Aufkommende Muskelspannung sowie kreisende Gedanken können wahrgenommen und losgelassen werden.

Man kann sich auch bewusst mit dem Atem verbinden: mit dem Pendeln nach hinten und dem Ausatmen alles Schwere sinken lassen. Mit dem Einatmen und Pendeln nach vorn ein innerliches Steigen zulassen und sich mühelos von innen zum Himmel aufrichten.

In der Baumhaltung eine Zeit lang verweilen (2, 5 bis 10 Minuten oder länger).

Abschluss: Danach die Übung abschließen, die Aufmerksamkeit im unteren Dantian sammeln und nachspüren (siehe Kap. 6.5.2 Abschluss der Übung).

Vorstellung:

- Ich bin über den Kopf mit der Weite und Leichtigkeit des Himmels verbunden („oben leicht und leer"). Über die Füße und das Bauchzentrum bin ich mit der Ruhe und der Stabilität der Erde verbunden („unten voll und schwer").

- Von oben werde ich gehalten wie von einem seidenen Faden, der bis in den Kosmos reicht und der den Scheitelpunkt sanft etwas nach oben zieht. Die Erde trägt und nährt mich (sprudelnde Quelle, Yongquan). In meiner Mitte (Bauchmitte und Herzmitte) bin ich fest verankert und kann mich dem Leben vertrauensvoll überlassen (mich in die Figur fallen lassen).
- In der daoistischen Philosophie wird der Mensch mit einem Baum verglichen. Der Übende kann sich das Bild eines Baumes vorstellen: Von den Füßen aus gedanklich Wurzeln in den Boden wachsen lassen, die Standfestigkeit geben. Die Arme als Zweige vorstellen, die sich leicht im Wind bewegen. Die aufgerichtete Wirbelsäule und Beine als stabilen und flexiblen Stamm des Baumes vorstellen. Den leicht gehaltenen Kopf mit der wiegenden Baumkrone assoziieren.
- Ich werde vom eigenen Atem innerlich sanft bewegt. Lebensenergie strömt durch meinen Körper.
- Der kosmische Atem strömt in mich ein und aus. Es atmet mich. Ich werde innerlich weich, weit und durchlässig.
- Ich werde durchlässig für den kosmischen Atem des Dao, für das heilsame himmlische Qi (Wuji, siehe hierzu Kapitel 2.2), den heilsamen Geist des Absoluten.

Wirkung der Übung:

- Die Herz- und Lungenenergie werden gestärkt: durch den energetischen Kontakt der beiden Handteller (Laogong-Punkte) zum mittleren Dantian in der Rumpfmitte.
- Innerlich zur Ruhe kommen: geistige und körperliche Spannungen loslassen im Innehalten und Spüren nach innen.

2. Stehende Säule

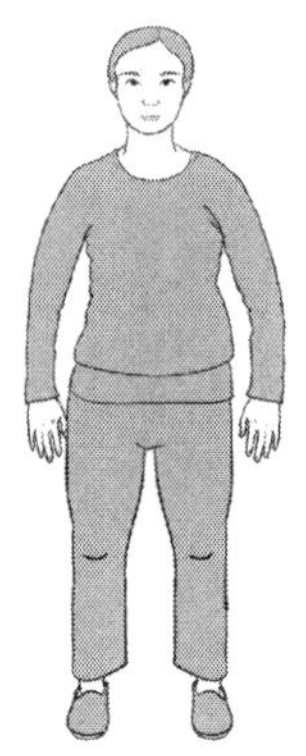

Ausgangsstellung: siehe oben: „Stehen wie ein Baum“

Ausführung: Die Handinnenflächen (Laogong-Punkte) nacheinander zu den drei Dantians ausrichten, sowie zum Scheitelpunkt und zum Punkt der sprudelnden Quelle.
Die drei Dantians repräsentieren die Ganzheit des Menschen von Körper (Jing-Qi, unteres Dantian), Seele (Xin-Qi, mittleres Dantian) und Geist (Shen- oder Wu-Qi, oberes Dantian).

Beschreibung der Übung:

Untere Dantian: Die Übung beginnt ähnlich wie „Stehen wie ein Baum“, die Hände bewegen sich verbunden mit einem leichten Aufrichten (siehe oben) im Bogen über außen bis vor das Bauchzentrum, die Fingerspitzen weisen diagonal zur Erde. Mit dieser Ausrichtung der Arme und Hände eine Zeit verweilen. Den energetischen Kontakt zwischen den Laogong-Punkten in den Händen und dem unteren Dantian spüren, den Atem in Stille wahrnehmen und kommen und gehen lassen.

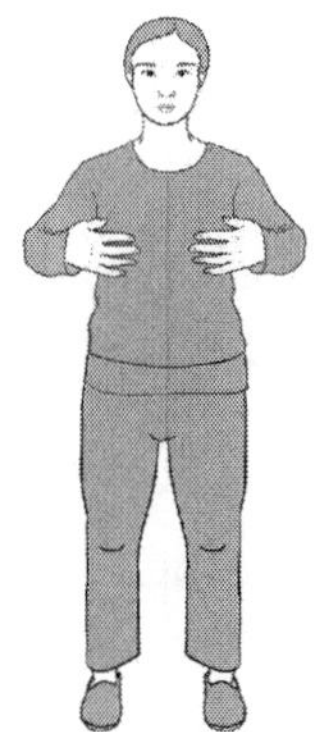

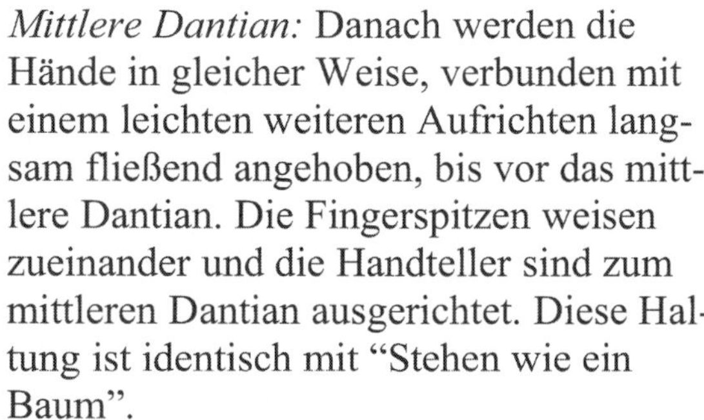

Mittlere Dantian: Danach werden die Hände in gleicher Weise, verbunden mit einem leichten weiteren Aufrichten langsam fließend angehoben, bis vor das mittlere Dantian. Die Fingerspitzen weisen zueinander und die Handteller sind zum mittleren Dantian ausgerichtet. Diese Haltung ist identisch mit “Stehen wie ein Baum”.

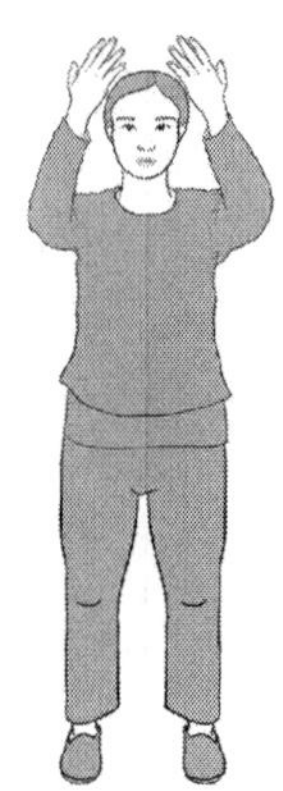

Obere Danitan: Dann steigen die Hände langsam verbunden mit einem weiteren leichten Aufrichten fließend weiter vor das Kopfzentrum. Hierfür drehen die Fingerspitzen nach oben (und die Ellenbogen sind etwas nach unten und außen gerichtet). Die Mittelpunkte der Handteller weisen zum Punkt zwischen den Augenbrauen (mit etwas Abstand zum Kopf) und verbinden sich energetisch mit dem oberen Dantian. Auch hier einige Atemzüge lang verweilen.

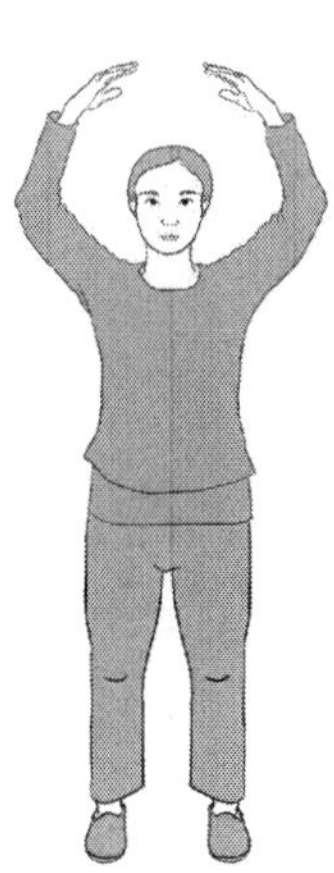

Scheitelpunkt: Die Ellenbogen werden nach außen gedreht, die Arme runden sich und treiben nach oben und die Handteller richten sich zum Scheitelpunkt (Baihui) aus. So kommen die Handteller in Kontakt mit dem höchsten Punkt des Kopfes. Auch das Energie-Zentrum im Scheitelpunkt wird energetisch aktiviert, um die Weite „des Kosmos“ zu erspüren (siehe Kapitel 1.2 Der Mensch als Mikrokosmos im Makrokosmos).

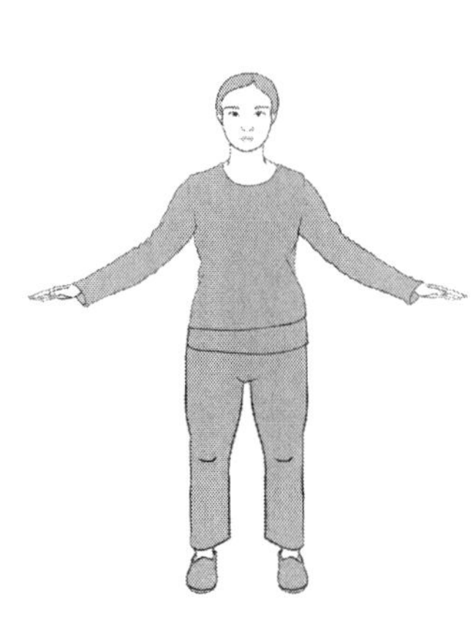

Punkt der Sprudelnden Quelle: Zum Schluss sinken die Hände bogenförmig über links und rechts außen nach unten zum Gegenpol, „zur Erde“ links und rechts neben der Hüfte. Dabei mit der Aufmerksamkeit (des Atems, des Qi) leicht nach unten sinken und dabei die Knie leicht beugen und sich zur Erde hin mit dem Punkt der sprudelnden Quelle (Yongquan) unter den Fußsohlen verbinden, verwurzeln. (Die Handteller sind zur "stehenden Hand" aufgerichtet und verbinden sich energetisch mit den Füßen.) Der Geist ist klar, still und leer.

Den steigenden und sinkenden Ablauf je nach Ausdauer wenigstens ca. 3 – 5 Mal wiederholen.

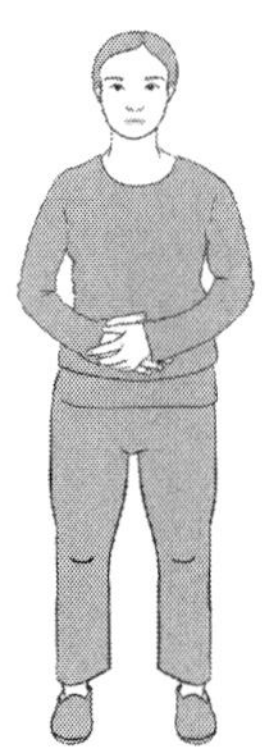

Abschluss: Danach die Übung abschließen, die Aufmerksamkeit im unteren Dantian sammeln und nachspüren (siehe Kapitel. 6.5.2: Abschluss der Übung).

Vorstellung:

Der Mensch als Körper-Seele-Geist-Einheit: Ganz-Mensch-Sein (Petra Kobayashi, S. 42ff.)

Ich bin mir meiner Würde (Aufrichtung) als Mensch zwischen Himmel und Erde bewusst und fühle mich geborgen: aufgerichtet, gehalten und getragen, verwurzelt und umhüllt („Wei-Qi“).

Wirkung der Übung:

- Über den Kontakt durch die innere Aufmerksamkeit der Hände zu den drei Dantians und den Energiepunkten von Füßen und Scheitelpunkt wird der Energiefluss im Meridiansystem angeregt und ins Gleichgewicht gebracht.
- Die Wahrnehmungsfähigkeit für das Feinstoffliche wird vertieft und verfeinert.
- Das „Wei-Qi“ wirkt wie ein Schutzmantel. Es sorgt für die Erwärmung der Haut, für die Funktion der Poren und die Kontrolle des Schweißes. (Vergl. Schmidt-Neuhaus, Handbuch S. 68)

Der sprachlichen Beschreibung von langsamen bewegten Übungen sind deutliche Grenzen gesetzt, da viele kleine Bewegungen gleichzeitig ausgeführt werden, sprachlich aber nur nacheinander beschrieben werden können. Daher können die sprachlichen Anleitungen oft nur eine Unterstützung für die Schülerinnen und Schüler sein und den Unterricht durch einen autorisierten Kursleiter oder Lehrer in der Regel nicht ersetzen. Daher spielt auch das Vormachen durch den Lehrer und das Nachmachen (Nachahmen) der Übungen durch die Schüler im Unterricht eine so wichtige Rolle.

6.6 Sitzen in Stille im Stil des Zen

Ausgangsstellung: Für diese Übung wird eine Sitzhaltung auf einem Kissen eingenommen. Es kann auch ein Bänkchen, Hocker oder Stuhl verwendet werden.

Ausführung: Der Übende sitzt wachsam, entspannt und zugleich innerlich stabil im Sinne von Zuowang (Sitzen in Vergessenheit), Za-Zen oder Kontemplation.

Beschreibung der Übung:

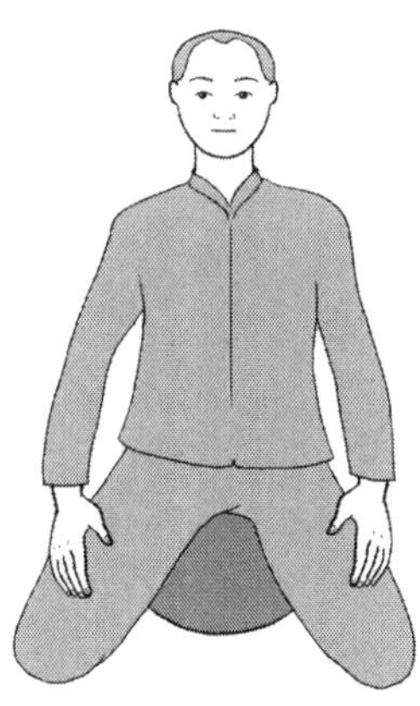

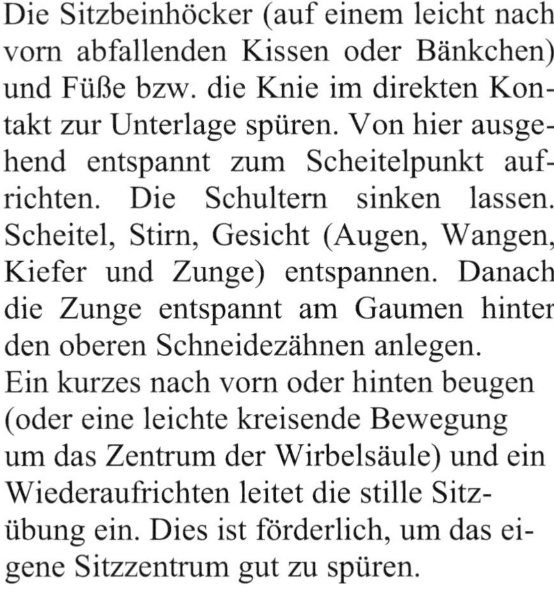

Die Sitzbeinhöcker (auf einem leicht nach vorn abfallenden Kissen oder Bänkchen) und Füße bzw. die Knie im direkten Kontakt zur Unterlage spüren. Von hier ausgehend entspannt zum Scheitelpunkt aufrichten. Die Schultern sinken lassen. Scheitel, Stirn, Gesicht (Augen, Wangen, Kiefer und Zunge) entspannen. Danach die Zunge entspannt am Gaumen hinter den oberen Schneidezähnen anlegen.
Ein kurzes nach vorn oder hinten beugen (oder eine leichte kreisende Bewegung um das Zentrum der Wirbelsäule) und ein Wiederaufrichten leitet die stille Sitzübung ein. Dies ist förderlich, um das eigene Sitzzentrum gut zu spüren.

Die Hände sind locker ineinandergelegt, eine Schale formend. Die leicht angehobenen Daumenspitzen berühren sich nur leicht. Diese „Tigermaul-Haltung“ der Hände hat eine kraftvolle zentrierende Wirkung.

Die Handkanten können in der Leistenbeuge abgelegt werden. Die Ellenbogen leicht nach außen drehen. Falls sich hierbei Nacken- oder Schulterbereich verspannen, sollten die Handflächen auf den Oberschenkeln abgelegt werden. Es gilt, entspannt und zugleich innerlich stabil und aufgerichtet zu sitzen.

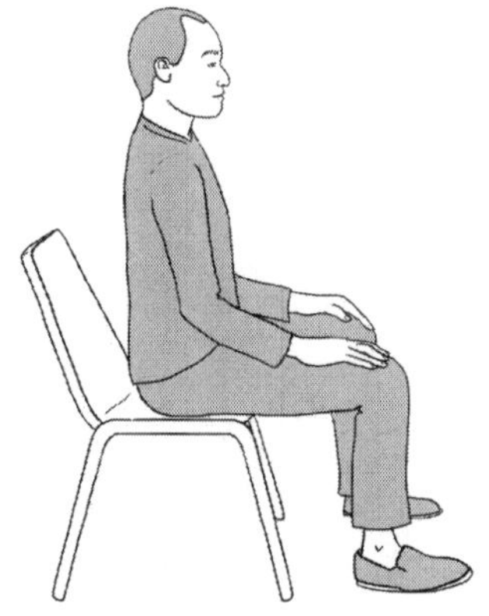

Danach „in ruhevoller Wachheit“ (Vergl. Schmidt-Neuhaus, Kursbuch S. 12-13) alles wahrnehmen und dabei regungslos in Stille sitzen.

Abschluss: Kurz nach vorn beugen, um den Rücken zu entspannen. Dabei kann der Boden mit der Stirn und den Händen leicht berührt werden, wenn man auf einem Kissen oder Meditationshocker sitzt. Langsam aufstehen (damit der Kreislauf sich stabilisieren kann)!

Anmerkungen und Wirkung der Übung:

Der Atem als Fokus: Hilfreich beim stillen Sitzen ist das Zählen beim Ein- und Ausatmen. Siehe hierzu weiter unten eine Anleitung.

Ein Mantra als Fokus: Der Übende verbindet ein Koan oder Mantra ganz mit seinem Atem. Willigis Jäger nennt dies „Bewusstseins-Sammlung“ (Jäger, Kon. S. 135ff). Dafür kann man ein Mantra (z.B. „Shalom“) oder ein Wortlaut (z.B. „Wu“) in dem Atem resonieren lassen. A-, O- oder U-Laute können eine Erdung unterstützen. Das vibrierende „Mmm“ kann den ganzen Körper sehr wohltuend durchströmen. Dies kann sowohl laut als auch leise einzeln oder in der Gruppe geübt werden.

Stilles Sitzen ohne Fokus: Der Übende kann aber auch spürend und horchend nach innen lauschen und innerlich leer sein. Im Zen wird diese Übung Shikantaza (Sitzen und sonst Nichts), genannt. Nicht denken, nichts was im Bewusstsein auftaucht, wird angenommen, keine besondere Aufmerksamkeit auf den Atem richten: Dies nennt Willigis Jäger „Bewusstseins-Entleerung“. (Jäger, Kon. S.144ff) Nach jeder Ablenkung kehrt der Übende wieder zur reinen, nichtwertenden Aufmerksamkeit bzw. Achtsamkeit zurück. Einssein mit dem Dao, der letzten Wirklichkeit. „Hier in der Stille geschieht die Verbindung, die Kommunikation mit dem, was Gott, Gottheit, Christusbewusstsein, Essenz oder Leerheit genannt wird. Hier ist der Ort der Begegnung“ (Jäger, Kon. S. 147) der Kommunion mit sich selbst und im Dao.

Es folgt eine Wiederholung und detaillierte Anleitung für die Praxis der sitzenden Meditation.

Die Praxis der Übung

- Eine Anleitung für das Sitzen in Stille im Stil des Zen (Zuowang und Chan)

Was muss ich tun, um im Sinne von Zen zu meditieren? Die zentralen Aspekte der Übung des Sitzens in Stille (jap. Za-Zen) - im Daoismus Zuowang und im chinesischen Buddhismus Chan genannt - sind das Sitzen und das langsame Gehen (jap. Kinhin).

Stilles Sitzen wird auch Sitzen in Versenkung oder Sitzen in Gewahrsein genannt. Der Übende sitzt unbewegt und schweigend auf einem Bänkchen oder einem Kissen, und zwar so, dass seine Sitzbeinhöcker unterstützt werden und sich die Wirbelsäule gerade aufrichtet. Das kann im Knien auf einer nach hinten schräg ansteigenden Sitzfläche (Bänkchen) geschehen oder im Lotus-, Halblotus- oder Viertellotussitz auf einem Kissen. Wem es nicht möglich ist, auf einem Kissen oder Bänkchen längere Zeit entspannt zu sitzen, kann auch einen Hocker oder einen Stuhl benutzen. Wichtig ist, dass der Rumpf entspannt ist und gerade zum Scheitelpunkt des Kopfes aufgerichtet wird. Das Kinn wird leicht zurückgenommen, damit der Kopf gerade auf der Wirbelsäule ruht. Der Kopf soll nicht nach vorn oder hinten, links oder rechts geneigt sein. Die Augen sind halb geschlossen bzw. halb geöffnet, und der Blick geht (etwa einen Meter) nach vorn auf den Boden ins Leere. Er ist gleichzeitig nach innen und außen gerichtet. Der Blick ist gesenkt, und die Augen sollen dabei nicht auf einen Punkt fixiert werden. Die Sitzhaltung sollte so sein, dass man sich wohl fühlt, damit man längere Zeit entspannt sitzen kann.

Der Atem sollte tief in den Bauch hinein sinken können. Das ist nur möglich, wenn er nicht durch eine zu enge Hose oder einen Gürtel eingeengt wird. Der Atem sollte frei und natürlich fließen können und nicht beeinflusst werden. Die ganze Aufmerksamkeit ist auf den Atemrhythmus gerichtet. Es geht darum, innerlich mit dem Atemrhythmus mitzuschwingen und Gedanken wie Wolken vorüberziehen zu lassen, ohne sich daran festzuhalten. Also nicht ins Nachdenken geraten, sondern alles rationale Denken loslassen. Gedanken dürfen auftauchen. Sie sollten jedoch nur wahrgenommen und wieder losgelassen werden. Es ist wesentlich, einerseits nicht ins Nachdenken zu geraten und andererseits nicht ins Träumen oder Dösen zu verfallen oder inneren Bildern oder Phantasien nachzuhängen. Es geht um eine wache, helle Präsenz und Aufmerksamkeit, die ausschließlich auf die Wahrnehmung des Atems gerichtet ist.

Als Konzentrationshilfe für Anfänger dient das Zählen des Atemrhythmus. Dies kann auf unterschiedliche Weise geschehen. Es kann das Ein- und Ausatmen von 1 bis 10 gezählt werden (5 Atemzüge: 1 ein und 2 aus, bis 10 und dann wieder von vorn beginnen). Oder es kann nur das Ausatmen oder nur das Einatmen gezählt werden von 1 bis 10 (10 Atemzüge: entweder 1 nur aus oder 1 nur ein, bis jeweils 10 und dann wieder von vorn beginnen). Dabei ist es wichtig, ganz natürlich zu atmen und das natürliche Atmen zu zählen. Wird versucht, den Atemrhythmus an ein mechanisches Zählen anzupassen, dann gerät das Atmen ins Stocken oder der Atem wird gepresst. Das verhindert eine natürliche Atmung und Entspannung. Wird nur das Ausatmen gezählt, so kann unbewusst dadurch das Ausatmen leicht verstärkt werden. Das kann einerseits eine Entspannung verstärken, aber andererseits auch zu Müdigkeit führen. Eine zu große Müdigkeit kann durch das Zählen des Einatmens verhindert werden, da dadurch die Sauerstoffaufnahme verbessert werden kann und die Müdigkeit nachlässt oder verschwindet. Das kann dem Übenden helfen, wach und präsent bei der Übung zu bleiben. Es geht darum, sich ganz in die Übung fallen zu lassen, alles Äußere loszulassen und sich in den Atem, in die Übung, zu versenken.

Wichtig für die Übungspraxis ist, dass sich der Schüler oder die Schülerin ganz in die Übungspraxis vertieft und von allen Erwartungen, Wünschen und Hoffnungen an ein Übungsergebnis löst, egal welche inneren Erfahrungen auch auftauchen mögen. Es ist wichtig, die eigenen *Erfahrungen nicht* zu *bewerten* und immer wieder zur ganz nüchternen Übung zurückzukehren. Es geht darum loszulassen, Achtsamkeit, Gelassenheit, Nicht-Anhaften und Nicht-Verdrängen zu üben und dabei ganz im Hier und Jetzt zu sein. Also wahrnehmen was ist, es aber gleich wieder loslassen und zur Übung zurückkehren ist die Aufgabe.

Die Übung misslingt, wenn wir die Übung „machen" wollen, indem wir uns zum Beispiel innerlich darauf fixieren, nicht zu denken. Diese Fixierung auf das Nichtdenken ist eine „Falle", also ein Festhalten oder Anklammern an das Nichtdenken, was zu einer inneren Starre oder zur „toten Leere" führt, wie es im Zen genannt wird. Es geht darum, auch diese Fixierung loszulassen.

Sollten außerkörperliche Erfahrungen in der Meditation auftauchen (was vorkommen kann), ist es immer ratsam, (ergänzend) Methoden anzuwenden, die zu einer besseren Wahrnehmung und Integration des Körpers führen, wie z.B. Taijiquan, Qigong, Yoga, Aikido oder bioenergetische Übungen oder andere Körpertherapien. Ebenso kann es vorkommen, dass ungelöste seelische Konflikte oder Traumata aus dem Unbewussten auftauchen, die verdrängt waren und verarbeitet werden wollen. Dann kann es erforderlich sein, sich therapeutische Hilfe zu holen. Zen und Kontemplation sind keine Psychotherapie und kein Therapie-Ersatz.

Im Zuowang und im weicheren Dao-Chan (Za-Zen) das aus China kommt wird folgender Abschluss der Sitzrunde empfohlen: Vor dem Aufstehen die Hände zu reiben, über Kopf, Nacken und Nieren-Beckenbereich sowie über die Beine zu streichen und darauf zu achten, nicht zu ruckartig aufzustehen, damit der Kreislauf sich an die Bewegung und gegebenenfalls an das Kinhin anpassen kann.

Diese Vorsichtsmaßnahmen sind besonders bei eingeschlafenen Beinen und einem abgesackten Blutdruck sehr wichtig. Sonst kann es bei einem schnellen, unvermitteltem Aufstehen geschehen umzufallen, da die Beine ihre Kraft versagen.

- Eine Anleitung für das meditative Gehen (Kinhin)

Meditatives Gehen ist keine Entspannungsübung und keine Unterbrechung der Übung, sondern ein Üben von stillem Gewahrsein im Gehen. Sie ist eine Abwechslung zum stillen Sitzen und eine Ergänzung der Übung. Auch das meditative Gehen kann auf unterschiedliche Weise ausgeführt werden. So kann jeder Schritt mit einem Atemzug bzw. mit dem Ein- und Ausatmen verbunden werden. Oder es kann die Aufgabe sein, ganz wach und präsent jeden Schritt wahrzunehmen, also jeden Schritt ganz bewusst und langsam zu setzen und dabei auf eine klare Gewichtsverlagerung zu achten. Auch sollte das langsame Gehen mit einer klaren Aufrichtung nach oben zum Scheitelpunkt verbunden werden.

In der Zen-Linie „Leere Wolke" und in der Kontemplations-Linie „Wolke des Nichtwissens" von Willigis Jäger wird in Sesshins (längeren Sitzperioden) und Übungstagen morgens vor dem Sitzen oder auch an den Nachmittagen ein schnelles Gehen, meist im Freien, im Kreis praktiziert. Auch das schnelle Gehen kann mit dem Atemrhythmus verbunden werden und hat zudem die Funktion, den Kreislauf nach langen Sitzphasen zu aktivieren und dabei hellwach und präsent zu sein.

Beim Aneinanderschlagen von zwei Hölzern wird das Gehen plötzlich unterbrochen und der Übende verweilt einen Augenblick ganz präsent im stillen Stehen. Das fördert die Präsenz. Danach geht jeder zügig auf seinen Sitzplatz zurück.

- Innere und äußere Taiji-Prinzipien

Neben den „äußeren" Taiji-Prinzipien (siehe hierzu Punkt 6.3), die nach innen wirken, gibt es „innere" Prinzipien, die nach außen wirksam sind. In untenstehender Übersicht sind die „inneren" Taiji-Prinzipien als Hinweis für das Üben von Bewegungssequenzen zusammengefasst. Handelt es sich z.B. um Bewegungsabläufe, im Taiji Formen genannt (siehe mein Buch: Taiji und Daoismus im Westen) die „äußerlich" soweit geübt wurden, dass sie fließend ohne zu stocken ausgeübt werden können, so ist es an der Zeit sich auf die „inneren" meditativen Prinzipien zu konzentrieren. So kann mit der Zeit eine geistige Wahrnehmung das alltägliche Üben und Handeln durchdringen. Ruhe, Wachheit und Präsenz, eine Geisteshaltung des *Wu Wei* verbindet sich mit dem Alltag. Dieses *mühelose Bemühen* im Üben, dieses Paradox ist als aktive Passivität oder aktionslose Aktion zu verstehen. Sie kann nicht nur in unserer westlichen Gesellschaft, sondern allen Menschen, die zu sehr im aktiven Machen gefangen sind, wieder in Verbindung mit der eigenen lebendigen Lebenskraft bringen.

Wenn nach längerem Üben der Atem- und Bewegungsrhythmus sich zu einer Einheit verbindet, entsteht ein spürbarer energetischer Fluss, ein entspanntes Mitfließen im Bewegungsablauf. Der Atem führt die Bewegung: Ein Entspannen und Loslassen geschieht wie von selbst. Leichtigkeit und innere Freude stellen sich ein und das nicht nur beim Üben, sondern anfangs überraschend, auch mitten im Alltag. Dann werden die äußeren und inneren Prinzipien der bewegten Meditation immer mehr vertieft und damit verinnerlicht.

„Innere" Taiji-Prinzipien
(Sie wirken von innen nach außen)

- **Stille**: geistige Leere, innere Ruhe
- **Spüren**: Wahrnehmen, Fühlen, Entspannen
- **Innere Heiterkeit**: Gelassenheit, innere Freude
- **Präsenz**: Aufmerksamkeit, Achtsamkeit, Wachsam sein
- **Wuwei**: Handeln ohne zu Handeln, aktionslose Aktion, müheloses Bemühen, im Fluss sein ...

Abb. 13: „Innere" Taiji-Prinzipien

Die Übungen sensibilisieren für die eigenen energetischen Kreisläufe und damit auch für den Kreislauf der Natur, für ökologische Zusammenhänge und Ungleichgewichtszustände im kleinen und weiteren Umfeld. Dies ist heute besonders wichtig in Bezug auf Klimawandel, Verschmutzung von Luft und Meeren, Verschwendung von Grundstoffen u.a. Wie übergeben wir diese Welt an nachfolgende Generationen? Übergriffe auf die Natur und ein blinder Aktionismus stehen konträr zum daoistischen Lebensprinzip *Wu Wei*, Handeln durch Nicht-Handeln, Loslassen (auch als müheloses Bemühen zu verstehen). Ein gegen die (innere und äußere) Natur gerichtetes Handeln vermeiden, sich dem enthalten. *Weniger ist Mehr!* Damit wird ein Innehalten und ein mehr an Achtsamkeit (Bewusstheit) zum Ausdruck gebracht, um den natürlich stattfindenden Ausgleich der Kräfte Yin und Yang in den Wandlungsphasen *(Wu Xing)* nicht künstlich zu zerstören (siehe auch Kapitel vier). Ein inneres Loslassen ist Voraussetzung für Wachstum und Wandel hin zu mehr „Natürlichkeit und Verbundenheit".

Im Daodejing, dem uralten Buch über die Kunst des Loslassens (des Egos) heißt es:

Will einer die Welt an sich nehmen
und an ihr handeln -
Ich sehe, dass es ihm nicht gelingt.
Nun, die Welt ist ein heiliges Gefäß
und nicht etwas, woran man handelt.
Wer handelt, scheitert dabei.
Wer festhält, verliert's.

(Daodejing 45/1)

Übt man die Harmonie im Freien an einem schönen Platz in der Natur, werden alle Sinne geweckt und es kann sich ein intensives Gefühl von Lebendigkeit, Achtsamkeit, Verbundenheit und Einssein mit der Natur einstellen. Das im Körper (Mikrokosmos) fließende Qi verbindet sich mit dem Qi des Universums (Makrokosmos) und verbindet Innen und Außen. Die so entstehende Harmonie bewirkt das umfassende Wohlgefühl des Taijiquan und Qigong, die Einheit von Körper, Geist und Seele. Der Übende kann sich als Teil eines größeren Ganzen, als in Harmonie mit dem ganzen Kosmos erfahren.

Vergleicht man die obigen sieben Taiji-Übungen (fünf bewegte und zwei unbewegte im stillen Stehen) mit der einen Zen-Übung im Sitzen, so wird schon rein äußerlich durch die Textlänge sichtbar, wie komplex das Taiji-Übungssystem ist, zumal es hunderte von Übungen umfasst. Im Gegensatz dazu wird die unglaubliche Einfachheit des „Sitzens in Stille im Stile des Zen" deutlich. Gleichzeitig wird jedoch auch klar, wie sehr Taiji Körper- und Energiewahrnehmung schult und gleichzeitig dem Geist einen Fokus bietet. Denn es ist die volle Aufmerksamkeit bzw. Achtsamkeit erforderlich, um sich ganz auf die Übung zu konzentrieren, um sie „richtig" zu machen. Manchmal ist es für Taiji-Übende sehr erschreckend, wie steif und unbeweglich Zen-Praktizierende sind, was besonders beim meditativen Gehen Kinhin deutlich wird. Die Menschen fallen eher nach vorn (oder hinten), als dass sie sich in der Mitte bleibend vorwärtsbewegen. Wie soll also eine Umsetzung von Erfahrungen (Satori) im Alltag stattfinden, wenn die Menschen körperlich jegliche Eigenwahrnehmung und Kraft verloren zu haben scheinen. Vielleicht wird an dieser Stelle auch dem Leser deutlich, welch (emotional-energetische) Kraft regelmäßiges Taiji-Üben entfalten kann, das in der traditionellen Zen-Praxis leider nicht geschult wird.

Daher hier nochmal die Empfehlung Zen mit Taiji und Taiji mit Zen (wegen der Schulung der Kraft des Geistes) zu verbinden.

7. Zen und andere Wege

Gemeinsamkeiten und Unterschiede der Übungswege in den Weltreligionen

In Kapitel sechs wurden konkrete Anleitungen für die Zen-Praxis beschrieben. Nachfolgend soll der Blick geweitet werden und ausgehend vom Zen auf andere spirituelle Traditionen und Übungswege geblickt werden, um ihre Gemeinsamkeiten und Unterschiede zu beleuchten. Es geht darum die anderen Traditionen wertzuschätzen und ihre Bedeutung für das Zen zu klären.

Der Blick in die Übungswege anderer mystischer Traditionen und Schulen kann viel dazu beitragen, den eigenen Übungsweg besser zu verstehen, zu hinterfragen, zu reflektieren und zu prüfen, inwieweit er mich tatsächlich in der Tiefe anspricht und erreicht und damit meinen eigenen Weg fördert. Dieser Ein- und Überblick kann helfen, den Blick auf den eigenen Weg, wenn notwendig, zu vervollständigen und auf angemessenere Weise zu praktizieren. Nun folgt der Versuch, Zen vor dem Hintergrund der mystischen Traditionen der Weltreligionen zu reflektieren:

7.1 Zen und Yoga - Hinduismus

Der Hinduismus ist wohl die älteste Weltreligion und geht weit vor unsere Zeitrechnung (bis ca.17 Jh v. Chr.) zurück. Die Gesänge aus dem Vedata (religiöse Lieder) der schamanischen Seher wurden erst ab ca. 500 n. Chr. aufgezeichnet. Daraus haben sich im Hinduismus viele Richtungen entwickelt.

Zen lässt sich vor dem Hintergrund des Yoga sehr gut reflektieren, da das Yoga-System sehr klar strukturiert werden kann. In der nachfolgenden Tabelle 1 wird ein grober Überblick über die großen Yoga-Richtungen gegeben:

Yogaschulen/Richtungen

Yoga-Schulen	Schwerpunkte
Hatha-Yoga Übung	Yoga der Körperübungen und Energie
Karma-Yoga Alltag	Yoga der Tat, des richtigen Handelns
Radscha-Yoga Lehre	Yoga der intuitiven Einsicht, durch Studium der Schriften
Kundalini-Yoga (Tantra Yoga)	Yoga der Erweckung der „Schlangenkraft" Vereinigung von Shiva und Shakti (männlich und weiblich)
Bhakti-Yoga	Yoga der liebevollen Hingabe
Jana-Yoga	Yoga der intuitiven Schau

Abb. 14: Yogaschulen und Richtungen

Hatha-, Karma- und Radscha-Yoga bilden zusammengenommen den ganzen Übungsweg des Yoga zur höchsten Erkenntnis (Samadhi). *Kundalini-Yoga* kann als eine Spezialisierung oder Vertiefung des Hatha-Yoga gesehen werden, *Bhakti-Yoga* als eine spezielle Richtung des Karma-Yoga und *Jana-Yoga und Samadhi-Yoga* als eine spezielle Richtung des Radscha-Yoga.

So wie Zen im Westen unterrichtet wird, ist es dem Jana-Yoga sehr nahe und kann auch als Dharma-Yoga, Samadhi-Yoga oder Satrori-Yoga bezeichnet werden.

Das authentische Yoga der Meister zielt immer auf die Erfahrung der letzten Wirklichkeit: Die höchste Verwirklichung im Yoga: Brahman (Hintergrund - Absolute Wirklichkeit) und Atman (Vordergrund - Relative Wirklichkeit) sind Eins (im Samadhi). Auch „Tat tvam asi", „Das bist du", die Einheit.

7.2 Zen und Taiji - Daoismus

Auch in diesem Abschnitt soll das Yoga-System, wie zuvor dargestellt, dazu dienen, Zen und Taiji vor diesem Hintergrund zu reflektieren. Da Taiji im Kapitel „Zen-Übungsanleitung" zur Vorbereitung und Ergänzung des stillen Sitzens empfohlen wurde, wird Taiji vor dem Hintergrund des Yoga hier etwas mehr Raum gegeben.

Vom Zen-Weg ist bekannt, dass er in seinen authentischen Traditionen immer direkt auf die höchste absolute bzw. nicht-duale Ebene des Yoga, das *Samadhi-Yoga* gerichtet ist.

Im Sinne des Taiji also auf die Erfahrung der *Einheit mit dem Dao*. Das kann von der Taiji-Praxis nicht generell gesagt werden. Das wäre nur möglich, wenn die Aufmerksamkeit beim Üben der Taiji-Bewegung gezielt auf den geistigen Aspekt der Stille oder Leere *(Kensho, Satori)* gelenkt würde. Wenn dies nicht geschieht, kann das zusätzliche Üben von Zen (chin. *Chan)* bei einem authentischen Lehrer eine wertvolle Bereicherung für das Taiji sein.

Es gibt nur wenige Taiji-Meister oder -Lehrer, die eine Integration der Taiji-Prinzipien im Alltag ausdrücklich betonen und in den Vordergrund stellen. Zu ihnen gehört u.a. der bekannte Taiji-Meister *Cheng-Man-Ching*, der die nach ihm benannte Kurze Form des Taiji Yang-Stil entwickelt hat. Er war gleichzeitig auch ein Schriftgelehrter und betonte die Wichtigkeit der Einbindung der Taiji-Übungspraxis in die Dao-Lehre. Von ihm kann also gesagt werden, dass er den Weg des *Hatha-, Karma- und Radscha-Yoga* miteinander verband. Er betonte damit ebenfalls den meditativen Aspekt des Taiji und empfahl die sitzende Form der Meditation als Ergänzung zum bewegten Taiji. Im Sinne des Yoga strebte er also auch die höchste Form des Yoga, das (*Dharana* = Yoga der Erleuchtung) an.

Dieser sehr hohe Anspruch des Taiji ist jedoch längst nicht in allen westlichen Taiji-Schulen und Traditionen zu finden. Häufig findet eine Beschränkung auf den Aspekt des Hatha-Yoga statt. Taiji wird oft ‚nur' zur Entspannung geübt, um sich gesundheitlich fit zu halten oder um einen Kampfsport betreiben zu können. Eine Verbindung zum Alltag wird nicht gelehrt und der meditative Aspekt wird nicht wirklich verstanden. Er wird zwar benannt, es ist jedoch leider oft nicht klar, was in der Tiefe damit angestrebt und erreicht werden kann. Es werden also die Aspekte des *Radscha- und Karma-Yoga* vollständig außer Acht gelassen. Intuitive Erkenntnisse können zwar auch durch das Studium der alten Taiji-Texte erworben werden, sie müssen aber in der Auseinandersetzung mit einem Lehrer vertieft werden. Dies ist nur möglich, wenn der Meister oder Lehrer selbst tiefes Erwachen (Weisheit und Mitgefühl – Einheit mit dem Dao) durch das Üben des Taiji erlangt hat.

Die Wahrnehmung der feinstofflichen energetischen Ebene wird oft noch angestrebt, allerdings führt der Taiji-Weg dann nicht wirklich in die tiefe Erfahrung. Das Taiji verflacht und wird im Sinne des Hatha-Yoga nur in Hinblick auf richtige Körperhaltung *(Asana-Yoga)* und im Sinne von Aufmerksamkeit und Konzentration *(Dharana)* unterrichtet. Die Beherrschung bzw. eine bewusste Atmung *(Pranajamana-Yoga)* wird nicht angestrebt und ein Zurückziehen der Sinnesorgane von ihren Objekten (*Pratjahara-Yoga)* findet nicht statt.

Das führt dazu, dass Taiji im Westen häufig sehr verflacht und nicht bis zu den höchsten Ebenen energetischer und geistiger Wahrnehmung *(Jana- und Samadhi-Yoga)* führt.

Wenn Taiji in der genannten Weise mit dem Alltag verbunden ist und mit der notwendigen inneren Freude und Hingabe geübt wird, nur dann kann der Taiji-Adept das höchste Ziel des Taiji, das Einswerden mit dem Dao, erlangen. Nur dann können Hintergrund (Wu oder Wuji) und Vordergrund (Taiji, Wuxing und Wanwu) in Eins als Weg (Dao) zusammenfallen.

7.3 Zen und Tanz - Sufismus

Zen ist mit dem sufischen *Derwisch-Tanz* (aus dem Sufismus des Islam) äußerlich nicht vergleichbar, da dieser nach schneller rhythmischer Live-Musik auf der Stelle im Kreis getanzt wird. Trotzdem kann Zen vom Sufi-Tanz etwas lernen oder hat etwas mit ihm gemeinsam: Es ist der Aspekt der *Hingabe und inneren Gelassenheit und Heiterkeit* beim Üben. Nicht alle Zen-Schulen und -Richtungen betonen diese Aspekte, die im Qigong und Taiji inneres Lächeln und wache Aufmerksamkeit genannt werden. Ihnen kommt nach meiner Einschätzung auf dem Weg des Lernens und Übens eine besondere Bedeutung zu. In einer Atmosphäre von *innerer Gelassenheit, Heiterkeit, Freude und wacher Aufmerksamkeit* lässt es sich einfacher lernen und üben, und eigene Probleme und Fehler können leichter überwunden werden. Der Aspekt der Freude wird auch in der jüdischen Tradition des *Chassidismus* sehr betont.

Jedoch ist im Sufismus auch eine sitzende Meditation mit dem Atem bekannt, Zikr genannt. Im Rhythmus des Atems findet eine kreisende Kopf-Bewegung statt, die über eine Trance zur Erfahrung der absoluten Wirklichkeit führt. Der Tanz der Derwische ist wohl am ehesten mit der schamanischen *Trance* verbunden. Spontane Trance-Bewegungen sind nur noch in sehr selten praktizierten Richtungen des schamanischen Qigong bekannt.

Auch durch den Sufitanz oder den Sufi-Zikr oder -Dhikr (sitzende Meditationspraxis) kann die höchste Verwirklichung erreicht werden: Der Sufi (der Liebende – Vordergrund) und der Geliebte (die Gottheit – Hintergrund) verbinden sich in der Unio Mystica, zum Einssein (Tauhid).

7.4 Zen und Erkenntnis - Judentum

Die jüdischen *Chassidisten* legen großen Wert auf das Lernen aus allen Alltagssituationen des Lebens und auch auf das Studium der Schriften. Dies alles soll mit großer Freude geschehen. Hier gibt es eine Verbindung des Zen-Buddhismus (siehe oben im zweiten Kapitel: Samsara, Mu, Satori) und seiner geistigen Werte (Mitfreude, liebende Güte) zur Freude im Chassidismus. Leider geht dieser Aspekt in vielen Zen-Schulen durch die Strenge des Sitzens mehr oder weniger verloren. Dies können Zen-Praktizierende hervorragend von den *Chassidisten* und auch von den *Kabbalisten* lernen.

Auch im Chassidismus ist die Erfahrung der letzten Wahrheit, die der suchende Chassidim auch mitten im Alltag anstrebt, eine Nicht-Duale Gotteserfahrung (Unio Mystica).

7.5 Zen und Gebet - Christentum

Auch im Zen werden klassische oder moderne Texte vor oder nach dem stillen Sitzen rezitiert. Dies ist aber in der Regel nicht identisch mit einem Gebets-Text der in der Kirche gemeinsam gesprochen wird.

Das Rezitieren von Texten beim Zen kann u.a. dazu beitragen, sich die Inhalte leichter zu merken und sie zu verinnerlichen. Zen ist jedoch kein Gebetsweg wie das meditative Beten (Jesus-Gebet in der Kontemplation) im Christentum. Man kann Zen jedoch auch auf bestimmte Weise als ein „Gebet der Stille" betrachten. Wenn mit Gebet die Konzentration auf die Übung gemeint ist. Dann ist es ein wortloses Beten mit dem ganzen Körper, dem Atem und dem ganzen Sein. So wie beim mystischen Beten (in der Kontemplation) Betender und Gebet eins werden, so soll der Zen-Übende eins werden mit der Zen-Übung. Er soll sich voll und ganz - äußerlich wie innerlich - auf die Übung konzentrieren.

Gebetsgebärden: Auch in der christlichen Tradition gibt es eine Vielzahl von Körpergebärden. Sie sind richtig praktiziert, eine Form der Meditation in Bewegung. Die Achtsamkeit des Geistes ist dann auf die Gebärde gerichtet. Dies kann auch beim Taiji praktiziert werden, jedoch ist auch ein Fokus auf die körperlich-energetische Wahrnehmung möglich.

Zu diesen Gebetsgebärden zählen: Das Falten der Hände (das Aneinanderlegen der flachen Hände oder die ineinandergreifenden Finger), das Kreuzzeichen, das Knien oder Niederknien, das Ausbreiten der Arme und Hände, das Gehen bei den Wallfahrten, die Verbeugungen des Priesters vor dem Altar, usw. Interessanterweise werden beim Kreuzzeichen das obere und untere Dantian mit der rechten Hand berührt und das mittleren Dantian von links nach rechts gekreuzt.

Das Buch „Der Himmel in dir – Einübung ins Körpergebet" von Willigis Jäger und Beatrice Grimm (siehe Lit.-Verz.) ist eine sehr gute Einführung mit Übungen zu christlichen Gebetsgebärden. Jeder spirituelle Weg führt über die Weisheit des Körpers (Gebärden des Körpergebets und des kontemplativen Tanzes) und den Atem des Köpers ins tiefe Sein.

Die höchste Form der Verwirklichung im Christentum wird Unio-Mystica (Erleuchtung) genannt, eine non-duale Einheitserfahrung des spirituellen Meisters. Christus sagt, ich und der Vater sind Eins: Hintergrund (der geistige Vater) und Vordergrund (ich – Gottes Sohn) sind Eins (im Reich Gottes – Heiliger Geist). Oder anders ausgedrückt: Schöpfer (geistig leerer Hintergrund) und Schöpfungsprozess (Vordergrund der materiellen Welt) sind Eins (im Geschöpf des Kosmos).

7.6 Zen im Alltag

Wenn wir nochmal zurückschauen, auf die Yoga-Tabelle oben, können wir feststellen, dass auch im Zen alles enthalten sein kann, was eine umfassende Integration von Erwachen im Alltag einfordert: Übung zum Erwachen, Studium der Schriften, Integration in den Alltag. Dabei ist die Verbindung von Zen mit allen Aspekten des individuellen und gesellschaftlichen Alltags von besonderer Bedeutung, wenn Zen seine volle Wirkung entfalten soll. Dieser Aspekt von Zen ist für viele asiatischen Lehrer, die in den Westen kommen, leider oft von untergeordneter Bedeutung.

In China ist dieser Aspekt von Zen nur frei, wenn sich die Chan-Richtungen (Zen = chinesisch Chan) dem autoritären System unterordnen. Dies zeigt sich sehr deutlich im Umgang der chinesischen Regierung mit der *buddhistisch-daoistischen Fallun Gong-Bewegung* und die laufende Reglementierung bzw. Verstaatlichung der gesamten Qigong-Praxis. Diese Tatsache hat großen Einfluss bei der Weitervermittlung oder Übertragung des Taiji in den Westen. Leider unterrichten wohl daher chinesische Lehrer oder Meister auch im Westen oft nur eine sportliche Taiji- oder Qigong-Variante. Zen scheint sich dagegen in China, sehr dem autoritären System unterzuordnen.

Im authentischen Zen, oft als Königsweg zur Erfahrung der letzten Wirklichkeit gepriesen, wird immer die höchste Verwirklichung angestrebt: Hintergrund (Nirwana) und Vordergrund (Samsara) sind im erwachten Zustand (Bodhi) Eins (Satori).

7.7 Integration von Zen in den Westen

Die vorangegangenen Abschnitte haben verdeutlicht, dass eine Integration von Zen als spiritueller Übungsweg in den Westen erforderlich ist, aber auch möglich und sinnvoll ist. Der indische Jesuit und Zen-Meister *Arul M. Arokiasamy (Ama Samy)* spricht von *Inkulturation.* Inkulturation bezeichnet die Übernahme von spirituellen Übungswegen aus dem Osten und ihre sinnvolle Eingliederung in die Werte und Normen einer anderen Gesellschaft, hier in die westliche Gesellschaft. Östliche Übungswege müssen einer Prüfung durch westliche (und auch christlich geprägte) Normen und Werte und einer wissenschaftlichen Beurteilung standhalten können. Aber ethische Werte und Normen wandeln sich, und Menschen bekommen eine neue Sichtweise, wenn sie durch eine authentische Erfahrung der höchsten Realität beginnen ihre eigenen Werte und Normen kritisch zu überprüfen. Auch *Ken Wilber* betont, dass echte Spiritualität nicht ausschließlich auf die eigene Befreiung (Erwachen) ausgerichtet ist, sondern dass sie einer kulturellen und sozialen Verankerung in westlichen Werten und Normen bedarf. *Nach Ken Wilber muss Östliche Spiritualität im Westen in einem integralen Modell verankert sein,* wenn sie wirklich zum verändernden Motor in der spirituellen Entfaltung der Menschheit werden will (siehe Wilbers integrales Modell weiter unten). Dies deckt sich wiederum voll mit der christlichen mystischen Tradition (Kontemplation), die ebenfalls Übereinstimmung aufweist mit allen drei Yoga-Wegen (sich auf alle drei Yoga-Wege beruft): *auf Hatha-Yoga (Gebets- und damit auch Körper- und Atem-Übungen), Radscha-Yoga (intuitive Erkenntnis durch Studium der spirituellen Schriften) und Karma-Yoga (Yoga der Tat - soziales und kulturelles Handeln).*

Viele christliche Weiterbildungseinrichtungen und Kontemplationshäuser (Exerzitien-Häuser) haben sich bereits für die Übungswege von Zen, Yoga, Qigong und Taijiquan geöffnet. Leider wird die spirituelle Bedeutung dieser Übungswege oft nicht wirklich verstanden und daher nicht genügend anerkannt. Alle Körperlichkeit, die in der christlichen Tradition oft verdrängt und abgewertet wurde, könnte noch sehr viel deutlicher von den christlichen Kirchen rehabilitiert werden, wenn auch die mögliche Tiefe dieser Übungswege erkannt und sogar unterstützt würde. Denn über die tiefen Erfahrungen in diesen körperorientierten Traditionen kann auch wieder ein Zugang und ein tieferes Verständnis für die eigenen kontemplativen Übungswege der christlichen Orden (Kontemplation) und der dazugehörigen christlichen Begrifflichkeiten gewonnen werden. Diese Erfahrungstatsache wird leider bei vielen christlichen Theologen und Vertretern der Kirchen noch nicht gesehen und nicht erkannt.

Menschen mit tiefen Erfahrungen auf dem Übungsweg sind dazu in der Lage, einen Schub von Kreativität freizusetzen. Dieser Entwicklungsschub wird in unserer Gesellschaft überlebensnotwendig. Nur so werden meines Erachtens die westlichen Industrieländer und die Weltgemeinschaft das Potential entwickeln, die katastrophale ökologische und soziale Situation auf dem Globus nachhaltig zu verändern. Dies ist aber nur möglich, wenn die spirituelle Entwicklung, insbesondere auch der politischen Entscheidungsträger, gezielt gefördert würde.

So könnte sich das christliche Selbstverständnis zu einem wirklich Integralen Christentum entfalten. Denn der „universale Geist Gottes" ist in jeder tiefen Religiosität zu finden. Die dreifache Gestalt allen Seins (Gott Vater, Gott Sohn, Gott Heiliger Geist – Hintergrund, Vordergrund, Einheit) erscheint in allen mystischen Traditionen in vielfachen Begrifflichkeiten. Sie wird nur durch tiefe mystische Erfahrung wirklich erkannt!

7.8 Transkonfessionelle Spiritualität in der globalen Gesellschaft

Die Übungswege sind dazu in der Lage eine multispirituelle globale Gesellschaft zu induzieren, die sich über alle Sprachgrenzen hinweg versteht und sich über wesentliche Erfordernisse zum Überleben der Menschheit verständigen kann. Denn wir brauchen Menschen die den Weg nach innen gehen, Menschen mit tiefer spiritueller Kreativität, die Lösungen finden, Dinge anpacken und zu durchgreifenden Veränderungen aufbrechen. Unsere derzeitigen Politiker scheinen zu ängstlich und zu wenig weitsichtig zu sein, um einen erforderlichen demokratischen Aufbruch zu vermitteln und zu wagen.

„Die moderne Wissenschaft", so Stanislav Grof, „hat wirkungsvolle Mittel erfunden, mit denen sich die meisten der dringendsten Probleme in der heutigen Welt lösen ließen: die Mehrheit der Krankheiten könnte bekämpft, Hunger und Armut könnten beseitigt, das Ausmaß der industriellen Verschmutzung könnte verringert und destruktive fossile Brennstoffe könnten durch erneuerbare Quellen umweltschonender Energie ersetzt werden.

Die Probleme, die dem im Weg stehen, sind nicht wirtschaftlicher oder technischer Art. Die tiefsten Ursachen der globalen Krise liegen in der menschlichen Persönlichkeit und spiegeln den Stand der Bewusstseinsentwicklung wider." (Grof, Kosmos und Psyche, S. 296)

Zusammenfassend kann gesagt werden: Nur eine tiefgreifende Veränderung im Bewusstsein der Menschheit kann zu einer Lösung der gegenwärtigen globalen Krise führen.

Wenn östliche spirituelle Übungswege eingebunden werden in ein westlich geprägtes ganzheitliches Denken (zum Beispiel nach Wilber, siehe Kap.8) und sie zudem von den christlichen Kirchen vorbehaltlos gefördert würden, dann kann ein so erneuertes Christentum zum Motor einer globalen Entwicklung werden. Dann können hieraus fruchtbare Anstöße für ein modernes Christentum entstehen, das dazu beiträgt, die großen Differenzen und Spaltungen in der Welt aufzulösen und ihre Spannungen zu lösen und zu harmonisieren.

Es wird eine Zeit kommen müssen, in der es unmöglich sein wird, gleichzeitig politische Verantwortung zu tragen und dabei keinen authentischen Übungsweg zu gehen. Praktische Alltagsveränderungen und Meditation, „Kampf und Kontemplation", im Sinne von innerer Arbeit und praktischen sozialen und ökologischen Veränderungen, die deutlich nach vorn, auf ein neues globales Gleichgewicht gerichtet sind, müssen zusammenkommen. Dies ist eine Entwicklung und Sichtweise, die über die Ratio hinausweist, sie aber integriert. Dies muss auf Dauer in Schulen und Universitäten genauso geschehen wie im Management, in der Politik und natürlich in den Kirchen selbst.

Nach der Definition von Ken Wilber bedeutet spirituelle Liebe: Offenheit und Weite im Blick, Im-Fluss-Sein mit seinen Entscheidungen und Handlungen, In-der-Mitte-Sein, Sich-selbst-zum Transpersonalen-Entfalten, zu Erwachen und die Entfaltung anderer in dieser Richtung zu unterstützen.

Diese Sichtweise muss eine Richtschnur auch für politisches Handeln werden. Diese Art von spiritueller Liebe ist das Ergebnis aller ernsthaften mystischen Disziplinen, wenn die inneren Erfahrungen wirklich integriert werden und im Alltag zur Anwendung kommen. Dies ist der Weg des Boddhisattvas (des Erwachten), der alle Menschen befreien will und dies kann der Weg aller wahrhaften Meister in allen authentischen Traditionen sein.

8. Ein ganzheitlicher Orientierungsrahmen

Nach dem spirituellen Philosophen Ken Wilber gibt es fünf zentrale Faktoren, die verstanden werden wollen, um zu einem umfassenden Verständnis von integraler Entwicklung zu gelangen und sie zu verwirklichen. Dazu ist es notwendig *Ebenen, Linien, Typen, Zustände und Quadranten von Entwicklung* zu unterscheiden und sich selbst und seinen eigenen Standort mit seinen Stärken und Schwächen *(Schattenarbeit)* in diesem komplexen System zu erkennen, zu verorten, damit Menschen ermöglicht wird, an der eigenen Entfaltung und Ganzheit zu arbeiten.

Unter Kapitel drei wurden bereits die *Zustände* (der Entwicklung) und die *Schattenarbeit* (unbewusste Schwächen und Stärken) ausführlich vorgestellt. Hier geht es darum den ganzen Orientierungsrahmen vorzustellen und die Bedeutung der oben genannten Aspekte in diesen Rahmen einzuordnen. Es soll also ein komprimierter Überblick gegeben werden, der einige Aspekte der komplexen Integralen Philosophie Wilbers für sitzende und bewegte Mediation vertieft, die besonders wichtig sind und andere der Vollständigkeit halber nur kurz benennt.

Dieser Abschnitt ist möglicherweise für alle, die sich noch nie mit Wilbers ganzheitlichem Orientierungsrahmen auseinandergesetzt haben, durch die vielen neuen Begriffe nicht gleich eingängig und verständlich. Dann macht es möglichweise Sinn den Abschnitt zu überspringen und zum Schluss noch einmal darauf zurückzugreifen, wer sich den tiefen Sinn von Wilbers ganzheitlicher Lebens- und Weltsicht erschließen möchte.

8.1 Die integrale Philosophie nach Ken Wilber

Die integrale Philosophie Wilbers ist eine Entwicklungsphilosophie. Sein Modell der integralen Entwicklung beschreibt eine im umfassenden Sinne ganzheitliche Entwicklung, die alle denkbaren Lebensaspekte mit einbezieht, alle westlich-wissenschaftlichen Ansätze - im Wesentlichen der naturwissenschaftlichen und psychologischen Forschung - und die Erkenntnisse der östlichen und westlichen Weisheitstraditionen.

Dieser umfassende Ansatz soll hier skizziert werden. Er bezieht sich auf die wissenschaftlichen Forschungsarbeiten, die Ken Wilber in den letzten fast 50 Jahren geleistet hat. Bisher kennen nur wenig Wissenschaftler sein umfangreiches Werk (von rund 30 Veröffentlichungen), daher wird er oft missverstanden. Sein Ansatz findet jedoch inzwischen in Fachkreisen immer mehr Anerkennung. Zudem stoßen seine integralen Studien bei einer wachsenden Zahl von wissenschaftlich gebildeten Menschen auf großes Interesse, da sie viele Erkenntnisse für das praktische Leben vermitteln und wie ein Leitfaden der Orientierung durchs Leben genutzt werden können (siehe hierzu auch im Lit-Verz. Klemens J.P. Speer, Spiritualiät ...).

Wilber fasst sein sehr komplexes Modell der Integralen Philosophie und Entwicklung seit Neustem etwas plakativ unter folgenden Begriffen zusammen, um es verständlicher und einprägsamer zu machen: *Aufwachsen, Aufwachen, Aufräumen und Aufstehen.*

Zum *Aufwachsen* des Menschen gehören: die Ebenen, Linien, Typen und Quadranten der Entwicklung. Zum *Aufwachen* gehören die Bewusstseinszustände, die durch die Übungswege der Weltreligionen trainiert werden. Mit *Aufräumen* ist eine psychologische Schattenarbeit gemeint. Darunter wird verstanden, dass es im psychologischen Sinn einer gesunden Entwicklung darum geht, möglichst viele unbewusste Aspekte der eigenen Persönlichkeit aufzulösen, bzw. bewusst zu machen. Mit *Aufstehen* meint er, sich in der Gesellschaft im Sinne seiner Philosophie integrativ zu engagieren

Als erstes geht es darum sitzende Meditation und bewegte Meditation (Aufwachen) im Rahmen der integralen Philosophie einzuordnen und ihre Bedeutung in diesem Zusammenhang auszuloten.

8.2 Wilbers Modell im Überblick

8.2.1 Entwicklungsebenen

Entwicklungsebenen werden von Wilber auch Stufen oder Wellen der Entwicklung genannt. Dabei unterscheidet er zwischen individuellen und kollektiven Entwicklungsstufen. Die gesellschaftlichen Entwicklungsstufen beziehen sich im Wesentlichen auf die Forschungsarbeit von Jean Gebser. Er hat archaische, magische, mythische, rationale, pluralistische und integrale Stufen (Weltsichten) der Entwicklung herausgearbeitet. Parallel dazu hat die psychologische Forschung erkannt, dass es auch individuelle Stufen der Entwicklung gibt, die jeder Mensch durchlaufen muss, um sich zum Beispiel bis zum rationalen Bewusstsein zu entfalten. Parallele individuelle Ebenen oder Stufen der Entwicklung sind nach Loevinger/Cook-Greuter: symbiotisch, impulsiv, konformistisch, selbstbewusst, individualistisch und autonom. Entwicklungsebenen können weder in der individuellen noch in der kollektiven Entwicklung übersprungen werden. Sie sind also fester Bestandteil sowohl der individuellen als auch der kollektiven Evolution.

Wilber fächert die Entwicklungsebenen, je nachdem was er aufzeigen will, unterschiedlich weit auf, von drei über fünf, sechs, bis auf 9 oder sogar 17 Ebenen. Zum Beispiel in drei große Bewusstseinsebenen, um zu unterscheiden in vorrational, rational und transrational, wie unten in der Tabelle (Abb. 16). Wilber spricht von einer Prä/Trans-Verwechselung, wenn vorrationale und transrationale Entwicklung verwechselt werden, weil beide Ebenen nicht rational sind. Jedoch bezieht die trans-rationale Ebene Rationalität mit ein, während die prä-rationale Ebene Rationalität noch nicht kennt und sie daher ablehnt. Des Weiteren kommt hinzu, dass beide Ebenen, vorrationaler Mythos und transrationale Mystik oft miteinander vermischt werden bzw. ineinander verschwimmen, da beide nicht rational sind. Nur Rationalität, die auf den transrationalen Ebenen angekommen ist, kann dies erkennen (siehe auch Abb. 15).

Dies führt zu der gerade sehr aktuellen Entwicklung, dass Einzelpersonen, aber auch ganze Gesellschaften in eine Regression (zurück auf eine mythische Weltsicht bzw. Entwicklungsebene) fallen können, weil sie anstatt einen Schritt nach vorn in eine integrale Weltsicht zu gehen, um ihre Probleme zu lösen (das rationale transzendieren, aber einschließen) in ihrer Entwicklung einen Schritt zurückfallen in ein vorrationales Verhalten (gefühlte Fakten – zum Beispiel: irrationale überzogene Angst vor Migranten) und glauben dies sei eine höhere Ebene der Erkenntnis. Evolution ist jedoch nur nach vorn möglich. Es gibt aber auch Zeiten von Stillstand oder sogar Regression, wie wir sie gerade politisch erfahren. Dies wird aktuell durch die Klima-, Corona- und Energiekrise und den Krieg gegen die Ukraine besonders deutlich. Einerseits kann dadurch Bewegung in eine stagnierende Entwicklung kommen (weg von den fossilen Energieträgern), die aber andererseits die Krise der westlichen und globalen Welt (zunehmender Hunger der Menschen in Afrika und weltweit ca. 80 Millionen Menschen auf der Flucht - europaweite Zunahme von rechts-konservativen Parteien) auf intensive Weise offenbart.

In der nachfolgenden Abb. 16 sind nach dem Buch „Gott 9.0", das Wilbers Beschreibungen der Ebenen oder Stufen aufgreift (siehe Lit.-Verz.), die weiter oben genannten fünf bzw. sechs Bewusstseinsebenen in acht Ebenen aufgefächert. Auf jeder Ebene wechselt die Ich- in eine Wir-Orientierung von Einzelpersonen und ganzen Gesellschaften. In den Spalten vier und fünf sind den Bewusstseinsebenen einige zentrale Merkmale zugeordnet.

In der Abbildung ist die menschliche Entwicklung über die Jahrtausende und Jahrhunderte wiedergegeben. Sie soll gleichzeitig verdeutlichen, dass auch heute noch jedes Kind, das geboren wird, diese Entwicklung durchläuft, bis der Mensch in der Regel auf einer Ebene der Entwicklung stehen bleibt, je nach seinem individuellen Bildungsstand und seiner persönlichen geistig-seelischen Reife. Im Westen oft auf der Rationalen oder Relativistischen Stufe. Höhere Ebenen des Bewusstseins wurden bisher nur von wenigen Menschen erreicht. Das Trainieren der Bewusstseinszustände (siehe weiter unten) kann dazu beitragen, auf den Stufen des Bewusstseins einen oder gar mehrere Schritte nach vorn zu gehen. Schüler, die beginnen bewegte oder sitzende Meditation zu trainieren, können sich einerseits auf sehr unterschiedlichen Ausgangsebenen befinden und andererseits wirkliche Schritte nach vorn machen. Wenn dies einem Lehrer bewusst ist, und er weiß, wie er die jeweiligen Schüler ansprechen muss, wird es leichter, sie in eine Gruppe einzubinden und sie jeweils unterschiedlich, aber angemessen zu unterstützen.

Entwicklungsebenen (auch Stufen, Spiralen, Wellen oder Drehpunkte der Entwicklung) Sowohl auf der individuellen als auch auf der gesellschaftlichen Ebene				
Archaisch	**Ich (Beige)**	vor 100.000 Jahren	**Existieren: Überleben**	**Menschliche Wesen, nicht nur Tier sein**
Magisch-animistisch	**Wir (Purpur)**	vor 50.000 Jahren	**Sicherheit: Zugehörigkeit, Schutz**	**Stammeskulturen, archaische Kunst, Magie**
Egozentrisch	**Ich (Rot)**	vor 10.000 Jahren	**Macht: Ausbruch, Eroberung**	**Truppen, Eroberungen, Königreiche**
Absolutistisch	Wir (Blau)	vor 5.000 Jahren	Wahrheit: Ordnung, Heiligung	Staaten, Monotheismus, Transzendenz
Rational	Ich (Orange)	vor 650 Jahren	Freiheit: Rational, Wohlstand	Mobilität, Volkswirtschaft, Forschung
Relativistisch	Wir (Grün)	Vor 150 Jahren	Verbundenheit: Integration, Versöhnung	Menschenrechte, Kollektivismus, Umwelt
Systemisch-integrativ	Ich (Gelb)	vor 60 Jahren	Zusammenschau: Komplexität, Non-Dualität	Komplexität, Chaos, Interdependenz
Integral-holistisch	Wir (Türkis)	vor 40 Jahren	**Universalität:** Allverbundenheit, Harmonie	Globale Sichtweisen weltweite Vernetzung

Abb. 15: Entwicklungsebenen

Die nachfolgende Übersicht (Abb. 16) fasst wesentliche Aspekte der Unterscheidung zwischen drei großen Bewusstseinsebenen zusammen: zwischen Mythos, vorrational („Bauch“) und Mystik, transrational („Herz“) zusammen. Nur die Rationalität, die transrationale Erfahrungen gemacht hat, kann hier zu einer klaren Unterscheidung kommen. Hier ist also der Verstand („Kopf“) gefragt um die beiden Ebenen zu unterscheiden.

Differenzierung und Integration der drei großen Bewusstseins-Ebenen/Stufen

Bewusstseins-Ebenen/Stufen	Sprache	Denken	Stimmung
Mythos „Bauch" Prärational	Symbole Bilder	Metaphern	gefühlsgeladen (emotional)
Rational „ Kopf"	Differenzierte Sprache	Analyse Teilsynthese	verstandesgesteuert (kühl)
Integral „Herz" Transrational Mystik	Kopf-Bauch- Synchronisation Spontanität	Still/Ruhe Achtsamkeit Synthese	Verstand schweigt Gefühle sind ruhig (offen)

Abb. 16: Differenzierung und Integration

8.2.2 Entwicklungszustände

Entwicklungszustände sind vorübergehende, wechselnde und manchmal auch dauerhaft erhöhte Zustände des Gewahrseins: *Alltagsbewusstsein (grobstofflich), Traumbewusstsein (feinstofflich/subtil), Tiefschlafbewusstsein (kausal) und Nichtduales Bewusstsein (absolut),* aber auch andere *meditative Zustände, Flow-Zustände* oder *Gipfelerfahrungen.* Diese Bewusstseinszustände können auf allen Ebenen und Linien der Entwicklung spontan (oft in Lebenskrisen) oder geschulter (trainierter) maßen (durch Übungswege) auftauchen oder wirksam werden.

Hier wird deutlich, dass die oben genannten Entwicklungsschritte (siehe unter Kapitel zwei und drei) oder Grade (im Zen: Kensho, Amida, Satori und Zanmai) den vier Bewusstseinszuständen *Alltagsbewusstsein, Traumbewusstsein, Tiefschlafbewusstsein und Non-dualem Bewusstsein* zuordnet werden müssen.

Die Entwicklungszustände beschreiben den meditativen Prozess des *Aufwachens*, wie Ken Wilber ihn gern bezeichnet. Er wird auch Erwachen oder in der christlichen Tradition Erleuchtung, im Yoga Samadhi und in der japanischen Zen-Tradition Satori genannt. Entwicklungszustände müssen geübt bzw. trainiert werden, um sie zu verwirklichen, während Entwicklungsebenen Wachstums-Stufen bzw. Schritte des Wissens sind, die studiert werden müssen.

Die nachfolgende Tabelle (siehe auch Abb. 17) versucht diesen Trainingsprozess verständlicher zu machen. Den Bewusstseinszuständen von *Wach-, Traum-, Tiefschlaf- und Non-Dualem Bewusstsein*, werden die Erfahrungen von *Körper, Energie, Geist und Einheit* zugeordnet. Zwischen dem Tiefschlafbewusstsein und dem Non-Dualen Bewusstsein ordnet Wilber zudem das Zeugen-Bewusstsein ein. Damit ist der innere Beobachter gemeint, der durch Meditation trainiert wird, um innere Erfahrungen bewusst wahrzunehmen. Er spielt im Zen eine besondere Rolle. Im Non-Dualen Bewusstsein wird auch das Zeugen-Bewusstsein losgelassen.

Hier wird die Verbindung zu den Quadraten des Bewusstseins deutlich (siehe Punkt 8.2.3). Der inneren Sichtweise der Bewusstseinszustände (oberer linke Quadrant - siehe Abb. 18 weiter unten) können durch die äußere Sichtweise (oberer rechter Quadrant) verschiedene Grade von Stofflichkeit zugeordnet werden, von grobstofflich (fest), über feinstofflich (subtil) bis stofflos (kausal). Oder bildlich gesprochen von schwarz (Körper), über die abnehmenden Graustufen, bis weiß (Geist). Der Non-Duale Zustand wäre nach dieser Metapher dann ein schwarz/weißer Zustand, der 50 Prozent "schwarze" und 50 Prozent "weiße Punkte" enthält.

Wie weiter unten in der Abb. 17 zu sehen ist, können den Bewusstseinszuständen Gehirnschwingungen zugeordnet werden. Die Gehirnschwingungen können wohlgemerkt sowohl im Wachsein, wie im Schlaf auftreten. Das Training der bewegten und sitzenden Meditation zielt jedoch immer darauf, diese Zustände im wachen Zustand zu trainieren und zu stabilisieren. Es sollen im wachen Zustand Gehirnzustände von Traum-, Tiefschlaf- und Non-Dualem Bewusstsein ermöglicht werden. Wilber ordnet der äußeren Sichtweise (Körper, Energie, Geist, Einheit – obere rechte Quadrant) innere Erfahrungen (obere linke Quadrant) zu:

- *Körper:* Natur-Mystik, Naturerfahrungen von Eins sein, z.B. mit einem Baum, mit dem Berg, mit dem Meer, usw.

- *Energie:* Gottheits-Mystik, z.B. Licht- und Engelerfahrungen, archetypische Gottheitserfahrungen, energetische Erfahrungen von kosmischem Atem oder kosmischer Energie, usw.
- *Geist:* Formlose-Mystik, Erfahrungen von Nichts oder Leere
- *Einheit:* Non-Duale-Mystik, Alles ist Eins: Innen und Außen, Vordergrund und Hintergrund, usw.

Aus dieser Zuordnung der inneren Erfahrungen zu den Zuständen wird deutlich, dass zum Beispiel Taiji (Taijiquan und Qigong) in erster Linie Erfahrungen im Wachbewusstsein und Traumbewusstsein trainiert. Jedoch können durch sehr ruhige Übungen aus dem Taiji auch tiefe Erfahrungen von Stille, die dem Tiefschlafbewusstsein zuzuordnen sind (z.B. durch Atemübungen im stillen oder fast unbewegten Stehen oder im Sitzen) auftauchen. Um diesen Bewusstseinszustand weiter zu trainieren und zu vertiefen, wird jedoch später zur sitzenden Meditation übergegangen werden müssen, die in der daoistischen Tradition *Zuowang* (Sitzen in Vergessenheit) genannt wird, in der buddhistischen Tradition *Dao Chan* (in China), *Za-Zen* (Sitzen in Versunkenheit - in Japan) und in der christlichen Tradition *Kontemplation* (Sitzen in Stille).

Wach-bewusstsein	Traum-bewusstsein	Tiefschlaf-bewusstsein	Non-Duale Bewusstsein
Körper Grobstofflich (fest)	**Energie** Feinstofflich (subtil)	**Geist** stofflos (kausal)	**Einheit** **(absolut)**
Betawellen Alphawellen	Thetawellen	Deltawellen	**Wechselnde Wellen**
13 - 30 Hertz 7 – 3 Hertz	4 - 7 Hertz	1 – 4 Hertz	**1 -30 Hertz**

Abb. 17 Entwicklungszustände

Eine Anmerkung für Wilber-Kenner: Die Zustände hat Wilber in „Psychologie der Befreiung" noch fälschlicher Weise als Ebenen oder Stufen der Entwicklung: psychisch 7, subtil 8, kausal 9 und absolut 0, in seinem neunstufigen Entwicklungsmodell beschrieben. Diese Zuordnung hat er später zurückgenommen.

8.2.3 Quadranten der Entwicklung

Die Quadranten kombinieren zwei grundlegende Unterschiede des Kosmos: *innen und außen* und *individuell und kollektiv*. Dadurch ergeben sich vier Aspekte: Das *Innen (Ich)* und *Außen (Es Einzahl)* des *Individuums* und das *Innen (Wir)* und *Außen (Es Mehrzahl = Sie)* des *Kollektivs*. Alle Ebenen, Linien und Zustände entwickeln sich bei einer gesunden Entwicklung im Gleichgewicht aller vier Quadranten. Nur dann kann nach Wilber von einer umfassenden integralen Entwicklung gesprochen werden, wenn alle vier Quadranten gleichermaßen Berücksichtigung finden.

Wenn wir das Raster der vier Quadranten der Entwicklung für Übende der bewegten und sitzenden Meditation verwenden, wird deutlich, dass das eigentliche Üben seinen Schwerpunkt in den oberen beiden Quadranten hat (siehe Abb. 18). Links geht es um die innere Entwicklung, rechts um die äußere Entwicklung, unten links kommt die Gruppe der Übenden ins Spiel und unten rechts, wie sie im sozialen und ökologischen System in ihrem Umfeld verortet ist bzw. auf sie einwirkt, wenn ihr integrale Entwicklung wichtig ist.

Damit eine Entwicklung ganzheitlich, bzw. integral genannt werden kann, ist es erforderlich immer alle vier Quadranten gleichermaßen im Blick zu behalten und zu beachten. Dadurch wird deutlich, dass sitzende und bewegte Meditation nicht nur auf der individuellen Ebene verankert sein sollte, sondern ebenfalls auf der kollektiven, das heißt auf der kulturellen und sozialen Ebene (auf der unteren linken und rechten Seite der Quadranten). Auf der individuellen Ebene gibt es ebenso wie auf der kollektiven einen Yang- und einen Yin-Aspekt, eine innere geistige und eine materielle, äußere Sichtweise. Zudem ist zu beachten, dass die vier Quadranten unterschiedlich verstanden und interpretiert werden können, je nachdem ob ein Übender eine mythische, rationale oder integrale Weltsicht einnimmt.

An dieser Stelle soll noch einmal auf die wissenschaftlichen und naturwissenschaftlichen Erkenntnisse zu sitzender und bewegter Meditation (siehe oben unter Kapitel zwei) hingewiesen werden. Auch sie liefern erhellende Belege dafür, dass die Erkenntnisse der alten esoterischen Weisheitstraditionen keineswegs bedeutungslos sind. Sie liefern viele parallele und verstärkende Ergebnisse, dass Erwachen ein sinnvoll anzustrebender Zustand des Bewusstseins ist.

	Qualitative Innensicht Yang	Quantitative Außensicht Yin
Individuell (Persönlich)	Qualitativer Atem Aufmerksamkeit Loslassen Versenkung Innere Erfahrungen Ich	Quantitativer Atem Haltungsprinzipien Bewegungsprinzipien Push Hands-Prinzipien äußerlich sichtbar Es (Einzahl)
Kollektiv (Gesellschaftlich)	**Innere Werte und Normen** - Schüler/Lehrer/Gruppe - Die Gemeinschaft der Übenden - politisches Handeln Du/Wir	**Funktionelle Systeme** - Soziale Systeme - Ökologische Systeme - Ökonomische Systeme Es (Mehrzahl) oder Sie

Abb. 18: Die vier Quadranten des Zen und Taiji

8.2.4 Entwicklungslinien und Typen der Entwicklung

Die Entwicklungslinien und die Typen der Entwicklung spielen für die sitzende und bewegte Meditation eine untergeordnete Rolle, daher sollen sie hier nur kurz vorgestellt werden.

Entwicklungslinien: Sie werden nach Wilber auch Ströme oder Bänder der Entwicklung genannt. Zentrale Entwicklungslinien oder -ströme bzw. spezielle Bereiche der Entwicklung sind: die *emotionale, die kognitive, die spirituelle, die zwischenmenschliche und die moralische Entwicklungslinie.*

Nach Wilber sollten diese fünf zentralen Entwicklungslinien in etwa gleich stark auf jeder Entwicklungsebene ausgebildet sein, um eine wirklich integrale Entwicklung zu ermöglichen.

Weitere Entwicklungslinien sind zum Beispiel: *die musische, die gestalterische, die kinästhetische, die sportliche Entwicklungslinie usw. oder andere Talente und Begabungen.* Wilber nennt mehr als zwanzig Entwicklungslinien. Entwicklungslinien entfalten sich – manchmal spiralförmig - über die individuellen Ebenen oder Wellen der Entwicklung. Sie können keine dieser Ebenen überspringen.

Typen der Entwicklung sind horizontale Unterschiede in der Entwicklung, wie zum Beispiel: *männlich und weiblich, introvertiert und extrovertiert, gefühlsorientiert und verstandesorientiert, intuitiv und empfindungsorientiert, urteils- und wahrnehmungsorientiert usw.* Typen sind unterschiedliche Ausdrucksformen oder Persönlichkeiten, geprägt u.a. durch kulturelle Unterschiede, die sich über die Entwicklungsstufen in der Regel nicht oder nur sehr schwer verändern lassen, die aber durch Übung und bewusste Auseinandersetzung erkannt werden können. Dadurch kann bewusster mit ihnen umgegangen werden.

8.3 Integrale Entwicklung und sitzende Meditation

Mit Hilfe des Entwicklungsrahmens nach Wilber können wir den Stand unserer eigenen Entwicklung verorten und können sehen, dass die Übungswege der sitzenden und bewegten Meditation sich in erster Linie auf das Trainieren von Entwicklungszuständen beziehen. Die Erfahrungen aus diesen Zuständen (Wach-, Traum-, Tiefschlaf- und Non-duales Bewusstsein) können jedoch je nach der erreichten Entwicklungsebene (Weltsicht) sehr unterschiedlich interpretiert werden, zum Beispiel mythisch, rational oder mystisch. Dabei werden mythisch und mystisch, wie oben schon erläutert, schnell verwechselt, da beide Weltsichten nicht rational sind. Diese Verwechselung können wir auf gesellschaftlicher Ebene gerade deutlich sehen (siehe oben unter Punkt 8.2.1).

Wilber empfiehlt seinen integralen Entwicklungsansatz allen authentischen Übungswegen der Weltreligionen. Er ergänzt die prä-moderne Weltsicht der Übungswege durch die modernen wissenschaftlichen Erkenntnisse und ermöglicht es so, eine umfassende und tiefgreifende menschliche Entwicklung zu fördern. So wird es für jeden Einzelnen möglich, seine persönliche integrale Entwicklung zu planen und zu steuern, sie selbst in die Hand zu nehmen.

Dabei ist Schattenarbeit, die oben (in Kapitel drei) schon vorgestellt wurde, von besonderer Bedeutung. Mit dem Erwachen lösen sich nicht automatisch alle emotionalen Blockaden auf. Das weiß auf ihre Art auch die buddhistische Philosophie, wird aber im Zen häufig vernachlässigt. Die alten Weisheitstraditionen hatten noch nicht die Erkenntnisse der modernen westlichen Psychologie und Psychotherapie, auch wenn sie in Bezug auf Ihre Wege des Erwachens einen großen Erfahrungsschatz bereitstellen, die für unsere Entfaltung heute sehr hilfreich sein können. Schattenarbeit ist also für die meisten Zen-Praktizierenden unerlässlich, wollen sie menschlich auf den Ebenen der Entwicklung zu einem authentischen und erwachten Menschen heranreifen.

8.4 Zen im Einklang der Integralen Philosophie

Nachdem wir uns einen Überblick über die wichtigsten fünf Aspekte der Intergralen Entwicklung (Quadranten, Ebenen, Linien, Typen und Zustände) und der dazugehörigen Schattenarbeit verschafft haben, werden hier die wichtigsten Erkenntnisse der integralen Philosophie nach Ken Wilber die die Zen-Praxis ergänzen und vervollständigen in der Abb. 19 zusammengefasst.

Fünf wesentliche Aspekte von Ganzheitlichkeit
in der sitzenden und bewegten Mediation

- Entwicklungs-Zustände müssen trainiert werden
- Entwicklungs-Ebenen müssen studiert werden
- Auf den Ebenen der Entwicklung Mythos und Mystik durch Rationalität klar unterscheiden
- Es gibt auf allen Ebenen jeweils vier Perspektiven oder Sichtweisen: innen/außen und individuell/kollektiv
- Zwischen Erfahrungs-Zuständen und Stoffdichte klar unterscheiden: innen/individuell und außen/individuell

Abb. 19: Fünf wesentliche Aspekte von Ganzheitlichkeit

Die vorangegangenen Ausführungen haben es verdeutlicht:

Es gibt eine „dreifache Gestalt allen Seins“. Sie ist in allen Übungswegen der großen Weltreligionen zu finden: Vordergrund und Hintergrund sind Eins, Aufsteigen und Absteigen sind Eins, Transzendenz und Immanenz sind Eins, Evolution und Involution sind Eins. Yin und Yang sind Eins im Dao.

Diese Einheit allen Lebens wird nur durch tiefe geistige Erfahrung wirklich erfasst. Dies wird auch im Zen-Buddhismus Erwachen, bzw. Satori genannt. Die rational ausgerichteten Theologen der Religionen, die diese Tiefe nicht erfahren haben, können diese Gemeinsamkeit nicht sehen. Dadurch entstehen die sehr unterschiedlichen und oft rechthaberischen und konfliktgeladenen Differenzen und Interpretationen der letzten oder absoluten Wirklichkeit die der Abendländer Gott nennt.

Der Hintergrund (Nirwana) im Zen ist nach Wilber das leere Blatt Papier, das erforderlich ist, um die zwei- oder mehrdimensionale Wahrnehmung der Welt (Samsara) abbilden zu können. Im Prozess der Evolution zur Transzendenz klettert der Geist wie auf den Stufen einer Leiter der Erkenntnis auf den Entwicklungsebenen „nach oben“ zum integralen „Himmel“. Er interpretiert seine Weltsicht, auch wenn er im non-dualen Bewusstseinszustand erwacht bzw. angekommen ist, je nach seiner persönlichen Entwicklungsebene, zum Beispiel, vorrational, rational oder transrational.

Gleichzeit ist in einem Prozess von Aufsteigen (transzendieren) im sichtbaren Vordergrund der unsichtbare Hintergrund (Immanenz) ständig gegenwärtig, auch wenn er nicht erkannt wird. Der non-duale Geist wird also ständig, im Hier und Jetzt, in jedem Augenblick wiedergeboren.

Das Leben geschieht, wir haben es nicht sicher in der Hand, wie es unsere Rationalität gern hätte, wir können es nicht sicher kontrollieren, so wie wir unseren Atem nicht ständig kontrollieren können, das Atmen geschieht ganz ohne unser Zutun. Handeln im Atemrhythmus heißt, handeln im Wuwei, handeln ohne zu handeln, im mühelosen Bemühen, aus dem De, aus der Wirkkraft des Dao, aus dem Fluss des Lebens, im Atemrhythmus.

Aus dieser knappen Beschreibung wird deutlich, dass die Yin- und Yang-Aspekte (Samsara und Nirwana) eine dynamische Beschreibung des Weltgeschehens im ganzen Kosmos ermöglicht, einen fließenden, rhythmisch wiederkehrenden, dynamischen Prozess, der nur durch die Non-duale Bewusstseinserfahrung, die die Ratio überschreitet, wahrgenommen und verinnerlicht werden kann und daher rational nicht fassbar ist.

8.5 Meditation und integraler Alltag – ein lebenslanger Prozess

Je besser es gelingt, bewusstwerdende Schattenaspekte immer wieder zu integrieren – (dies ist oft ein lebenslanger Prozess, ebenso wie der Weg der sitzenden und bewegten Meditation), desto integraler können die tieferen Zustände der Meditation mitten im Leben verwirklicht werden. Dies führt zu mehr Authentizität, zu mehr Wohlbefinden und Lebensglück. Menschen, die diesen Weg gehen, führen ein engagiertes Leben, das die innere Seite des Lebens, die spirituellen (Ich) und kulturellen (Wir) Aspekte, mit den äußeren Seiten, den sozialen und ökologischen Erfordernissen des persönlichen Lebens (Es), und mit den globalen Notwendigkeiten der Menschheit (Sie) in Einklang bringt. Integrale Entwicklung – angestoßen und ständig geübt mit sitzender und bewegter Meditation führt zu wachsender Bewusstheit – und wirkt sich auf alle Lebensbereiche aus: auf die Liebe zum Leben, auf die Liebe zum Lebenspartner oder zur Lebenspartnerin, auf die Liebe zu den uns nahestehenden Menschen, auf die Liebe zu allen Menschen, auf die Liebe zur inneren und äußeren Natur und auf die Liebe zum ganzen Universum und damit auf die Liebe zu allem.

Es ist eine Lebenskunst, mit sitzender und bewegter Meditation das Leben integral zu gestalten. Die Übungen können uns trotz aller Widrigkeiten und Schattenseiten des Lebens zu innerem Glück und Erfüllung und zu der inneren Gewissheit führen: Die Welle ist das Meer (Ich bin Alles) und das Meer ist die Welle (Alles bin Ich). Alles Leben ist Eins!

Abschließend kann festgestellt werden, die integrale Lebensaufgabe ist: Lebe das Leben, so gut du kannst! Entwickle und entfalte deine Fähigkeiten in voller Tiefe zum Wohle des Ganzen! Freue dich des Lebens und dennoch: *Das Leben ist paradox! Wir wurden geboren, um letztendlich zu sterben. Alles ist gut, so wie es ist, und alles ist gleichzeitig verbesserungsfähig!* Freue dich über die Wunder der Natur! Tanze dein Leben als eine Note in der Unendlichkeit der kosmischen Symphonie! Staune! Sei frei! Sei kreativ und schöpferisch! Liebe das Leben, die Welt und die Erde, wie eine schäumende Welle im Meer und trage für sie Mitverantwortung! Denn: Tanz und Tänzer sind Eins, Ausatmen und Einatmen sind Eins, Leben und Sterben sind Eins. Es gibt nur das Eine, in dem alles Viele aufgehoben ist! Übe geduldig und entfalte dich, so kannst du es erfahren! - Jeder kann es erfahren! Der ganze Alltag wird dann zur Übung auf dem Marktplatz des Lebens. So werden wir zu einer Seite im großen Lexikon der Weisheit und des Mitgefühls und können sagen: Du (die Non-Duale Lebenserfahrung) bist der große dunkle Schlaf, und ich bin der (kreative) Traum Deines wahren Lebens (mitten im Alltag)!

9. Zen-Praxis und westliche Lehrer

9.1 Die Zen-Linie „Leere Wolke“ von Willigis Jäger

„Chan im täglichen Leben“, wurde zuvor u.a. so ausführlich vorgestellt, weil *Willigis Jäger* seine zweite Zen-Meister-Bestätigung *(Inka Shomei)* im Oktober 2009 von Jing Hui übergeben wurde. Jing Hui, Chan-Großmeister aus der *Rinsai-Tradition (Lin Chi*) bestätigte ihn damit als 45. Nachfolger in der *Rinsai-Linie.*

Willigis Jäger, Benediktiner und kath. Priester hatte bereits 1983 eine Zen-Lehrer-Bestätigung (mit 58 Jahren) von *Yamada Koun Roshi* aus der *Sambo-Kyodan-Schule* in Japan bekommen. Er war Schüler von Yamada seit 1972. 1996 mit 71 Jahren erhielt er seine erste Zen-Meister-Bestätigung von *Kubota-Roshi* dem Dharma-Nachfolger von Yamada-Roshi, die Jäger als 87. Nachfolger von *Buddha Shakyamuni* ausweist. Willigis Jäger lebte sechs Jahre in *Kamakura* in Japan und übte täglich Zen im Zentrum von Yamada-Roshi, bevor er seine erste Bestätigung erhielt.

Bereits im Juni 2009 gründete er seine eigene *Zen-Linie „Leere Wolke“*. Ein Jahr später übertrug Willigis Jäger die Meister-Befugnis *Inka shōmei* an *Doris Zölls und Alexander Poraj.* Zudem ernannte er *Jef Boeckmans, Marsha Linehan, Paula Weber, Manfred Rosen und Gisela Drescher* zu Zen-Meistern in seiner Nachfolge. Doris Zölls hatte zuvor schon eine Zen-Meister-Bestätigung von Kubota-Roshi. Über Jef Boeckmanns, der bei Jing Hui meditierte, ist wohl der Kontakt nach China entstanden.

Jäger lehrte viele Jahre in Münsterschwarzach im *Meditationszentrum St. Benedikt*, das er bis 2001 leitete. Bereits Mitte der 1990er Jahre gründete er die *Würzburger Schule der Kontemplation* mit dem Ziel, das kontemplative Gebet und die Mystik in den Kirchen zu beleben. Dieser Schule der Kontemplation, gehörten inzwischen viele Kontemplationslehrer an. Sie wurde später in *Würzburger Forum der Kontemplation* umbenannte, da Willigis Jäger sie nicht als Schule verstand.

Nach einem Konflikt mit der römisch-katholischen Kirche wurde ihm 2001 sein Rede-, Schreib- und Auftrittsverbot erteilt. Da er seine Lehre nicht widerrief, legte er sein Priesteramt 2002 nieder, konnte aber formell Mitglied im Benediktiner Orden bleiben.

Jäger gründete 2003 das überkonfessionelle Zentrum für spirituelle Wege *Benediktushof,* das er leitete. Es steht auf dem Gelände der ehemaligen Benediktinerpropstei in Holzkirchen bei Würzburg. 2007 übergab er die Leitung des Benediktushofs an *Doris Zölls* und *Alexander Poraj*. Im selben Jahr gründete er die *West-östliche Weisheit – Willigis-Jäger-Stiftung* mit Sitz auf dem Benediktushof mit dem Ziel seine *Zen-Linie* und die später entstandene *Kontemplations-Linie,* so wie sein geistiges Erbe zu fördern. Mit der Gründung der Zen-Linie verabschiedete sich Willigis Jäger aus der Sambo-Kyodan-Schule, die ihm zu östlich geprägt war.

Erst im Juni 2012 wurde dann von Willigis Jäger die neue *Kontemplationslinie „Wolke des Nichtwissens"*, die sich auf die christliche Tradition bezieht, eingeweiht. Der Name weckt Assotiationen an die negative Theologie, die auch einige christliche Mystiker ansprach. Der *Zen-Line* gehören ca. 70 Zen-Lehrer an, und der *Kontemplations-Linie* ca. 140 Kontemplations-Lehrer. Viele Zen-Lehrer sind aus der Sambo-Kyodan-Schule zur neuen Zen-Linie „Leere Wolke" gewechselt, ebenso traten viele Kontemplations-Lehrer aus dem Würzburger Forum für Kontemplation der neuen christlichen Linie „Wolke des Nichtwissens" bei. (Siehe hierzu https://www.benediktushof-holzkirchen.de/benediktushof/zen-kontemplation)

Willigis Jäger starb im März 2020 im Alter von 95 Jahren und wurde in Münsterschwarzach auf dem Abtei-Friedhof der Benediktiner beigesetzt.

Im Jahr 2009 erschien von *Willigis Jäger* in Zusammenarbeit mit den beiden von ihm ernannten Zen-Meistern *Doris Zölls* und *Alexander Poraj* ein programmatisches Buch *„Zen im 21. Jahrhundert" (siehe Lit-Verz.).* Das einzige Buch, das Jäger je direkt über Zen geschrieben hat, neben einer umfangreichen Zahl von Büchern, die sich auf die christliche Mystik beziehen. In seinem Buch über Zen erläutert er sein Zen-Verständnis für seine westlichen Schüler und Schülerinnen. Einen besonderen Schwerpunkt legt er auf *Zen im Alltag* und auf die Erläuterung der Verbindung von Zen und Religion. Zudem weißt er immer wieder darauf hin, welche Erkenntnisse westliche Wissenschaft (transpersonale Psychologie, Religionsforschung, medizinische und neurowissenschaftliche Forschung und Quantenphysik, Astronomie) zum Thema Zen und Kontemplation beitragen können, bzw. wie sie die Erkenntnisse der alten Zen-Meister bestätigen.

In „Zen für das 21. Jahrhundert“ sieht Jäger eine Spiritualität, die alle Religionen übersteigt. Sie ist ebenso in den esoterischen Schulen der großen Welt-Religionen zu finden: Hinduismus – Meditation und Yoga, Buddhismus – Zen, Daoismus – *Zuowang* (Sitzmeditation) und Taiji (Taijiquan und Qigong), Sufismus – Drehtanz und *Sikr* (Sitzmeditation), Christentum – Kontemplation und Körpergebet. Wenn auch mit ihrer jeweils eigenen Kultur und Sprache. *Jäger unterscheidet Übungen mit Fokus und Übungen ohne Fokus,* die in fast allen Richtungen zu finden sind.

Doris Zölls vertieft diese allgemeinen Ausführungen von Jäger und sieht Zen als einen Impuls für eine *neue Kultur der Achtsamkeit* und betont daher, dass *Zen eine Lebenshaltung* ist.

Alexander Poraj spannt den Bogen zu *Zen und Psychotherapie*, *Zen und Business* und *Zen in der Beziehungsgestaltung.* Poraj sieht heute die Zen-Linie „Leere Wolke“ als erste voll im Westen angekommene spirituelle Linie, die für alle religiösen Richtungen offen ist, auch für Atheisten und Agnostiker, weil es ihr um ein *authentisches Leben ganz im Hier und Jetzt geht.* Sie spricht sowohl Laien als auch Theologen aus allen religiösen Richtungen an.

Willigis Jägers eigentliches Anliegen war jedoch, das Christentum zu erneuern und die alte fast vergessene Praxis der Kontemplation zu reanimieren und auf weltoffene Weise den Menschen im Westen den Sinn ihrer Praxis wieder verständlich zu machen. Das Bezeugen auch seine zahlreichen Bücher, in denen er das christliche Verständnis (auch von Festen und Feiertagen) und die christliche Kontemplation ganz neu interpretiert.

Poraj sieht es jedoch noch als große Herausforderung, die *Kontemplations-Linie „Wolke des Nichtwissens“* in der christlichen Tradition zu verankern, so dass sie von den Konfessionen der christlichen Kirchen mitgetragen wird. Eines von vielen Problemen in diesem Zusammenhang ist, dass in der christlichen Tradition zwar herausragende Mystiker zu verzeichnen sind, jedoch keine „Kontemplations-Meister oder Meisterinnen" und sich damit auch keine authentischen „Übertragungslinien" von „Herz zu Herz" etabliert haben. (Siehe hierzu auch unter Wikipedia - Willigis Jäger)

9.2 Von religiösen Mythen befreites Zen

Die Zukunft von Zen im Westen und im deutschsprachigen Raum wird davon abhängen, inwieweit es gelingt, Zen in die westliche, griechisch-christliche Kultur einzubeziehen bzw. zu integrieren. In diesem Zusammenhang wird auch von *nacktem Zen* gesprochen, das von Buddhismus und äußeren Formen weitestgehend befreit ist.

Zen im Westen muss bei der Wanderung von Ost nach West eine neue Form annehmen, wenn es im Westen wirklich ankommen will. So wie es sich bei seiner Wanderung von Indien nach China und von China nach Japan und nach ganz Ostasien verwandelt und erneuert hat. Das sieht auch Willgis Jäger so:

„Vieles, was sich im Osten in den Zen-Klöstern als monastische (klösterliche – d.V.) Form entwickelt hat, wird wegfallen. Es kommt zu einem ‚Laien-Zen'. ... Rituale, Kleidung, Klanginstrumente, die im Laufe der Geschichte in Klöstern eingesetzt wurden, spielen eine wichtige Rolle und verdecken oft das Wesentliche. Buddhistische Mönchsgewänder, der Stil eines Sesshin, Räucherstäbchen etc. werden in manchen Gruppierungen für sehr wichtig gehalten. Der Hang zu äußeren Formen ist aber eine Anfängerkrankheit. Das nackte Zen ist ein unwandelbarer Strom, der im Westen seine äußere Struktur verändern wird, wie es sich in China verändert hat, als es dem Taoismus begegnete. Sein Wesen wird sich nicht verfälschen lassen."[17]

„Nur das nackte Zen hat im Westen eine Chance. Der Buddhismus dürfte als Religion im Westen kaum an Boden gewinnen, wohl aber Zen. Zen wird sich zu einem Laien-Zen inkulturieren müssen."[16] (Zitat 17 und 16: Siehe Wikipedia unter Soto-Zen, ebenso 13 weiter unten)

Dennoch gibt es im westlichen Zen inzwischen ein *Zen-Light*: Zen zur Leistungssteigerung, Zen als therapeutisches Allheilmittel, Zen in christlichen Kirchen zur Attraktivitätssteigerung, Business-Zen,

Wellness-Zen, Street-Zen, Ökologie-Zen, so *Stephan Schumacher* (Buchautor, Zen, München 2001, S. 103). Zudem entwickelt sich eine Zen-Kultur, die ganz nach außen gerichtet ist: Zen-Gärten, Zen-Einrichtung, Zen-Kleidung, die das eigentliche Ziel von Zen, das Erwachen, weit verfehlt. Guru-Rummel, Skandale und Skandälchen versetzen selbst dem ernsthaft Strebenden in großen Zweifel, der sich fragt, ob er wirklich einem authentischen Lehrer oder Meister folgt oder einem Scharlatan aufgesessen ist. Zen wird dann oft „als bloße Methode missverstanden und als ein Mittel zum Zweck missbraucht“[13], bzw. als ein „spiritueller Club Mediterrane“ instrumentalisiert. Mit dem authentischen „Zen der alten Patriarchen“ hat das nichts zu tun, so Peter Schuhmacher.

Wenn es gelingen sollte, das nackte Zen im Westen zu inkulturieren (von der östlichen in die westliche Kultur zu integrieren), ist es jedoch im Sinne von Willigis Jäger immer noch offen, ob christliche Kontemplation den *Niedergang der christlichen katholischen und evangelischen Kirchen im Westen* aufhalten oder sie sogar erneuern kann? Ein christliches Zen, ist jedenfalls ein Widerspruch in sich, wenn Zen im Westen von allen nach außen gerichteten exoterischen Aspekten befreit werden soll. So gesehen kann Zen für Christen nur bedeuten, Anstöße von der Zen-Praxis aufzunehmen, um die christliche Kontemplation zu erneuern.

Wie das Thema Missbrauch und Gewalt gegen Kinder, Jugendliche und erwachsene Frauen in unserer Gesellschaft ganz allgemein zeigt, können auch Priester und Zen-Lehrer zu den Täter gehören. Wer sich innerlich zu sehr ans Licht hängt, läuft Gefahr seinen Schatten zu verdrängen. Daher sollten auch Zen-Lehrer oder -Meister über ein Mindestmaß an eigenen Therapieerfahrungen verfügen und sich mit ihren Schattenaspekten auseinandersetzen bzw. zumindest sich denselben ethischen Verhaltensweisen verpflichtet fühlen, wie sie für Psychotherapeuten schon lange gesetzlich vorgeschrieben sind.

9.3 Zen und der integrale Hintergrund

9.3.1 Achtsamkeit und Zen in unserer Gesellschaft

Das Interesse an Zen und Meditation ist in den letzten Jahren sehr gewachsen. Jon Kabat-Zinn, hat viel dazu beigetragen, indem er Achtsamkeitsübungen aus dem Yoga und dem Zen in psychosomatischen Kliniken auf ihre Wirksamkeit bei Stress, Schmerzen, Depression und anderen Beschwerden wissenschaftlich untersucht hat und damit Erfahrungen aus den meditativen Traditionen zum Teil, in Bezug auf ihre gesundheitliche Wirksamkeit, bestätigen konnte. Achtsamkeits-Training nimmt eine *nicht wertende wissenschaftliche Grundhaltung* ein, die zunächst auf die innere Wahrnehmung gerichtet ist, die aber auch nach außen gerichtet werden kann. Die von Kabat-Zinn entwickelte Methode MBSR (Mindfulness Based Stress Reduction) wird inzwischen in vielen beruflichen Bereichen eingesetzt: In der Psychotherapie, in Unternehmen, in sozialen und beratenden Zusammenhängen, usw. Wer über diese Methode einen Zugang bzw. Interesse an der Meditation gefunden hat, wird seinen Weg zur tiefen inneren Freiheit und Verbundenheit über Zen erheblich vertiefen können.

9.3.2 Schwerpunkte der Zen-Praxis: „Sitzen in Stille im Stil von Zen“

Hier der Versuch das Beste aus den östlichen Schulen einerseits mit den neusten wissenschaftlichen Erkenntnissen und der westlichen Kultur andererseits in Einklang zu bringen. Zu einem in diesem Sinne integralen Zen gehört - nach meinem persönlichen Verständnis - für Zen-Gruppen zunächst das entspannte Sitzen, also *Za-Zen* selbst und der nicht wertende Umgang mit der Übung der Achtsamkeit auf den Atem, das Zählen des Atems, das Verbinden des Atems mit dem Zählen, einem Laut, einem Mantra oder einem Koan. Die umfangreiche Koan-Praxis wird fallen gelassen, da sehr viele Koans nur vor dem Hintergrund der buddhistischen und kulturellen Tradition Chinas und Japans verständlich und lösbar sind. Hinzu kommt für Fortgeschrittene das *Shikantaza,* das Sitzen und sonst nichts. Dann das ganz bewusste meditative Gehen *Kinhin*. Dabei möglichst die aufrechte Haltung mit den Schritten beim Gehen, mit dem Atemrhythmus verbinden. Dann ein kurzer Vortrag oder Text, ein *Teisho*, ganz aus dem Herzen gesprochen. Das *Dokusan* (Einzelgespräch) zwischen Lehrer und Schüler, über die Übung und über Übung im Alltag. Das *Mondo,* also das Gespräch zwischen Schülern und Lehrer, Fragen und Antworten zum Üben und Alltag, als Anregung für alle Übenden. Das *Praktizieren im Alltag* spielt eine besonders wichtige Rolle, um von vornherein diese Verbindung aufzubauen, Übung und Alltag immer mehr eins werden zu lassen. Mit der Vertiefung der Übung gilt es für unser alltägliches Entscheiden und Handeln zentrale Werte wie *Liebe, Mitgefühl, Frieden, Gleichmut und Weisheit* mitten im Alltag zu vertiefen und zu verinnerlichen.

Bevor ein Schüler oder eine Schülerin in meine Zen-Gruppen kommt, führe ich ein *Einzelgespräch*, persönlich oder telefonisch, um die Motivation und die Voraussetzungen zu klären. Ist eine Schülerin oder ein Schüler in *Psychotherapie* oder in psychiatrischer Behandlung, sollte dies sowohl mit dem Therapeuten, als auch mit dem Zen-Lehrer besprochen werden und beide sollten ihr Einverständnis geben. Der Therapeut sollte nach Möglichkeit eigene Meditations-Erfahrung haben.

Der Unterricht wird erläutert vor dem *Hintergrund der Übungswege der großen Weltreligionen*, dem Buddhismus (Zen), dem Christentum (Kontemplation), dem Daoismus (Taijiquan, Qigong, Zuowang) und dem Sufismus (eine Richtung des Islam). Die *integrale spirituelle Philosophie Ken Wilbers* ist mir in Bezug auf eine integrale Praxis im Alltag sehr wichtig. Daher soll auf parallele Ergebnisse und Erkenntnisse *der westlichen Wissenschaften,* wie u.a. Neurowissenschaften, der Quantenphysik, der Forschungsergebnisse über Nahtoderfahrungen und der Gesundheitswissenschaften zur meditativen Praxis hingewiesen werden. Teilnehmen können Männer und Frauen, die diesen Übungsweg kennenlernen und/oder verbindlich praktizieren möchten, egal ob religiös, spirituell, agnostisch oder atheistisch ausgerichtet.

Dies war ein kurzer Überblick über die mehr äußeren Aspekte des Zen. Die innere Haltung sollte immer mal wieder im Kontakt mit einem Zen-Lehrer oder – Meister besprochen werden, weil sie im Laufe der Zeit, auf die Fortschritte des Schülers bzw. der Schülerin angepasst werden sollte. Daher ist es empfehlenswert sich einer Zen-Gruppe anzuschließen.

9.3.3 Der Zen-Hintergrund des Lehrers

Der Zen-Lehrer und -Meister sollte seinen Hintergrund offenlegen, daher berichte ich hier über meinen eigenen Weg. Mit ca. 21 Jahren hatte ich eine Nahtoderfahrung bei einem schweren Autounfall. Das war der Anstoß für mein spirituelles Interesse und meinen Weg. Schon als Kind und Jugendlicher machte ich unerklärliche Erfahrungen, die in meiner Erinnerung haften blieben und mich immer wieder beschäftigten. Aber erst im Alter von 33 Jahren begann mein Weg der Meditation und Therapie. Ich habe viel Therapie-Erfahrung, einzeln und in Gruppen sammeln können, gute und weniger gute. Daher ist mir sehr bewusst, wie wichtig ein guter Kontakt und ein stimmiges Verhältnis zwischen Lehrer und Schüler ist. Ich selbst meditiere seit 1982 und übe seit 1985 intensiv Taiji und später auch Qigong. 1989 begann ich Taijiquan zu unterrichten und seit 1997 habe ich T'ai Chi-Kursleiter- und Lehrer ausgebildet. Ich habe also mit Meditation fast vierzig Jahre Erfahrung und über 35 Jahre Erfahrung mit Taiji und Qigong. Ich bin vom DDQT anerkannter *Taiji-Lehrer und – Ausbilder* und vom Taiji- und Qigong-Netzwerk anerkannter *Qigong-Lehrer*. Ich habe mehr als 120 Taiji-Kursleiter – Lehrer ausgebildet, die in Niedersachsen und in NRW unterrichten. Seit 1995 begleite ich parallel zu meiner Arbeit als Taiji-Ausbilder Zen-Gruppen, wöchentlich und an Wochenenden. Zwei schriftliche Anerkennungen als *Zen-Lehrer* kann ich vorweisen, eine von meinem ersten Zen-Lehrer *James Henry Ringrose* und eine von *Willigis Jäger*.

Auch sind mir im Laufe der Jahre einige tiefe Zen-Erfahrungen zugefallen, die mich sehr geprägt haben. Zu meiner Arbeit habe ich seit 2014 eine Reihe von spirituellen Büchern über Zen, Taijiquan, Qigong und Spiritualität veröffentlicht. Durch mein Schreiben habe ich mir ein sehr differenziertes Verständnis von dem erarbeitet, was ich unterrichte. Dazu hat die intensive Auseinandersetzung mit den Werken der Integralen Spiritualität und Praxis Ken Wilbers viel beigetragen. Auch wenn die eigentliche Zen-Erfahrung nicht wirklich beschrieben werden kann, weil Worte immer missverständlich sind, ist es wichtig sie selbst gut zu verarbeiten und zu integrieren, um auch andere kompetent begleiten zu können. Da ich nach Jahren der inneren Suche meine Lebensaufgabe und meinen Lebenssinn schon lange gefunden habe, fühle ich mich gerufen und berufen, aus einer tiefen inneren Verbundenheit heraus, auch andere auf ihrem Weg zu begleiten.

9.3.4 Der berufliche Hintergrund des Lehrers

Der berufliche Hintergrund des Lehrers ist ebenso wichtig: Bei mir sind es zwei Berufsausbildungen und dazu zwei abgeschlossenen Studiengänge, im kaufmännischen (Dipl. Betriebswirt) und technischen Bereich (Dipl. Ing.). Ich habe 7 Jahre als Geschäftsführer der kleinen elterlichen Firma gearbeitet und danach 12 Jahre als Freiberufler (auch zeitweise arbeitslos) Erfahrung in der Existenzgründungsberatung, in der Beratung für kleine Firmen, auch ehrenamtlich für soziale Einrichtungen, im Team-Coaching und für Öko-Audits für Firmen gesammelt. Diese Erfahrungen, und auch mit nicht immer einfachen privaten Beziehungen, haben mich dazu ermutigt, ein *ganzheitliches Zen-Coaching* anzubieten. Inzwischen lebe ich seit 2010 glücklich mit meiner Partnerin und Frau *Kim Susann Lühmann* zusammen.

Mein *ehrenamtliches Engagement* ist für mich ein Beitrag, eigene Lebensgeschenke, die ich erhalten habe, an andere weiterzugeben. So verstehe ich auch meinen Einsatz für den *DDQT* (Deutscher Dachverband für Taijiquan und Qigong e.V.), den ich 2003 mitbegründet habe und in dem ich erneut seit 2020 im Vorstand mitarbeite und meine Arbeit für den von mir 2013 gegründeten *gemeinnützigen Verein Forum fis e.V.,* der zwei Kongresse *GanzMenschSein* und schon viele Veranstaltungen zu ganzheitlichen spirituellen Themen organisiert hat.

9.3.5 Integrales Zen-Coaching

Ein integrales Zen-Coaching ist kein traditionelles Zen-Angebot. Das ist abhängig vom beruflichen und privaten Hintergrund des jeweiligen Lehrers oder Meisters. Für mich ist es so, dass ich meinen Schülern und Schülerinnen zusätzlich und als *Erweiterung des Dokusan*s und des *Mondos* für ein *Integrales Zen-Coaching* zur Verfügung stehe. Dazu gehören Übungen und Gespräche über Körperarbeit, Energiearbeit (Qigong und Taijiquan), über Bewegung (Sport) und möglicherweise anstehende Psychotherapie durch einen psychologischen Therapeuten oder transpersonalen Therapeuten (um karmische Schatten und Verstrickungen aufzulösen), der Erfahrung mit Meditation, bzw. Zen haben sollte. Die Gespräche im Zen-Coaching können auch eine Auseinandersetzung und Reflexion im Geiste des Zen mit der eigenen Arbeit, dem Beruf und der Familie, Freunden, dem Partner oder der Partnerin umfassen. Eine ganzheitliche Zen-Praxis in diesem Sinne bezieht, bei Tages- oder Wochenendangeboten, ebenso wie beim Einzel-Coaching, die *Integrale spirituelle Philosophie Ken Wilbers* mit ein. Da ich lange Jahre als T'ai Chi-Ausbilder gearbeitet habe, fühle ich mich dabei den *DDQT-Ethik-Richtlinien* verpflichtet. Wer einen Zen-Weg ernsthaft gehen will, kann zudem mein Schüler oder meine Schülerin werden.

9.4 Zen und geistige Entwicklung im Westen

- im Spannungsfeld zwischen mythischer, rationaler und integraler Spiritualität

Menschliches Leben entfaltet sich in der Evolution. Es bewegt sich zwischen den Polen Geburt und Tod, männlich und weiblich, Einsamkeit und Geborgenheit, Kindheit und Erwachsensein, Individualität und Gemeinschaft, innen und außen, Himmel und Erde, Erschaffung und Auflösung, Sinn und Unsinn, Yin und Yang. „Überall, wo menschliches Leben ist, gibt es Zeugung und Empfangen, Verheißung und Not, Freud und Leid, Sicherheit und Angst, Schutz und Gefahr, Sattheit und Hunger, Wachen und Schlafen, Krankheit und Heilung. In all diesen Gegensätzen erscheint das LEBEN.“ (Karlfried Graf Dürkheim)

In diesem polaren Spannungsfeld der Evolution entwickelt sich das menschliche Bewusstsein vom archaischen über das magische und mythische zum rationalen und transrationalen bzw. mystischen oder integralen Bewusstsein (Jean Gebser, Ken Wilber). Diesen Bewusstseinsebenen entsprechen verschiedene Stufen von Religiosität: die archaische Religiosität der Schamanen, die magische der Hexen und Medizinmänner, die mythische der Priester der großen Weltreligionen, die rationale der westlichen Theologen und die mystische Religiosität der Weisen und Meister aller spirituellen Weisheitstraditionen wie Hinduismus, Buddhismus, Daoismus, Judentum, Islam und Christentum.

Auch der Buddhismus hat diese Entwicklungsstufen durchlaufen. Der Buddhismus der in den Westen gekommen ist, hat sich verändert und ihm steht noch ein Prozess der Inkulturation bevor. Er ist in erster Linie ein religiöser Buddhismus, der hier auch von vielen kleinen und größeren buddhistischen Gemeinschaften gepflegt wird. Der religiöse Buddhismus in Indien, China und Japan wird oft als Volksglauben bezeichnet und enthält noch viele mythische und sogar magische Anteile.

Auch in der buddhistischen Literatur kann eine eigenartige Mischung aus Magie, Mythos und Rationalität gefunden werden. Dies ist aber insbesondere im Daoismus der Fall. Die mystische Seite des Buddhismus findet im Zen-Buddhismus ihren Ausdruck.

Da im Osten das Integrale Modell Wilbers noch weniger bekannt ist als im Westen ist es nicht verwunderlich, dass neben den großen sprachlichen und kulturellen Unterschieden, die eine Verständigung erschwert, nicht klar zwischen Ebenen und Zuständen unterschieden wird. Mystische Texte werden zudem in mythische und magische Bilder übersetzt und nicht in eine für den Westler verständlichere rationale Sprache.

Institutionalisierte Religion und wissenschaftliche Theologie (und oft auch Philosophie) entwickelten sich aus den mystischen Erfahrungen der Stifter und Meister, der weisen Männer und Frauen, der großen Weltreligionen. Religion und Theologie entstehen aus dem Ringen des Menschen, Erfahrungen von EINHEIT (Erleuchtung, Nirwana, Satori, Gipfelerfahrungen, usw.) in Bilder zu fassen und auszudrücken oder rational zu verstehen und zu interpretieren. Die Erfahrung der Gottheit (Meister Eckehart) oder - um es in der Sprache der transpersonalen Psychologie (Stanislav Grof) zu sagen - die Erfahrung des ABSOLUTEN, die letztendlich nicht in Worte zu fassen ist, will mitgeteilt und verstanden werden. Und da Erwachen oder das Dao (der Weg, die Gottheit), die mitgeteilt oder in Worte gefasst werden will, nicht die absolute Wirklichkeit Dao (Laotse) oder die wahre GOTTHEIT (Eckehart) ist, interpretieren die Menschen, die das Absolute nicht selbst erfahren haben, diese Dimension des Lebens entsprechend ihrer jeweiligen Bewusstseinsebene: rational, mythisch, magisch oder archaisch.

Die rationale Weltethos-Erklärung des Parlaments der Weltreligionen (Hans Küng), um ein Beispiel zu nennen, ist das Ergebnis verdienstvollen wissenschaftlichen Forschens nach den Gemeinsamkeiten der großen Religionen. Allerdings: Ein Weltethos, das allein an rationale Verpflichtungen geknüpft ist (du sollst), wird nicht die Kraft erlangen, sich zu verwirklichen. Nur mit dem Durchbruch der Menschheit zum Transrationalen wird es mehr und mehr möglich werden, die Werte der Weltethos-Erklärung im menschlichen Bewusstsein und Handeln tief von innen heraus zu verankern und zu LEBEN.

In den Entwicklungsländern (Afrika, Asien, Südamerika) blüht das Christentum (auch in China, wenn sich die Christen der Staatsmacht unterwerfen) auf einer mythischen Ebene, die rationale soziale Elemente in sich aufgenommen hat. Der Papst wird als mythischer Held gefeiert, der sich verdienstvoll für die Unterdrückten engagiert. Dagegen sind die archaischen und magischen schamanischen Traditionen am Aussterben. Ein Beispiel aus China ist die religiöse buddhistische-daoistische Falun Gong-Bewegung, die mythische Aspekte und rationale Spielregeln für ihre Übungsgruppen in sich vereint. Dies hat u.a. zu ihrer schnellen Ausbreitung im religiösen Vakuum Chinas gesorgt, so dass sie in China verboten wurde. Dennoch ist sie keine angemessen religiöse Bewegung für den Westen.

Die Menschen in den aufgeklärten westlichen Industrienationen können einem mythischen Christentum (das auf vielen anderen Ebenen versagt: Hierarchischer Aufbau, Sexualität und Missbrauch, Gewalt gegen Kinder und Frauen, Finanzskandale, usw.) immer weniger folgen. Die trockene und oft kraftlose rationale Theologie, die jegliche Verbindung zur Mystik verloren hat, fegt zudem die Gotteshäuser leer. Die Menschen im Westen stehen an der Schwelle zum Transrationalen. Sie haben zum großen Teil die mystische Religiosität schon hinter sich gelassen, sind aber oft noch in einer rationalen Weltsicht verhaftet. Immer mehr Menschen sind auf der Suche nach erfahrbarer Spiritualität. Das Christentum im Westen, westlicher Buddhismus und der sogen. Euro-Daoismus müssen dieser Tatsache Rechnung tragen. Ein integrales Christentum und Christ-Sein, das sich entfaltende Bewusstseinsstufen anerkennt, schließt mystische Spiritualität und rationale Theologie (und Philosophie) ebenso in sich ein wie eine noch in Resten vorhandene mythische Weltsicht. Da der Zen-Buddhismus im Westen ein transrationaler Buddhismus ist, muss er Rationalität transzendieren und auch einschließen (integrieren), wenn er zu einem integralen Zen-Buddhismus werden will.

Jede religiöse Weltsicht hat auf ihrer jeweiligen Entwicklungsstufe bzw. -ebene ihre eigene Existenzberechtigung und ihre eigene Stimmigkeit. Das bedeutet jedoch nicht, dass es keine gesellschaftlichen Konflikte zwischen diesen Entwicklungsstufen und keine individuellen Krisen beim Übergang von der einen zur anderen Entwicklungsstufe gibt. Im Gegenteil: Konflikte und Krisen sind für jeden Einzelnen genauso notwendig wie für eine Gesellschaft, um zu wachsen und zu reifen.

Vor diesem Hintergrund bekommt Zen-Buddhist-Sein (sowohl Daoist-Sein oder Christ-Sein) heute eine weite Perspektive. Alle spirituellen Traditionen im Westen können sich in mystischer, rationaler oder mythischer Weise auf ihre Religionsstifter beziehen und ihre Religiosität entsprechend ihrer Bewusstseinsstufe interpretieren und verstehen. Die Eigenheit aller Bewusstseinsstufen unter der rationalen ist, um ein Beispiel zu nennen, dass, wer rationales Denken nie gelernt hat, sich „nur“ auf der vorhergehenden Ebene, also in mythischen Bildern, ausdrücken kann und rationale Argumente nicht versteht. Mythische Religiösität stirbt daher im Westen immer mehr aus. Rationale Theologie und Religiosität haben ihre Faszination für die

Menschen verloren. Immer weniger Eltern können ihren Kindern ein ihnen selbst verständliches und sie ergreifendes Christentum vermitteln. Auf der anderen Seite gibt es eine wachsende Suche nach tiefer Spiritualität, Sinn und Orientierung, vorbei an den christlichen Kirchen. Die sich darin ausdrückende Sehnsucht nach echter Erfahrung kann nur von wahren Meistern der Mystik wirklich befriedigt werden. Da tiefe Erfahrungsmystik, die die EINHEIT ALLEN SEINS erhellt, jegliche konfessionelle Religiosität übersteigt, ist es letztendlich gleichgültig, welchen Übungsweg ein Mensch einschlägt, wenn er oder sie von einem „wahren Meister“ geführt wird (oder dazu in der Lage ist, sich von seinem „inneren Meister“ führen zu lassen bzw. auf ihn zu „hören“). Denn: Wer Ohren hat (den „inneren Meister“ oder die innere Stimme) zu hören, der höre (Jesus Christus). Auch ein bekannter Taiji-Dao-Meister sprach vom „hören“ von „Energie“ (Cheng Man-Ching). Die Spreu vom Weizen zu scheiden, ist für den nach Sinn und Erwachen Suchenden keine leichte Aufgabe. Hier ist kritischer und aufgeklärter Menschenverstand gefragt. Denn: An ihren Früchten (Werken, Taten, Handlungen) werdet ihr sie erkennen (Jesus Christus).

Ob Za-Zen, Kontemplation, Qigong, Kabbala oder Sufitanz: Alle authentischen Übungswege führen zum gleichen Ziel, zur Erfahrung der EINHEIT, der Gottheit. Bietet das etablierte Christentum in seinen Institutionen die Freiheit, diese Übungswege zu gehen, können die gemachten Erfahrungen vor dem eigenen kulturellen und religiös-theologischen Hintergrund interpretiert werden. Dann werden auch die Worte Jesu aus der Bibel ebenso wie die Zen-buddhistischen Klassiker auf ganz neue Weise in einer größeren Tiefe erfasst und können angemessen in eine lebendige Gemeinde oder den Schülerkreis münden bzw. integriert werden. Der Gemeindepriester der Zukunft wird kein Theologe, und der Zen-Lehrer kein buddhistischer Schriftgelehrter, sondern in erster Linie ein Mystiker sein (In Anlehnung an Karl Rahner). Welchen Weg er gegangen ist, ist gleichgültig. Er hat sich den Weg gewählt, der ihm persönlich am meisten entspricht. Denn: Gottes Geist weht, wo er will (Jesus Christus). Wenn er christlicher Theologe ist, wird sein Weg vielleicht Kontemplation sein (es kann aber ebenso gut Zen oder Taiji, usw. sein) und er wird seine Erfahrungen dann wohl am ehesten vor seinem theologischen

Hintergrund bzw. vor dem Hintergrund des Zen-Buddhismus usw. interpretieren.

Beim Gehen spiritueller Übungswege ist es oft problematisch, wenn ein Mensch, der in der westlich-christlichen Tradition aufgewachsen ist, seine Erfahrungen des Absoluten (zum Beispiel auf dem Übungsweg von Zen) allein im buddhistischen Sinne interpretieren und integrieren will. Dies wird ihm letztlich nur vor dem Hintergrund seiner Erfahrungen und seiner Auseinandersetzung mit der eigenen (religiösen) Kultur angemessen gelingen. Die innere Erfahrung des Absoluten, die im christlichen Sinne auch als die Erfahrung von LIEBE interpretiert werden kann, wird sich dann in seinen zwischenmenschlichen Beziehungen ebenso ausdrücken wie in seinem ökologischen, sozialen und kulturell-religiösen Handeln. Denn LIEBE im spirituellen Sinn ist: Offenheit und Weite im Blick, In-der-Mitte-Sein, Im-Fluss-Sein mit seinen Handlungen, sich selbst zum Transpersonalen entfalten und andere in diese Richtung unterstützen (Ken Wilber).

Daher müssen Menschen, die einen spirituellen Übungsweg gehen, weder als Zen-Lehrer noch als Taiji-Unterrichtender im traditionellem Sinne Buddhist oder Daoist sein. Ebenso können dann natürlich Zen-Lehrer oder Taiji-Unterrichtende oder Schülerinnen die Christen sind, Christ bleiben.

Christus sagt: Ich bin der WEG, die WAHRHEIT und das LEBEN. Und eine Taiji-Weisheit lautet: Du wirst den WEG nicht finden, wenn Du nicht selbst zum WEG wirst. Das DAO, die höchste Dimension im daoistischen Sinn, wird auch mit WEG, LEHRE (Dharma) oder MUTTER VON YIN UND YANG übersetzt. Erfahrbare Zenbuddhistische Spiritualität verwandelt den Menschen von innen her und führt zum Erwachen, ganz im Hier und Jetzt (Satori). Sie öffnet ihn für eine weite Perspektive. Sie stellt ihn zwischen Himmel und Erde, oben und unten, Geistigem und Materiellem. Sie macht ihn zum KREATIVEN MITSCHÖPFER und verbindet ihn, lässt ihn mitfließen, im immanenten kosmischen Prozess von GEIST-in-Aktion (Ken Wilber), der die Evolution entfaltet.

Abbildungsverzeichnis

Glossar

Hinweis: Die *kursiv* gesetzten Stichworte sind Begriffe aus der christlichen Kontemplationspraxis oder dem westlichen Kulturkreis und erläutern sie.

Amida – (japanisch) Buddha-Erfahrung des grenzenlosen Lichts und Lebens

Atman – (Sanskrit) das Absolute, der „alles umfassende göttliche Atem"

Bewusstsein – bewusste, reine leere Wahrnehmung mit allen Sinnen, ohne Wertung

Bodhi – (Sanskrit) Erleuchtung, Erwachen

Bodhisattva – (Sanskrit) erwachtes Wesen, ein Mensch, der in der Arbeit für andere sein Selbst vergisst

Brahman – (Sanskrit) das Relative, der „individuelle göttliche Atem"

Buddha – (Sanskrit) der Erwachte

Chan – (auch Ch'an, chinesisch) Zen, siehe Zen

Dantian – (auch T'an T'ien – chinesisch) Zenoberzentrum, zentrale Energiezentren: unteres Dantien (Bauchzentrum), mittleres Dantien (Herzzentrum), oberes Dantien (Stirnzentrum)

Dharma – (Sanskrit) die Lehre; reine Leere; Dao oder Weg

Dojo – (japanisch) Übungsraum, Übungszentrum

Dokusan – (japanisch) Einzelgespräch, persönliches Gespräch zwischen Lehrer oder Meister und Schüler

Ego – verbindet sich oft mit der Ratio; das kleine eingeschränkte Ich, die kulturell und psychisch geprägte und gewachsene Persönlichkeit und all die Vorstellungen von sich selbst und der Welt, die es in jeder tiefen Form der Meditation zu überschreiten gilt, die aber dennoch für die sinnvolle Gestaltung des Alltags - bewusst eingesetzt - sehr nützlich sein können.

Erleuchtung – Erfahrung des „alles einschließenden Lichts“

Esoterik – nach innen gerichtete Weltsicht

Exoterik – nach außen gerichtete Weltsicht

Gassho – (japanisch) Verbeugung mit zusammengelegten Handflächen, ein Zeichen der Verehrung

Gipfelerfahrung – höchste Einheitserfahrung

Gottheit – ein Begriff aus der christlichen Mystik, der ausdrücken soll, dass Gott keine Person ist, sondern dass das Göttliche alles Persönliche übersteigt, also transpersonal ist

Guru – (Sanskrit) verehrungswürdiger Lehrer oder Meister

Herzensgebet – eine Übung der Kontemplation in der der Name Jesu, wie ein Mantra (siehe Mantra) angerufen wird

Karma – (Sanskrit) Kette von Ursache und Wirkung einer Handlung

Karuna – (Sanskrit) Mitgefühl

Kensho – (japanisch) Wesensschau, Erwachen, Erfahrung der Zen-Praxis

Kinhin – (auch Kin Hin, japanisch) meditatives Gehen zwischen den Sitzeinheiten

Ki – (japanisch, chinesisch “Qi”) Atem, Geist, geistige Stärke, Lebensenergie

Koan – (japanisch) ein paradoxes „Zen-Rätsel“, zwischen absolut und relativ, das es aufzulösen gilt

Kyosaku – (japanisch) ein flacher Stock, „Erweckungsstock“

Kontemplation – kommt vom lateinischen Begriff contemplatio: „con“ (gemeinsam oder zusammen) und „templum“ („heiliger Ort“) und bedeutet soviel wie Rückzug zum „Allerheiligsten“ im Inneren. Dies meint die liebende Vereinigung mit Gott, eine Liebesmystik. Der traditionelle christliche Versenkungsweg wird auch Beschauung genannt, eine nicht gegenständliche Meditation, ein kontemplatives „Gebet“, ein Schauen ins nackte Sein, ein Schauen ins Nichts.

Makyo – (japanisch) die innere Wahrnehmung von Bildern, Symbolen, Gestalten, die es loszulassen gilt

Mantra – (Sanskrit) eine mit Kraft aufgeladene Silbe, zum Beispiel MU

Mu – (japanisch) nicht, nichts, ist nicht, hat nicht, erstes Koan des Zen-Schüler: chinesisch “Wu”

Meditation – in der christlichen Praxis das stille Nachsinnen über einen christlichen Text, zum Beispiel aus der Bibel, eine gegenständliche Form der Meditation, Vorstufe der Kontemplation, keine Meditation im östlichen Sinne

Mystik – christliche Mystik, eine Liebesmystik, eine nicht mit Worten zu beschreibende innere Verbindung mit dem Göttlichen, dem All-Einen

Mystische Erfahrung – tiefe innere Erfahrung von göttlicher Allverbundenheit

Mythos – tiefes inneres, kollektives Bild, z.B. der König, der Held, die Hexe usw.

Nirwana – (Sanskrit) Verlöschen, Eingehen ins Nichts

Osho – (japanisch) Vater, spiritueller Lehrer oder Meister

Pranja – (Sanskrit) Weisheit

Rinzai – (japanisch) eine Zen-Schule, die auf Lin-chi I-hsüan zurückgeht und die Übung mit einem Koan betont

Qigong – (chinesisch) wörtlich: Arbeit mit dem Atem, bzw. Atemarbeit. Übung der Meditation und Bewegung und energetische Gesundheitsübung.

Roshi – (japanisch) verehrungswürdiger Lehrer oder Meister

Satori – (japanisch) große Erleuchtung, großes Erwachen

Shamadhi – (Sanskrit) Sammlung des Geistes, Versunkenheit

Shikantaza – (japanisch) Sitzen und sonst Nichts, eine Zen-Übung

Sanbo Kyodan – (japanisch) Orden der drei Kostbarkeiten, Zen-Schule die auf Yasutani Kakuum zurückgeht.

Sangha – (Sanskrit) buddhistische Gemeinde, Gruppe von suchenden Schülern

Sunyata – (Sanskrit) geistige Leere

Schatten – unter „Schatten“ versteht Ken Wilber in Anlehnung an C.G. Jung alle verdrängten und abgespaltenen (dunklen und seltener auch hellen) Persönlichkeitsanteile, die in das Unbewusste zurückgewiesen oder verschoben wurden. In der christlichen Kontemplation auch die „Dunkle Nacht der Seele“ genannt.

Sesshin – (japanisch) das Sammeln des Herzens, längere Übungstreffen der Zen-Praxis, zum Beispiel 3 bis 14 Tage, oder noch länger

Soto – (japanisch) eine Zen-Schule, die auf Tung-shan Liang-chieh zurückgeht und das reine Sitzen betont

Sutra – (Sanskrit) klassische Schriften; dem Buddha zugeschriebene Lehrreden; Leitfaden der buddhistischen Lehre

Synchronizität – bedeutungsvolles, sinnvolles Zusammenfallen von inneren Erfahrungen und äußeren Ereignissen

Taiji – (auch T'ai Chi, chinesisch) wörtlich: das höchste Letzte oder der Dachfirst. Die Übung des Taiji, ist sowohl Meditation in Bewegung als auch energetische Gesundheitsübung. Oft als Abkürzung für Taijiquan verwendet.

Taijiquan – (auch T'ai Chi Ch'uan, chinesisch) Taiji, siehe Taiji; quan, wörtlich, die Faust; der Weg der Kampfkunst zum Höchsten, Letzten, zur Einheit mit dem Dao. Die Übung des Taijiquan ist sowohl Meditation in Bewegung und energetische Gesundheitsübung als auch Übung der „Kampfkunst".

Teisho – (japanisch) Darlegung der Zen-Erfahrung durch den Meister

transpersonal – alles Persönliche übersteigend, hinter sich lassend

Uno Mystica – höchste Einheitserfahrung, Vollendung

Vipassana – eine tibetische Form der sitzenden Meditation

Zanmai – (auch Sanmai, japanisch) Verwirklichung, ein nicht-dualistischer Bewusstseinszustand

Zazen– (auch Za-Zen, japanisch) Sitzen in Versunkenheit

Zen – (japanisch – chinesisch "Chan") Zen-Schule der Harmonie zwischen der absoluten und der relativen Welt

Zendo – (japanisch) Übungsraum oder eine Zen-Halle bzw. ein Zen-Zentrum

Zuowang - (auch Zuo Wang, chinesisch) Sitzen in Vergessenheit, daoistische Praxis des stillen Sitzens

Literaturverzeichnis

Kapitel 1 - Buddhismus und Zen im Osten

Samuel Bercholz, Sherab Chödzin (Hrsg.) Ein Mann namens Buddha, Sein Weg und seine Lehre, O.W. Barth Verlag, 2. Auflage 1994 (Einführung und Überblick über den Buddhismus).

Dalai-Lama, Michael von Brück (Hrsg.), Weisheit der Leere, Esoterisches Wissen, Heyne Verlag, Taschenbuchausgabe, 1992 (Einführung und Überblick über den Buddhismus).

Dogen Zenji, Shobogenzo, Die Schatzkammer der Erkenntnis des Wahren Dharma, Ursprungstexte des Zen, Theseus Verlag Bd. I und Bd. II, 1975 (Begründer der Soto-Tradition).

Jens-Uwe Hartmann, Buddhistische Handschriften: Sensation auf Birkenrinde, in: Buddhismus aktuell, 1/2021, S. 62 – 65 (Zum Stand der historischen Buddhismus-Forschung).

Greta Ital, Der Meister, die Mönche und ich, eine Frau im Zen-Buddhistischen Kloster, 1966 O. W. Barth Verlag, 1966, und weitere Auflagen im Scherz Verlag.

Willigis Jäger, Doris Zölls und Alexander Poraj, Zen im 21. Jahrhundert, Band 1 der Schriftenreihe West-Östliche-Weisheit Willigis Jäger Stiftung, Kamphausen Verlag, Bielefeld, 2009 (Begründung der Zen-Linie „Leere-Wolke“).

Willigis Jäger und Beatrice Grimm (Hrsg.), Die Flöte des Unendlichen, Mystische Rezitationstexte aus Ost und West, Verlag Wege der Mystik, 4. Überarbeitete Neuauflage 2012.

Jing Hui, Die Tore des Chan-Buddhismus, mit einem Vorwort von Willigis Jäger, West-Östliche Weisheit Willigis Jäger Stiftung

(Hrsg.), Theseus Verlag 2010 (Begründung der Soto-Linie „Zen im täglichen Leben“).

Lexikon der östlichen Weisheitslehren - Buddhismus, Hinduismus, Taoismus, Zen, Albatros Verlag, 2005.

Linji, Das Denken ist ein wilder Affe, Die Lehren des großen Zen-Meisters, O.W. Barth Verlag, Vollständige Neuausgabe 2015 (Rinzai-Tradition).

Huang Po, Der Geist des Zen, Die legendären Aussprüche und Ansprachen des Huang-po, überarbeitete Neuausgabe, O.W. Barth Verlag 2011 (Rinzai-Tradition).

Klemens J.P. Speer, Zen und Kontemplation – Sitzen in Stille als geistiger Übungs- und Lebensweg, Versunken im Ozean der Stille, Lotus-Press Verlag, 2014 (Gemeinsamkeiten und Unterschiede von Zen und Kontemplation in Anlehnung an Willigis Jäger).

Klemens J.P. Speer (Hrsg.) von James Henry Ringrose, Zen und Mystik, Sitzen in Stille im Stil des Zen – Alltag und Übung - Mit Anleitungen zur täglichen Praxis, Lotus-Press Verlag, 2017.

Brian Victoria, Zen, Nationalismus und Krieg, Eine unheimliche Allianz, Theseus Verlag, 1999.

Wikipedia: siehe unter den Stichworten „Soto-Zen“ und „Willigis Jäger“.

Kapitel 2 - Zen-Buddhismus im Westen

Hans-Peter Dürr, Warum es ums Ganze geht, Neues Denken für eine Welt im Umbruch, oekom, 2009.

Georg Schmid, Die Mystik der Weltreligionen, Kreuz Verlag, neu gestaltete 4. Auflage des erstmals 1990 erschienen Titels, S. 110.

Gia-Fu Feng und Jane English, Lao Tse, Tao Te King, 5. Überarbeitete Auflage 1986, Vers EINS.

Wolfgang Kopp, Lao-Tse, Tao-Te-King, Das heilige Buch vom Tao und der wahren Tugend, Ansata Verlag, 3. Auflage, 1994, S. 1.

Kapitel 3 - Integrales Zen

Hans-Peter Dürr, Warum es ums Ganze geht, Neues Denken für eine Welt im Umbruch, oekom, 2009.

Heinz Hilbrecht, Meditation und Gehirn, Alte Weisheit und moderne Wissenschaft, Schattauer, 2010.

Willigis Jäger, Westöstliche Weisheit, Visionen einer integralen Spiritualität, Theseus, 2006.

Jing Hui, Die Tore des Chan-Buddhismus, Herausgeber: West-Östliche Weisheit - Willigis Jäger Stiftung, Theseus, 2010.

Klemens J.P. Speer, T'ai Chi - Taijiquan, Qigong und Traditionelle Chinesische Medizin im Spiegel integraler Bewusstseinsforschung nach Ken Wilber, Selbstverlag, 2007.

Ken Wilber u.a., Integrale Lebenspraxis - körperliche gesundheit, emotionale balance, geistige klarheit, spirituelles erwachen - ein übungsbuch, Kösel, 2010.

Ingeborg Wolf, Mystik - Zen, Kontemplation, Yoga, Kabbala, Sufismus, Taoismus - Praxis und Orientierung im Spiegel von Religion, Psychologie, Naturwissenschaft und Gesellschaft, Edition Logos, 2000.

Kapitel 4 - Werte in der Zen-Praxis

Ha Vinh Tho, Grundrecht auf Glück – Bhutans Vorbild für ein gelingendes Miteinander,
Nymphenburger Verlag, 6. Auflage 2018.

Ken Wilber, Integrale Vision, Eine kurze Geschichte der integralen Spiritualität, Kösel Verlag, 2009.

Ken Wilber in: Zeitschrift „integrale perspektiven", Ausgabe 41 - Oktober 2018, S. 14
(Zitate in diesem Beitrag).

Weltethos-Stiftung, Internetseite: https://weltethos-institut.org/

Wikipedia, Stichworte: Buddhistische Werte, Werte der Aufklärung, u.a.

Kapitel 5 - Ökologie und Zen

Thilo Bode, Die Diktatur der Konzerne, Wie globale Unternehmen uns schaden und die
Demokratie zerstören, S. Fischer Verlag, 2018.

Thomas Cleary (Hrsg.), Die Drei Schätze des Dao, Basistexte der Inneren Alchemie, Über die Harmonie von Körper, Geist und Seele, Edition Steinrich, Berlin 2012.

Christian Felber, Gemeinwohl-Ökonomie, Komplett aktualisiert und überarbeitet, Pieper Verlag, 2018.

Yuval Noah, Harari, Eine kurze Geschichte der Menschheit, Pantheon Verlag, 32. Auflage, 2013.

Dennis Meadows, DIE GRENZEN DES WACHSTUMS, KLASSIKER DES MODERNEN DENKENS, Bertelsmann Verlag, 1972.

Graeme Maxton, CHANCE, WARUM WIR EINE RADIKALE WENDE BRAUCHEN, KOMPLETT- MEDIA Verlag, 2018.

Kapitel 6 - Zen-Übungsanleitung

Willigis Jäger, Ewige Weisheit – Das Geheimnis hinter allen spirituellen Wegen, Kösel, 2010.

Willigis Jäger, Doris Zölls und Alexander Poraj, Zen im 21. Jahrhundert, Band 1 der Schriftenreihe West-Östliche-Weisheit Willigis Jäger Stiftung, Kamphausen Verlag, Bielefeld, 2009 (Begründung der Zen-Linie „Leere-Wolke").

Petra und Toyo Kobayashi, T'ai Chi leicht gemacht, Übungen für Gelassenheit und Lebensfreude, Irisiana Verlag, 2006.

Petra Kobayashi, Der Weg des Tai Chi Chuan, Irisiana Verlag, 4. Auflage 1993.

Klemens J.P. Speer, Zen und Kontemplation – Sitzen in Stille als geistiger Übungs- und Lebensweg, Versunken im Ozean der Stille, Lotus-Press Verlag, 2014 (Gemeinsamkeiten und Unterschiede von Zen und Kontemplation in Anlehnung an Willigis Jäger).

Klemens J.P. Speer (Hrsg.), Zen und Mystik - von James Henry Ringrose, Sitzen in Stille im Stil des Zen – Alltag und Übung - Mit Anleitungen zur täglichen Praxis, Lotus-Press Verlag, 2017.

Ken Wilber, Integrale Meditation, wachsen, erwachen und innerlich frei werden, O.W. Bath Verlag, 2017 (für alle die sitzende oder bewegte Meditation, wie Zen, Kontemplation, Yoga, Taiji, Qigong, usw. praktizieren).

Ken Wilber, u.a., Integrale Lebenspraxis – körperliche gesundheit, emotionale balance, geistige klarheit, spirituelles erwachen – ein übungsbuch, Kösel, 2010. (*Integral Life Practice. A 21st – Century Blueprint for Physical Health, Emotional Balance, Mental Clarity, and Spiritual Awakening, 2008*).

Kapitel 7 - Zen und andere Wege

Georg Schmid, Die Mystik der Weltreligionen, Kreuz-Verlag, Stuttgart, 4. Auflage, erstmals erschienen 1990, S. 146, 188 und 184.

Lexikon der östlichen Weisheitslehren - Buddhismus, Hinduismus, Taoismus, Zen, Albatros Verlag, 2005.

Kapitel 8 - Ein ganzheitlicher Orientierungsrahmen

Marion Küstenmacher, Till Haberer, Werner Tiki Küstenmacher, Gott 9.0, Wohin unsere Gesellschaft spirituell wachsen wird. Gütersloher Verlagshaus, 2. Auflage, 2011.

Klemens J.P. Speer, Spiritualität, Die Übungswege als Motor der Entwicklung, Der Entfaltung des Lebens Raum lassen, Lotus-Press Verlag, 2016 (Eine Reflexion über Taijiquan, Qigong, Zuowang und TCM vor dem Hintergrund der Integralen Philosophie Ken Wilbers).

Ken Wilber, Naturwissenschaft und Religion - Die Versöhnung von Wissen und Weisheit, Krüger Verlag Frankfurt a. M., 1998.

Ken Wilber, Ganzheitlich handeln - Eine integrale Vision für Wirtschaft, Politik, Wissenschaft und Spiritualität, Abor-Verlag, Freimat, 2001.

Ken Wilber, Integrale Spiritualität – Spirituelle Intelligenz rettet die Welt, Kösel-Verlag, München, 2007.

Ken Wilber, Terry Patten, Adam Leonard, Marco Morelli, Integrale Lebenspraxis – körperliche gesundheit – emotionale balance – geistige klarheit – spirituelles erwachen, ein übungsbuch, Kösel-Verlag, München 2010.

Ken Wilber, Integrale Meditation, O.W. Bath Verlag, 2017.

Kapitel 9 - Zen-Praxis und Lehrer in Westen

Karlfried Graf Dürckheim, Der Ruf nach dem Meister, Der Meister in uns, O.W. Bath Verlag, 1972.

Karlfried Graf Dürckheim, Der Alltag als Übung, 9. Auflage, Verlag Hans Huber, 1987.

Willigis Jäger, Doris Zölls und Alexander Poraj, Zen im 21. Jahrhundert, Band 1 der Schriftenreihe West-Östliche-Weisheit Willigis Jäger Stiftung, Kamphausen Verlag, Bielefeld, 2009 (Begründung der Zen-Linie „Leere-Wolke“).

Willigis Jäger und Beatrice Grimm (Hrsg.), Die Flöte des Unendlichen, Mystische Rezitationstexte aus Ost und West, Verlag Wege der Mystik, 4. Überarbeitete Neuauflage 2012.

Lexikon der östlichen Weisheitslehren - Buddhismus, Hinduismus, Taoismus, Zen, Albatros Verlag, 2005.

Klemens J.P. Speer, Zen und Kontemplation – Sitzen in Stille als geistiger Übungs- und Lebensweg, Versunken im Ozean der Stille, Lotus-Press Verlag, 2014 (Gemeinsamkeiten und Unterschiede von Zen und Kontemplation in Anlehnung an Willigis Jäger).

Klemens J.P. Speer (Hrsg.) von James Henry Ringrose, Zen und Mystik, Sitzen in Stille im Stil des Zen – Alltag und Übung - Mit Anleitungen zur täglichen Praxis, Lotus-Press Verlag, 2017.

Danksagung

Danken möchte ich an erster Stelle allen meinen Schülerinnen und Schülern, die es mir ermöglicht haben, in den letzten fast 40 Jahren mich mit Taijiquan, Qigong, Zen, Spiritualität und Lebenssinn-orientierung, Daoismus und Buddhismus auseinanderzusetzen, diese Übungssysteme zu praktizieren, zu unterrichten und darüber zu schreiben.

Zudem gilt großer Dank allen, die ganz praktisch mitgeholfen haben, dass dieses Buch entstehen konnte. Die Anregungen zu den figürlichen Darstellungen der bewegten und sitzenden Mediation kamen von meiner langjährigen Schülerin Melitta van der Flieth-Fuchs mit der ich zusammen das Buch „Atem der Seele“ geschrieben habe. Die Figuren selbst hat die Designerin Renate Both mit großer Sorgfalt gezeichnet.

Großer Dank geht zudem an meine Frau Kim Susann Lühmann, die sich der großen Mühe unterzogen hat, den gesamten Text vor der Drucklegung noch einmal auf Verständlichkeit, Rechtschreibung und Zeichensetzung durchzusehen und zu korrigieren.

Weiterer großer Dank geht an Andreas Seebeck, dem Verleger von www.lotus-press.com, der mit großer Sorgfalt den Satz des Buches mit Zeichnungen und Grafiken übernommen hat und es ermöglichte, dass das Buch als E-Book erscheinen und gedruckt werden konnte.

Osnabrück, den 01.01.2023

Vita: Klemens J.P. Speer

Jahrgang 1949, ist Kursleiter, Lehrer und Ausbilder für Taijiquan (DDQT), Qigong-Lehrer (BVQT) und Zen-Lehrer (in der Tradition von Willigis Jäger) und hat seit 1998 mehr als 120 Taiji-Kursleiter und -Lehrer ausgebildet. Seit 1989 unterrichtet er Taijiquan und Qigong und seit 1995 stilles Sitzen im Stil des Zen. Seit 1997 ist er freiberuflicher Taiji-Lehrer und -Ausbilder und hat mehrere Studienreisen nach China unternommen. Seit 2014 Autor einer Reihe von Büchern über Taijiquan, Qigong, Zen, Kontemplation und Spiritualität und über seine Nahtod-Erfahrung im Via-Nova Verlag und im Lotus-Press-Verlag. Er ist Kenner des philosophischen Werks Ken Wilbers zur integralen Spiritualität und hat 2013 das "Forum - fis e.V." (Forum für integrale Spiritualität und Lebenspraxis) gegründet. Heute arbeitet er als Spiritueller Lehrer und leitet Vertiefungen und Weiterbildungen für Taiji-Kursleiter und -Lehrer, Zen-Gruppen und Dao-Coaching für Einzelpersonen an.

Klemens Speer ist Dipl. Betriebswirt und Dipl. Ingenieur und war zuvor Geschäftsführer einer kleinen Firma, später ehrenamtliches Engagement in sozialen Projekten, Visionsentwicklung und Management-Training für Arbeitsteams und Einzelpersonen. Er lebt mit seiner Frau Kim Susann Lühmann in Osnabrück.

Internet: www.ost-west-spirit.de,
E-Mail: info@klemens-j-p-speer.de, Tel.: 0541/804567

Auch von Klemens J.P. Speer

Die nachfolgenden "Fünf Bücher des Dao", bilden u.a. die Grundlage für "Taiji und Daoismus im Westen". Sie vertiefen eine ganzheitliche, spirituelle Sichtweise auf die Übungswege von Taijiquan, Qigong, Zen und Kontemplation. Die drei Text-Foto-Hefte sind bebilderte knappe Zusammenfassungen, die für das Üben besonders empfohlen werden.

Klemens J.P. Speer

Taijiquan und Qigong - Meditation in Bewegung als Übungs- und Lebensweg

Von der Welle getragen - ein Grundlagenbuch für Übende aller Stilrichtungen

Taiji (Taijiquan und Qigong) als Übungsweg führt über Körpertraining und Energiewahrnehmung hinaus zur Erfahrung des Einsseins mit dem Dao. Die Wahrnehmung von Körper, Energie und Geist fallen in dieser Erfahrung der Wirklichkeit in Eins zusammen. Dieses Grundlagenbuch vermittelt auf dem Fundament der daoistischen Tradition ein modernes Verständnis, wie Menschen im 21. Jahrhundert Taiji für ihre eigene Entwicklung nutzen können und gibt Hinweise, wie Qigong und Taijiquan so geübt werden können, das diese Ebene der Allverbundenheit erfahrbar wird und das Leben verwandelt. Wichtige Basisfragen wie die Rolle von Musik, das Energieverständnis, die innere und äußere Erfahrungswelt der Haltungs- und Bewegungsprinzipien beim Üben und deren Wirkungen werden geklärt.

Klemens J.P. Speer

Taijiquan und Qigong - Jeder Schritt im Dao zeigt den Sinn

Dem Lauf des Wassers folgen - ein Fachbuch für Übende aller Stilrichtungen

Taiji (Qigong und Taijiquan) als Lebensweg führt in die tiefe Erfahrung von Verbundenheit von Körper, Energie und Geist, zum "Einssein mit dem Dao", zur Wahrnehmung von Allverbundenheit. Ausgehend von den alten daoistischen Traditionen und dem bereits 2014 erschienenen Grundlagenbuch, vermittelt dieses Fachbuch ein modernes Verständnis für Menschen im 21. Jahrhundert. Eine besondere Rolle spielt dabei die Verbindung von bewegter und sitzender Meditation. Die innere Entwicklung des Übenden über verschiedene Entwicklungszustände, Taiji und Kampfkunst, Taiji im Management und Taiji und der Hintergrund des Übens in der westlichen Kultur werden fachkundig vermittelt.

Klemens J.P. Speer

Taijiquan und Qigong: Vom Lernen und Lehren eines Übungs- und Lebenswegs

Von der Quelle zum Meer - ein Fachbuch für Übende und Unterrichtende aller Stilrichtungen

Von der Quelle zum Meer - ein Fachbuch für Übende aller Stilrichtungen. Qigong und Taijiquan als Übungs- und Lebenswege führen in die tiefe Erfahrung der Einheit von Körper, Geist und Seele, des „Einssein mit dem Dao". Der Autor zeigt Unterrichtenden und Übenden mit langjährigen Erfahrungen in Qigong und Taijiquan einen klaren Weg auf. Durch die enge Kombination von sitzender und bewegter Meditation in Verbindung mit der Arbeit am Gefühls- und Energiekörper kann das „Eins sein mit dem Dao" schon „jetzt" erfahren werden. Ausgehend von den alten daoistischen Traditionen und einem modernen westlichen Verständnis vom „Erwachen" weist er einen klaren Weg. Zudem werden Zustände der Entwicklung, der Umgang mit Erfahrungen, Qualitätsstandards für Unterrichtende, die Praxis der Übung und Gedanken für die Kooperation von Kursleitern und Lehrern in der Verbandsarbeit vorgestellt und diskutiert.

Klemens J.P. Speer

Zen und Kontemplation - Sitzen in Stille als geistiger Übungs- und Lebensweg

Versunken im Ozean der Stille - für Einsteiger und Übende aller Richtungen, mit einer Einführung von Willigis Jäger

Zen und Kontemplation – zwei Begriffe aus unterschiedlichen Kulturen, die dasselbe meinen: Die Konzentration auf das Innere, eine Art stille Meditation, die Verbindung mit uns selbst, unserem Atem, dem Leben insgesamt. Ziel dieser spirituellen Übungen ist es, die "Allverbundenheit" zu erfahren, sich also mit sich selbst, allen Wesen und auch dem Göttlichen verbunden zu fühlen. Klemens J.P. Speer zeigt hier, wie man auch als Mensch des 21. Jahrhunderts diese uralten Meditationsformen zur persönlichen Entwicklung nutzen kann.

Klemens J.P. Speer

Spiritualität - Die Übungswege als Motor der Entwicklung

Der Entfaltung des Lebens Raum lassen - ein Fachbuch für Übende und Unterrichtende von sitzender und bewegter Meditation

Spiritualität ist zum Modewort geworden, aber was ist darunter zu verstehen? In diesem Buch wird eine neue, weite und weltoffene Perspektive einer evolutionären Spiritualität für das 21. Jahrhundert vorgestellt. Eine Entwicklungsphilosophie der persönlichen und gesellschaftlichen Entfaltung, die alle Menschen mitnehmen kann. Die Erkenntnisse der integralen Bewusstseinsforschung sind das Fundament für eine zeitgemäße Vermittlung von sitzender und bewegter Meditation. Sie können mühelos auf Taijiquan, Qigong, Zen, Kontemplation und Yoga übertragen werden. Dies wird anhand einiger Beispiele aus Taiji und TCM (Traditionelle Chinesiche Medizin) aufgezeigt. Eine wahrhaft evolutionäre und integrale Spiritualität kann so zum Motor für Fortschritt und Entwicklung werden.

Klemens J.P. Speer

Taiji und Daoismus im Westen

Mit Übungen für Anfänger und Fortgeschrittene

„Taiji und Daoismus im Westen“ ist ein modernes Taiji-Buch, das für kritische westliche Leser geschrieben ist. Der traditionelle daoistische Hintergrund für Taijiquan und Qigong wird reflektiert und damit die Brücke zur traditionellen chinesischen Medizin (TCM) geschlagen. Darauf aufbauend werden die neusten westlich-wissenschaftlichen Erkenntnisse, u.a. aus Entwicklungspsychologie, Neurologie und Gesundheits- und Glücksforschung einbezogen. So kann der Leser eine umfassende Sichtweise erlagen. Das Buch möchte Menschen erreichen, die auf der Suche nach Entspannung sind, sich eine ganzheitliche Gesundheitsvorsorge wüschen und sich für daoistische Lebensphilosophie interessieren. Es wendet sich zudem gleichermaßen an Anfänger und Fortgeschrittene der Taiji-Praxis (Taijiquan und Qigong) und vertieft mit einem ganzheitlichen Blick auf die Praxis ein integrales ost-westliches Verständnis von Taiji als Meditation in Bewegung.

Klemens J.P. Speer und Kim Susann Lühmann

T'ai Chi-Weisheit

T'ai Chi-Weisheit - für Zuowang, Qigong und Taijiquan-Übende

T'ai Chi-Weisheit wendet sich an alle Praktizierenden der daoistischen Meditation, im stillen Sitzen wie in der langsam fließenden Bewegung im Qi Gong und T'ai Chi Chuan. Dieser Wegweiser zum Dao präsentiert zwölf kurze Weisheiten für die zwölf Monate des Jahres und zwölf Fotos aus den Wudang-Bergen und aus der Yang-Stil-Tradition. Sie können jede Schülerin und jeden Schüler durch das Jahr und die Jahre beim Üben begleiten.

Zuowang, Sitzen in Vergessenheit ist die alte daoistische Form des stillen Sitzens. Die buddhistische Form des Zuowang wird in China Dao Chan genannt und in Japan Za-Zen.

Klemens J.P. Speer und Kim Susann Lühmann

T'ai Chi-Prinzipien

Taiji-Prinzipien wendet sich an alle Praktizierenden der langsam fließenden Bewegung im Qigong und Taijiquan. Dieser Wegweiser zum Dao präsentiert fünf zentrale Prinzipien (Sinken, Aufrichten, Zentrieren, Fließen und Loslassen) denen kurze Beschreibungen, Texte aus den klassischen Schriften, Bilder und Leitgedanken zum Üben, Hinweise zur Übertragung auf den Alltag und Gedanken zur Verbindung zur TCM (Traditionellen Chinesichen Medizin) zugeordnet werden. So können Schülerinnen und Schüler die Taiji-Prinzipien besser interpretieren, verstehen und in den Figuren und Formen beim Üben umsetzen.

Die Taiji-Prinzipien sind universale daoistische Haltungs- und Bewegungsprinzipien für eine umfassende Gesundheit. Sie verändern nicht nur das Üben, sondern auch den Alltag.

Klemens J.P. Speer und Kim Susann Lühmann

Taiji-Dao: Erwachen im Eins sein mit dem DAO

Sitzen in Stille - in östlichen und westlichen Übungswegen

Taiji-Dao wendet sich an alle Praktizierenden der daoistischen (Zuowang) und andere Formen der sitzenden Meditation.Dieser Wegweiser zum Dao gibt einen Überblick über die Praxis des stillen Sitzens in den östlichen und westlichen Weltreligionen. Er bietet eine konkrete, einfache Anleitung zur stillen sitzenden Meditation, am Beispiel der - im Westen am bekanntesten - Zen-Tradition. So können auch Schülerinnen und Schüler der daoistischen Praktiken Qigong und Taijiquan das stille Sitzen, ergänzend zu den bewegten Formen der Meditation, für sich praktizieren.

Zuowang, Sitzen in Vergessenheit, ist die alte daoistische Form des stillen Sitzens, die fast in Vergessenheit geraten ist. Die buddhistische Form des Zuowang wird in China Dao Chan und in Japan Za-Zen genannt.

Printed in Poland
by Amazon Fulfillment
Poland Sp. z o.o., Wrocław

52460681R00133